U0940510

和珅（1750～1799），原名善保，字致斋，钮祜禄氏，满洲正红旗二甲喇人。

英国特使马戛尔尼说他“相貌白皙而英俊，举止潇洒，谈笑风生，樽俎间交接从容，应对自若，事无巨细，一言而办”，“外貌恭谨异常”，“颇悦客气”。就连赐死和珅的嘉庆帝也认为他“精明敏捷”。

乾隆帝

乾隆自称“十全老人”，是他造就了和珅显赫的一生，他是和珅的知遇恩人，也是造成和珅日后被嘉庆帝赐死的掘墓者。

嘉庆帝

乾隆去世后的第五天，嘉庆便迅速逮捕了和珅，并很快以一条白练结束了和珅的性命。

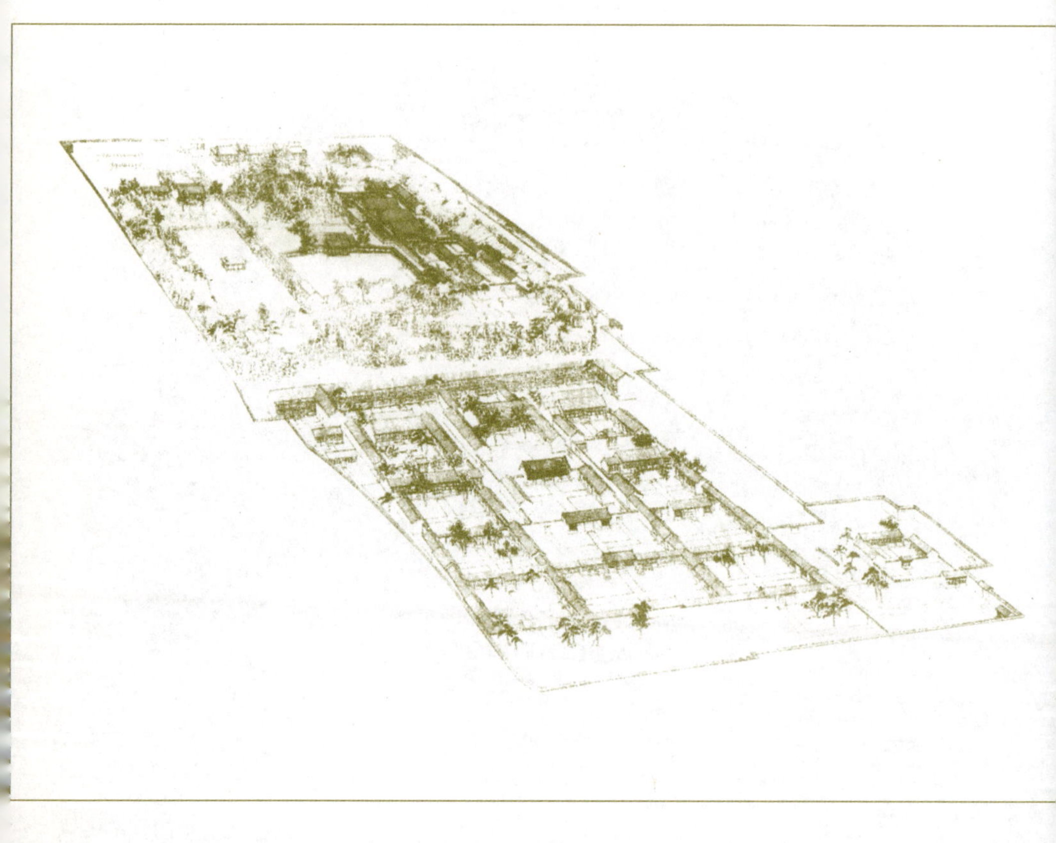

和珅位于什刹海畔的宅邸平面图

该“福”字是康熙帝手笔。康熙帝书法自成一体，气势蓬勃，遒劲有力，但虽然书法造诣极高，题字却很少。目前能够为世人所见的只有故宫中的“无为”二字和该“福”字。传说该“福”是康熙为其祖母孝庄皇太后六十寿辰所书，时祖母常有微恙，得该字后，身体日见好转，并得长寿。故康熙认为该字有灵气，令人刻于一巨型石条之上，置于宫中，奉为大清国宝。及至乾隆朝，不知和珅采用什么办法将该国宝藏入自家花园秘云洞中。

该“福”字左部偏旁颇像一个“子”字，右部似王羲之所书“寿”字，右上角极似一个“多”字，右下部又似一个“田”字，再加左上角的一点，可解为多一点。故该字称为“多子多田多寿福”，巧妙地表达了福字的深刻含义。更为珍贵的是，在“福”字的正上方又嵌印了康熙帝的御用玉玺用以镇福，更使其珍贵无比。据说，周总理称该字为“中华第一福”。

和珅宅邸后花园中的“福池”。池子的形状宛若一只展翅欲飞的蝙蝠，取其谐音便冠之“福池”。蝙蝠乃满人吉祥之物，加之福池周围又植了许多榆树，其花瓣似我国古代的圆形方孔币，每到春天，榆树花开，微风吹得榆钱（谐音“余钱”）从天而降，落入福池，显出和珅希望自己“有福又聚财”的愿望。

和珅宅邸后花园中的流杯亭（上）和毗卢帽门（下）。流杯亭京城只有四座，其余三座分别位于紫禁城、圆明园、颐和园，均为皇家所有；毗卢帽门乃“亲王所不应有之物，而和珅有之。”该二建筑物均“逾制”。

和珅宅邸后花园中登邀月台的长廊，人称“升官发财路”。其奇特在于除最下部有一台阶外，再无台阶。据说，最下部的一个台阶象征和珅的少年坎坷；之后所以没有台阶是因为和珅希望自己在仕途上不经任何坎坷而平步青云。他果然实现了自己的愿望。

和珅宅邸——淑春园

淑春园位于圆明园附近，即现今的北京大学校园。乾隆为了自己住在圆明园时便于召见和珅，将淑春园赏赐给和珅作为别墅。园内有房屋1003间，游廊楼亭357间。此图为淑春园内的未名湖景色（上）和未名湖中的石舫（下）。

請
六阿哥鈞安
敬啓者昨日隨報硬發之為載錫阿哥能
否隨圍
諭旨懇
阿哥已經接奉矣本日在如意洲復面奉
諭旨以載錫阿哥果能騎馬不認生方可令其前來
倘若認生又不能騎馬或在情內啼哭轉覺
不便尚有年已及歲之小阿哥亦可一同前來
其未及歲者即可不必若皆能前來所有夫
棉皮衣帽向劉秉忠要令其寬為備辦應用
至架子褡小撒袋弓箭皆用十公主從前小時
進情者更省另備如此則朕帶元孫一同乘
馬行圍不但各部蒙外藩傳為盛事且見

之甚語又可為千古佳話倘與大阿哥福晉
商議載錫若實認生又不能騎馬伊既不必
進情其年已及歲之小阿哥亦可不必同來本
年既未覓得良驥朕此次即不乘馬御轎
輿矣等因欽此除已另寄清字
諭旨外因恐詞不達意是以又詳細啓
知珅等遵即向敬事房查得小阿哥已及歲
者只有綿慶阿哥綿寧阿哥二位其載錫
阿哥能來與否請
二位阿哥自能仰體
聖意准酌豫備但珅等鄙見今年試騎亦令替
來者良馬況
聖躬已屆八旬更宜珍重若陪情同時
御輕輿不親控送實臣子之大願想
阿哥亦與有同情也曾已當
面叩頭求過
聖意亦以為是第惟俟載錫阿哥來與不來之確音
可定奪萬祈三致意焉順請
鈞安謹啓
和珅仝具

和珅手札

和珅传奇人生的成功与失败

王辉　盛珂　著

京华出版社

图书在版编目（CIP）数据

和珅传奇人生的成功与失败/王辉，盛珂著．—北京：京华出版社，2006（2008.9 重印）

ISBN 978-7-80724-191-1

Ⅰ．和...　Ⅱ．①王...　②盛...　Ⅲ．和珅（1750～1799）—评传　Ⅳ．K827＝49

中国版本图书馆 CIP 数据核字（2006）第 034070 号

和珅传奇人生的成功与失败

著　　者□王辉　盛珂

出版发行□京华出版社

（北京市朝阳区安华西里一区 13 号楼 2 层 100011）

（010）64258473 64255036 64241642（发行部）

（010）64251790 64258472 64255606（编辑部）

E-mail：jinghuafaxing@sina.com

印　　刷□九洲财鑫印刷有限公司

开　　本□787mm×1092mm　1/16

字　　数□260 千字

印　　张□18.25 印张

版　　次□2008 年 9 月第 2 版

印　　次□2009 年 4 月第 3 次印刷

书　　号□ISBN 978-7-80724-191-1

定　　价□28.00 元

序 言

和珅是清朝乾隆年间著名的美男子，他性格机敏，头脑聪慧，二十七岁时，官职已至军机大臣，掌管国家内政外交，赢得了乾隆皇帝的绝对宠信，成为把握大清王朝所有实权的重要人物。

据当年英使马戛尔尼所著的《乾隆英使觐见记》记载，马戛尔尼所看到的和珅，“相貌白皙而英俊，举止潇洒，谈笑风生，樽俎之间，交接从容自若，事无巨细，一言而办，真具有大国宰相风度”。英人所记当时人情故事，不比和珅垮台后朝内政敌对他的攻击之词，应属可信。

和珅之所以能得乾隆帝独宠，二十年如一日，自有许多过人之处。他非但不是不学无术、无才无能的弄臣，而且是一个聪明过人、年轻有为的能人。

乾隆后期，清高宗弘历已年臻耄耋，自称“十全老人”，与其说是颓老倦勤的乾隆帝在踌躇满志，日理万机，倒不如说是和珅在日夜操劳，总揽一切。

和珅集国家行政权、财权、兵权、人事权于一身。他是理财高手，办事奇人，却把许多财产都理到他自己家中。乾隆死后，和珅的家产被嘉庆皇帝抄没，人被赐死，其家产数额甚巨，民间遂有“和珅跌倒，嘉庆吃饱”的说法。

和珅的谜一样的一生可以说是充满了数不清的传奇和疑问。

他二十七岁做军机大臣；三十七岁授文华殿大学士，兼吏、户、兵部尚书；四十七岁成为“一人之下，万人之上”的当朝首辅。和珅为何能够如此飞黄腾达青云直上？

他为官二十余载却聚积家资白银数千万两，几近乾隆时朝廷的年财政收入，堪称当时的首富，无疑是超级巨贪。但作为“一代明君”、创造了“康乾盛世”的乾隆皇帝为何却始终宠幸于他？

和珅如何从一介书生变成乾隆皇帝最宠信的大臣？

他又何以从贫寒学子变成大清王朝的亿万富豪？

乾隆帝一生惩治了许多贪官污吏，为何不惩治和珅？

……

考其为官做人，颇有许多精妙绝人之处。

和珅不是不学无术之人，而是勤勉刻苦、智慧超群的办事能人。他不仅工于权术，还精通满、汉、蒙、藏四种语言，诗词书法均为上乘；他最喜欢金钱、美女和权位，但在家庭生活中他却还是一位很重感情的人。他有经营家的眼光、政治家的阴谋、谋略家的狡诈、大商家的精明。

最重要的在于，和珅掌握了人生的秘密。他虽然饱读诗书，却没有接受儒家的繁文缛节，他正是凭着中国人家喻户晓的做人做事道理，纵横朝野内外，达到了所向披靡的地步。

水能载舟，亦能覆舟，用在和珅身上，也是应验无比……

和珅靠的是乾隆的恩宠攀上皇朝的高位，也因失去了嘉庆的宠信而命丧黄泉。

无论是在宫廷，还是在民间，中国人都喜欢用下象棋的模式进行竞赛和斗争。那些下象棋的高手不声不响，却算计得十分长远，在不知不觉中，把对手逼得毫无动弹的余地。他不会一开始就刺激你，或一开始就让你紧张，他总是若有若无、声东击西，掩盖自己的真实企图，等到一切都明朗的时候，对手只有束手无策，毫无反抗的余地。

嘉庆就是这样阒然无声下棋的人。

和珅是当时那个时代的成功者，也是失败者。

无论和珅的成功与失败，都决非偶然。

寻找出和珅成功与失败的奥秘，发掘人生的秘密，会给身处各种棋局而无法脱身之人带来无尽的启示。

时代变迁，古今迥异，然而人生所处棋局的模式，却是亘古不变的。

让我们翻开《和珅传奇人生的成功与失败》，去了解古今棋局的奥秘，解开人生的悬念吧！

作　　者

目 录

第一章 少年砥身励志之法

每个人都想干出一番惊天动地的事业来，以此光宗耀祖，名垂青史。然而现实生活中往往是天不遂愿。到底是什么妨碍了人们的成功呢？通过无数的探索和研究，才使我们幡然醒悟：妨碍人们成功的罪魁祸首原来就是人们自己——人的劣根性。因此，若想获得成功，必须向自己自身的弱点挑战。

和珅少年贫寒，素怀大志。他虽三岁丧母，十岁丧父，家境困苦，靠借贷读书，却能发奋图强，勤勉刻苦。其“砥励心志，磨炼其身”的少年励志之法，成为和珅成功的开山名作，实乃人生身处逆境却能飞黄腾达之良法也。

第二章　作官的妙法

——和珅的为官之道

人情是一种复杂的关系，人的心理很难用法则来规范，但人们是有着某些共通点的。因此，追求成功也有大致的法则可以遵循，能够体会出这些法则的人，便是能洞悉人情世故的人。和珅少年贫困失意，历经坎坷，为什么后来官越升越高，竟至“一人之下，万人之上”，这同他善于总结发现官场的经验与规律分不开。

第三章　千里为官只为财

——和珅的敛财之道

和珅为官之初也很清廉，以清官自居，在外地处理案子的时候，百姓还曾跪送。久居官场则变得贪得无厌。他不仅爱财，更善于敛财，他能在二十多年里积累起那样巨额的财富，同他善于理财和敛财是分不开的，可谓“和珅爱财，取之有道”。

第四章 如何与皇帝相处

——和珅与乾隆的关系

和珅侍君二十五载，成为乾隆帝晚年须臾不可离的人物。位及人臣，亲自与侍卫一起给太后肩舆；身为宰相，在朝上为老迈的皇帝接唾。伴君如伴虎，他却一直受到乾隆的极度信赖与恩宠，这正是由于他把握了与皇帝周旋的“游戏规则”。

第五章 广结天下关系网络

中国的历史传统造就了讲人情、重关系的习性，做事讲人缘，办事靠关系，没有广泛的人际关系，不知要失去多少成功的机会。“结网天下，雀无所逃。”在复杂的关系社会里，不建立自己的“关系网”就难以成大事。和珅深明建立关系网络的重要，在利益的驱使下，和珅在朝廷内外、各省上下结交了大批同党和亲信。

第六章　和珅与同僚的关系

最难缠的是同僚。在朝为官，由于影响到切身利益和发展前途，最紧张最微妙的关系往往不是皇帝同大臣之间的关系，而是大臣与大臣之间的关系。同朝为官，矛盾必生；同殿称臣，互为利用。与同僚相处确实是一个棘手的难题。和珅不仅施展手段整治同僚，也在皇帝面前装腔作势关心和帮助同僚，还要耍些小手段来获得别人的尊重、爱戴和潜在的畏惧。

第七章　帮忙奴才与帮闲文人

学识和才能不仅是人们日常生活的重要组成部分，也是人们事业成功的先决条件，一个人如果学识不足，不仅会被人低估他的能力，还会被人扭曲形象，成功的可能就要少很多。和珅在乾隆后期的朝廷里，文武皆通，不仅对国家用兵大事，谋划大计；还兼通满、汉，对蒙、藏文字也颇识大意，承旨书谕，办理俱佳；他还知书达礼，嗜好诗词书法，与乾隆在诗词歌赋上颇能应对，乾隆正是喜欢这种“巧于迎合，工于显勤”的干练之才。

第八章　和珅的家庭生活

在茫茫人海中，一个人与另一个人相遇的可能性很小，成为朋友的可能性就更小，成为夫妻的可能性却几近渺茫，夫妻结合竟是千年等一回的缘分。最平常的却是最易被忽略的；最平凡的却又是最神秘的。因此，对爱妻——情深似海，对爱子——舔犊情深，这就是和珅的处世之道。和珅是一个十分重感情的人，贪婪无度又吝啬无比的他竟拥有一个温柔的港湾。

第九章　人生的变局

《菜根谭》讲：“人在苦心之中，常得悦心之趣；得意之时，便生失意之悲。”人生在世，时空在变，时局也在变，人们需要追逐时宜，以求与时宜相合。聪明的和珅何尝不懂得逐时的道理。怎奈权力与金钱遮住了和珅的双眼，临将覆灭尚不自知，权力与金钱的惯性把和珅推上了绝境。

第一章　少年砥身励志之法

每个人都想干出一番惊天动地的事业来，以此光宗耀祖、名垂青史。然而现实生活中往往是天不遂愿。到底是什么妨碍了人们的成功呢？通过无数的探索和研究，才使我们幡然醒悟：妨碍人们成功的罪魁祸首原来就是人们自己——人性的劣根性。因此，若想获得成功，必须向自己自身的弱点挑战。

和珅少年贫寒，素怀大志。他虽三岁丧母，十岁丧父，家境困苦，靠借贷读书，却能发奋图强，勤勉刻苦。其“砥励心志，磨炼其身”的少年励志之法，成为和珅成功的开山名作，实乃人生身处逆境却能飞黄腾达之良法也。

1. 少年坎坷，却能砥砺心志

自古以来，强者之所以成为强者，关键在于：当他身处逆境的时候，他能理智地支配自己，面对生活的危机和困境，他不是心灰意冷，也不会一蹶不振，更不能精神崩溃，他要学会主宰自己命运的哲学，面对生活的严峻考验，根据自己的情况，去开拓一条人生的道路，以坚实的努力，逐步实现人生的理想。

现在的人们往往认为，一个人只要有文凭，有学问，在某一领域有一定成就，这个人就是成功的，事实并非如此。衡量一个人是否成功，更重要的标准是看他是否能主宰自己的命运，无论遇到什么逆境，都能理智地控制自己，逐步向人生的目标迈进，而不是随波逐流。

一个真正聪明的人，无论遇到了什么艰难，都会把困境变成砥砺心志的磨石，把困境变成自己发展的动力。

古人云："艰难困苦、玉汝于成。"人的一生中，难免要经历诸多的风雨，许多人会在厄运来临的时候，经受不起，在凄风苦雨中消沉下去，毁了自己；而且，身处安逸，一帆风顺，也会让人变得不思进取，目光短浅，自断前程。大凡有志成就一番大事业的人，必须要经受住磨难的考验才行。

和珅的幼年，涉世未深，就不得不面对生命中的第一次巨大的考验。

正红旗军旗

和珅原名善保，字致斋，生于乾隆十五年（1750 年），是满洲正红旗二甲喇人。"甲喇"为满语，汉译为"世"、"代"等意，是八旗组织中的第二级。八旗规制，五屯录编为一甲喇，五甲喇为一旗，他的五世祖牙哈纳巴图鲁，屡立战功，为后世子孙挣得了三等轻车都尉的世职。其父为常保，承袭世职。由于常保堂叔啊哈顿色在跟随康熙皇帝出征准噶尔时英勇阵亡，所以常保被特赐为一等云骑尉。到乾隆之时，常保出任福建都统。所以，和珅出身并不是太卑微，乃是将门之后，原本有可靠的保证，可以令他过上悠闲、舒适的生活。也许这样就没有成为大清王朝乾隆帝的最大宠臣和宰相的和珅了。然而，还在和珅年少之时，家中就陡发变故，将他一下推到了人生的危境之中。

和珅三岁丧母，还在幼年时期就遭遇了人生的第一大不幸。

和珅的父亲常保，史书上对他的生平记述不多，仅可以知道他为人中正平和，做官清正廉明。因身为福建都统，所以很少留在京城，多年戍守在外，无暇照顾和珅及其弟弟和琳。继母对待他们兄弟苛刻暴戾，根本无温情可言，和珅兄弟每日在继母的白眼中过活，甚是凄苦。所以，和珅是在既缺父爱，也无母爱的环境中长大的。

也许正是这样的环境，使得和珅小小年纪即知道了读书的重要性。兄弟二人刻苦攻读，和珅九岁时（乾隆二十四年）与和琳一起双双以优异成绩被选入咸安宫官学。

正红旗军服

咸安宫官学是当时京城最好的学校，要进入该所学校，必须是八旗子弟中长相俊秀者及内务府子弟，同时学业要十分优异，每年只选八十名左右的学生入学（八旗中每旗选十名），而且坚持宁缺毋滥。学校设管理大臣、协理事务大臣，另有满汉总裁。总裁须是翰林，教师也多是翰林，极少数不是翰林的，也必是享有盛名的饱学之士通过考核后方可担任。学校不仅开设一般的经、史、子、集课，而且还开设满、汉、蒙、藏等多种语言课，同时教授骑射、习用火器。可以说，咸安宫官学是培养文武全才的贵族学校。

咸安宫官学不收学费，但日常生活费用需要自己打理。凭着父亲常保的薪俸，和珅与和琳倒也不必为读书之外的事情操心。

但上天似乎故意与和珅作对，在和珅刚刚进入咸安宫官学不到一年，也就是在和珅十岁时（乾隆二十五年），父亲常保在福建任上突然病逝。和珅遭遇了人生的又一次沉重打击。

常保为官清廉，和珅的家中很少有额外的收入，全凭常保一人的薪俸过活，常保的病逝使全家人惟一的生活来源骤然断绝，和珅的生活立刻窘迫起来，以至于支付不起自己和弟弟上学的生活费用。

和珅为了凑足生活费用，小小年纪便不得不四处告贷。

换做别人，这样的生活也许早就令稚嫩的双肩不堪重负，消沉落寞了，然而对于和珅，这些只是更加激发了他奋发向上的勇气。经历过幼年的这一切坎坷，和珅锻炼出了极大的心理承受能力，使他逐渐变得顽强坚韧，就像一株幼苗，人世的风雨没能阻断他的生长，反而令他更加强壮，充满了无尽的生机。

美国著名的成功学家奥里森·马登说过：大部分成功者最初都是穷苦的孩子。……伟大人物无一不是经由苦难而造就的。我们暂且不论和珅最终是否是一个成功者，他在幼年时期所遭受的磨难，无疑对他能够达到“一人之下，万人之上”的高位具有十分重要的影响。

生命中的忧患绝非仅是不幸，它也是一个人成功必须经历的锻炼，中国古代的哲人孟子曾说过：人生是“生于忧患，死于安乐”的，“天将降大任于斯人也，必先苦其心志，劳其筋骨，饿其体肤，空乏其身，行拂乱其所为”，然后才能“动心忍性，增益其所不能”。

2. 变卖家产，也要上学

我们现在无从考证小小年纪的和珅从哪里知道了读书的重要性，也许是“万般皆下品，惟有读书高”的古训，也许是“书中自有黄金屋，书中自有颜如玉”的实用哲学的作用，也许是和珅认识到自己作为一个中下级官宦之家的八旗子弟（并且是孤儿）的唯一出路，就在于刻苦攻读，以求科举的金榜题名。和珅下定决心，无论如何也要把咸安宫官学的学业继续下去。

和珅为了筹措生活费用只得强压住心头的羞愧，四处举贷。在家人刘全的陪伴下，向父亲生前的故友去借钱。俗话说：“人走茶凉”，常保生前的故友，在他在世时，常来常往，亲热非常，及至常保病逝，所有的交情在一夜间就荡然无存了。和珅家中早已是门庭冷落车马稀，再无一人上门探望。和珅原本指望他们能看在与父亲相交多年的份上，绝不会见死不救，于是满怀希望地登门造访，谁知迎接他的不是冷冰冰的闭门羹，就是恶狠狠的猛犬。一次次的乞求，换来的只是无情的嘲弄与奚落，和珅小小年纪就要学习在冷眼与屈辱中生活。

在向自己的亲戚以及父亲的故旧告贷无门的情况下，和珅只得去向管理自己家十五顷官封地的赖五去讨要。

赖五本是常保的部下，是常保非常信任之人，因此，常保将自己家的官封地交给赖五管理。由于常保常年在外，赖五向和珅家所交租银很少，常保也不逼问。常保死后，赖五交给和珅家的租银就更少了。

赖五也许是觉得和珅年幼可欺，非但不给租银，反而将和珅赶了出来。

和珅无奈，将赖五一纸告到保定府，结果保定知府不但不主持公道，反将和珅一顿痛斥。

为了能够活下去，为了能够继续自己在咸安宫官学的学业，和珅当机立断——卖地。

和珅忍受屈辱，作出卖地的决定时，才仅有十三岁。

和珅的决定是正确的，靠着卖地所得的银两，他与和琳在咸安宫官学的学业才不至于中断。在这里，和珅受到了传统文化与军事的最好的教育，这成为他日后为官能充分施展才能的基础。

曲意逢迎、阿谀谄媚自然是和珅后来少不了的法宝，但是，倘若没有真才实学的积淀，他也不能在以后博得乾隆的信任，将国家大权玩弄于股掌之中。

机会只青睐那些有准备的人，和珅在咸安宫官学里刻苦攻读为他以后的飞黄腾达打下了坚实的基础，只等待机会的来临了，只要有机会，和珅是无论如何不会放过的。

3. 天降大运，必先苦其心志

中国古代的哲人说：天将降大任于斯人也，必先苦其心志，劳其筋骨，饿其体肤，空乏其身，行拂乱其所为。

西方的哲人说：伟大来源于苦难。

吃苦可以磨练人们的意志。任何人每天都有难题需要处理，在处理各种难题的过程中，人们的意志得到磨练，水平得到提高。大体说来，那些成功的人就是一旦遇到艰难困苦就千方百计迅速应付的人。这种不畏艰险，到头来是达到心神泰然的最好方法。在生活中，一旦我们能正视困难，就可能发现困难并非像我们想象的那样不可克服。

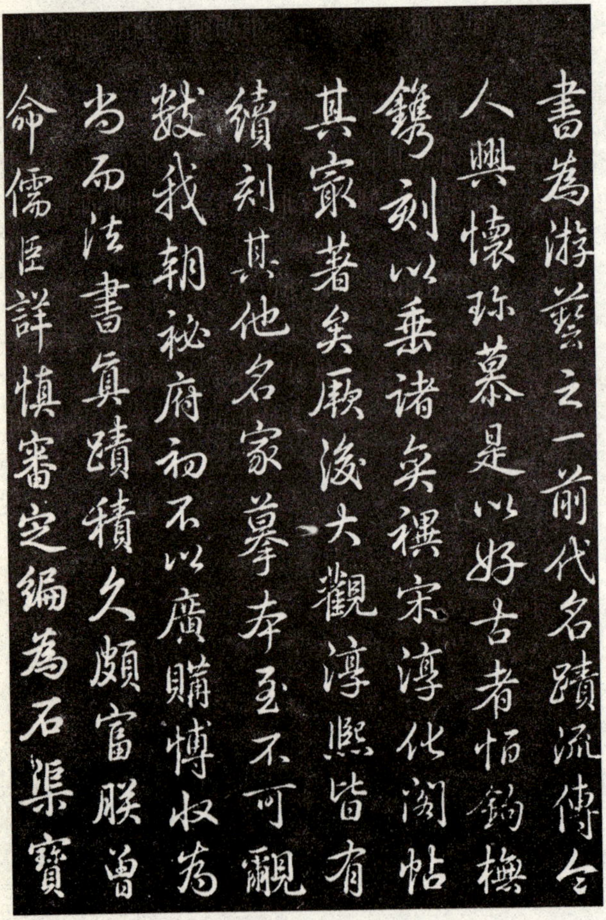

书为游艺　乾隆帝书

和珅三岁丧母，十岁丧父，不得不独自面对人生的磨难。也许正是这些在少年时期所经受的磨难激发了他奋发向上的潜力。

和珅少年勤奋，苦读诗书，不仅熟读《四书》、《五经》、诗词佳作，还熟练掌握了满文、汉文、蒙文、藏文，相当于现代攻读与掌握了三门外语；当时，许多八旗子弟连满文都无法熟练。他还练就了堪称一流的书法与绘画，其中他所经受的艰难困苦可想而知。

和珅每天都在捕捉朝中每一信息，推演其中蕴涵道理。

和珅除咸安宫学的各个学科外，自己又加了两科：搜集乾隆的诗作文章，刻苦模仿乾隆的字体，对乾隆的御制诗文无不熟记于心，终日揣摩皇帝的内心世界。当时名满天下的袁枚就曾称赞和珅兄弟说："少小闻诗礼，通候及冠军。弯弓朱雁落，健笔李摩云。"在他笔下，和珅俨然是一个文武全才的人。

4. 成功之人必有强烈的欲望

大凡成功之人都有一个坚定的信念。古罗马的大哲学家奥古斯丁说过："信仰是去相信我们所未见到的，而这种信仰的回报，是看见我们所相信的。"

从小处讲，信念是一个人所追求的目标，而目标是任何行动的前提。没有目标的人，就像浮萍漂浮在水面，很难把自己的力量和智慧集中到一点上，因此，也就不能创造辉煌的人生。从大处讲，信念是能使一个人把自己的价值发挥到极限的使命感，有了这种感觉，就会感到自己的奋斗充满意义，就能够坦然地面对挫折，能够忍受得住日复一日的简单而重复的劳动。

孔子曾经说过："三军可夺帅也，匹夫不可夺其志也。"

中国的传统文化，历来重视志向对人生的重大作用。没有志向的人生，就像是万顷波涛中的一叶孤舟，四顾茫然，无所适从，常常会在对日常事务的应接不暇中迷失自己，终究落得一事无成。而高远、明确的目标，加上矢志不渝的努力，则会引导人成就一番大事业。尤其是人在少年之时，能否树立一个远大的目标，更是决定了将来的生命轨迹。孔子就是在"十五而去于学"之后，用功不辍，"颠沛必于是，造次必于是"，经其一生向着自己的理想努力，才成为受百代景仰的圣人。

和珅能够在窘迫、贫寒的家境中脱颖而出，以至于权倾朝野，富可敌国，与他很早就立下志向是分不开的。

和珅在少年时期所经历的苦难、所遭受的歧视与侮辱没有使他就此消沉下去，反而激起了他出人头地的强烈欲望。

咸安宫官学是京城最好的学校，也是官僚大臣子弟聚集的学校，入读的大多是家境殷实的八旗子弟或是内务府子弟。这些人倚仗着父祖的富有和权力，宝马轻裘、骄横拔扈。贫寒好学的和珅兄弟，虽然天资聪颖，才智过人，却屡屡遭人歧视、侮辱。

有一次，一位大员的儿子写了一首嘲讽老师的诗，却说是和珅作的。恼羞成怒的教师不容和珅分辩就抄起戒尺一通乱打。和珅知道，像这样的教师只敢在他这等学生身上发泄怒火，却无论如何不敢招惹大员的儿子。戒尺打在和珅的身上，也打在了他的心上，更加激发了他一定要出人头地的愿望。

和珅从自己四处告贷的经历中，从赖五、保定知府和这名教师对自己的侮辱中深深地体会到，在这样的社会中，最重要的就是权力和金钱。只有拥有这两样，才会得到别人的尊重，才能尽情地享受人生，才能让那些势利的人们屈从奉承自己。

咸安宫学铁印及印文

从此，权力和金钱就成了和珅生命中最重要的目标。为了得到权力，他刻苦攻读，处心积虑，想尽一切办法去接近皇帝，不惜一切地阿谀奉承，曲意逢迎，讨得了乾隆的欢心，以罕见的速度一路攀升，终于成了一人之下，万人之上的宰相。他几乎掌握过大清王朝所有有实权的职位，国家的人事权、财权、军权、文化教育大权、民族事务及外交大权都直接控制在他的手中，以致于朝鲜使者和英国使者都把他当成二皇帝。

对于金钱，和珅更是显示出了绝无仅有的贪婪，他对金钱的执着几乎是变态的。他被嘉庆帝查抄时的财产，据野史传说相当于他执政二十年间整个大清帝国财政收入总和的一半还要多；据史学家考证，也相当于乾隆朝廷年财政收入的三分之一强，堪称当时的世界首富。

纵观和珅的一生，他从未对自己少年时立下的志向有过一丝一毫的动摇，也可以说得上是矢志不渝了。这也许是人对权力和金钱的追求因为欲望的驱使更容易持守，但和珅为实现目标而作的种种努力与忍耐、付出的种种艰辛，对我们或许也不无教益。

5. 飞黄腾达前的艰苦准备

一个人一生一世都在学习之中。当你身陷烦恼困苦的时候，你应该反躬自问："这究竟会给我什么启示?"当你身处顺境、成绩斐然的时候，你也应问自己一句："为什么我能取得这样的成绩?"许多人的成熟和人生的成功就在于他学会了总结经验。因此，爱默生在一篇随笔中写道："失意的时刻有其科学价值，它是善学者所不愿错过的学习良机。"

也许是和珅命运多舛的少年经历，使他有了比别人更多的学习机会，他自身的聪明，又使他比别人更多地总结人生的经验。这使他较早地洞悉了身处其中的社会的真面目，他认识到：一个人如果想要在实际的人生中实现自己的理想，而不是退居到世界的某一个角落"独善其身"，就必须接受社会的游戏规则。这就好像对弈，只有按规则出招的人，才有可能赢得胜利，否则，只会被人踢出局。

这恰恰是中国传统的文人修养中缺少的一环。奉经典为圭臬的文人们，在受教育的时候大多生活在先贤们构建的乌托邦式的理想国度中，他们理所当然地认为可以把书中的理想付诸实践，可以"致君尧舜上"。等到他们真正踏入仕途，冷酷的现实立刻会把他们的梦幻击得粉碎。所以，中国的文人们普遍地缺乏一种从政的弹性与韧性，这也许就是为什么历史的回廊总是被文人们的叹息充满的原因。

和珅在自己的亲身体验中，感觉到了儒家传统的这种软弱。如果他曾经在官学中读过《韩非子》的话，他一定会被其中直面现实的语句打动，会心地一笑，虽然这笑容中会包含着几分不可示人的东西。

咸安宫官学里的同窗都是些骄横跋扈的八旗子弟，和珅在他们中间感受不到半点温情。他明白，他们毕竟还没有针锋相对的利益冲突，他将要步入的仕途，只会比官学中更加黑暗、凶险。于是，他有意地在他们中间训练自己的涵养和忍耐。对无端的欺侮和挑衅视而不见，喜怒也渐渐不形于色，脸上始终保持着温和的表情，没有人知道他的温和下面究竟在想些什么。

他还每每细心地观察着老师们的一言一行，在他们面前试验自己的洞察力和谄媚讨好的手段。他努力从老师们的举手投足中去发掘他们内心的隐密。不久，他就发现这些表面上道貌岸然、才高八斗的翰林学者，骨子里却同俗人一样畏琐、狭隘。他们互相瞧不起，常常会幸灾乐祸、曲意逢迎，金钱和权力在这里同样是畅道无阻的保证。

和珅十八岁那年，即乾隆三十四年（1769 年），由官学中毕业，承袭了三等轻车都尉世职，他不只是具备了成功所需要的学识，更是拥有了在漫漫仕途中游刃有余的成熟和技巧。

6. 天助自助之人

人的成功需要很多的因素，有些是因为有良好的出身，入世之初，就为以后的功成名就打下了良好的基础，尤其是在中国古代社会中，一个好的出身也许是一个人能够成功的最有力的保障。这也就是为什么中国历史中有很多官宦世家、文化世家的原因。而微末的出身无疑要在成功的道路上比别人面对更多的艰难，付出更多的努力。

但不论出身如何，要取得成功都必须自强不息。对一个坚定地朝着目标迈进的人，别人会为他让路，或给他提供机会；而对一个踟蹰不前或犹豫不决的人，别人一定抢在他的前面，绝不会给他让路。所谓“天助者，自助也”，“天助”是自己自强不息争取来的，而不是凭空掉下来的。

和珅即是一个典型的例子。

和珅卖地所得的银两，也仅够维持两年。眼见卖地的银两所剩无几，全家人马上就要陷入生活无着落的境地，更别说和珅与弟弟在咸安宫官学继续求学了。和珅打定主意，能坚持到哪天算哪天，实在不行，自学也可以。

正在和珅几乎走投无路的情况下，英廉将和珅救出了绝地。

英廉，字什六，号梦堂。原姓冯，内务府包衣籍汉军镶黄旗人。雍正十年中举，最初为笔帖式，后来作过内务府主事，内务府正黄旗护军统领，内务府大臣，户部侍郎，刑部尚书，正黄旗满洲都统，协办大学士，直隶总督，东阁大学士加太子太保，并担任过《四库全书》正总裁等重要官职。在乾隆一朝，他是颇得重用的大臣。在他于乾隆四十八年（1783 年）逝世的时候，乾隆还特赐银五千两作为他的丧葬费用。《清史稿》中有他的传，并且说他“先陟外台，考历著声绩”。即是说他在同僚中颇有威望，作出了一定的政绩。

英廉的儿子和儿媳很早就先后去逝了，只给英廉留下一个孙女。英廉对这个孙女疼爱有加，精心培养，并且颇费苦心地为她选择佳婿。经过一番长期、细致的考察，才将目光锁定在当时身为官学生员的和珅身上。

在他眼中，和珅是出色的理想人选。他不仅天资聪颖，才华出众，还是一个一表人才的英俊青年。而且，没有一般八旗子弟的少年轻狂，很早就显示出了成熟与干练。英廉料定，这样的一个青年日后一定会飞黄腾达，前途不可限量，所以，有心把自己心爱的孙女许配给他。

从此，咸安宫官学中不时可以看到英廉的身影，他总是详细询问学校的情况，对每个学生的学习成绩直至日常起居都极关心。起初，官学的老师们对英廉此举十分不解，两年后才恍然大悟，不禁惊异于英廉的眼光。

经过两年多的观察，英廉决心要把自己的孙女嫁给和珅。

英廉自此让和珅在官学中安心读书，对他多方关照。从此，和珅再也不用为生计发愁，得以安心读书，顺利完成学业，为他以后的发达打下了坚实的基础。等到和珅十八岁从咸安宫官学毕业的时候，英廉预备了丰厚的嫁资，亲自主持操办了和珅与冯氏的婚事。

和珅的儿子丰绅殷德在他的诗集《延禧堂诗钞》中说：

“尝闻先外祖母下世时，太夫人尚幼，最蒙曾外祖怜爱，自教养以及聘嫁，曾外祖为之经理。”

和珅的妻子冯氏不仅秀美绝伦，而且知书达礼，全没有一般官宦人家小姐的种种劣习。英廉的悉心教导使她成为一个贞慧贤淑的女人，和珅夫妻成婚以后，相亲相爱，感情颇好。即使是和珅后来官高爵显，风流无度的时候，他还是保存了对冯氏的真情实意，对冯氏关怀备至。冯氏也一心一意地关心照料着和珅，特别是他们的儿子出生后，更是恩爱有加。

和珅靠自己的勤勉、聪颖、学识以及自强不息的奋斗赢得了当朝高官的垂青，不但使自己一举步出了人生的险境，而且初步踏上了人生的坦途。如果当初没有英廉的关照，不知道和珅还会不会成为乾隆朝的最大的宠臣。

7. 虽起于微末，却要抓住机遇

每个人都有人生的欲望和机遇，只有性格坚强的人才会抓住，怯懦的人只能想一想，看着机遇却不敢伸手，因此，坚强和怯懦便决定了两种不同的人生命运。

和珅的出身虽不低下，但也并不怎么高贵，他的先祖为他留下的三等轻车都尉的世袭职衔，到了乾隆一朝已经没有什么实际的意义了。他也曾经参加过科举考试，希望能借此步入仕途，但又以落第而告终。和珅能够获得第一次鹤立鸡群的机会，引起乾隆皇帝的重视，完全在于他敢于冒着风险，把握机会，展示自己的才华。

一个人的才华，唯有显现出来，为人所知，才有可能成就事业。然而古人云："木秀于林，风必摧之。"才华的展示，往往会招来平庸之辈的嫉妒与摧折，机遇与风险并存，想要把握机遇就必须勇于承担由此可能带来的风险，放开胆子，一往无前；畏首畏尾的人只会看着大好时机在眼前溜走，时机只会青睐那些勇敢的人。

和珅在他二十三岁时，被授为三等侍卫，后来被挑选进入黏竿处。黏竿处又称为上虞备用处，即是皇家的仪仗队，皇帝的出巡等一切仪仗事宜都由上虞备用处负责。不久，他又被调任到銮仪卫充当侍卫。二十六岁的和珅由此得以经常有机会在皇上身边，一般的侍卫都安于现状，不思进取，加上"伴君如伴虎"的古训，整日唯唯诺诺、小心谨慎，唯恐一时差错招来杀身之祸，更别说敢在皇帝面前直陈己见了，而这正是和珅等待的机会。

清人陈康祺在《郎潜纪闻》中记录了和珅脱颖而出，引起乾隆注意的过程："一日警跸出宫，上偶于舆中阅边报，有奏要犯脱逃者，上微怒，诵《论语》'虎兕出于柙'语。扈从诸校尉及期门羽林之属，咸愕眙，互询天子云何。和珅独曰：'爷谓典守者不能辞其责耳。'上为霁颜，问：'汝读《论语》乎？'对曰：'然。'又问家世年岁，奏对皆称旨，自是恩礼日隆。"

一天，乾隆正坐在车舆中阅读边报，忽然一名侍卫急呈奏本，说："有要犯逃脱。"乾隆接过奏章，细细读过后，眉头一皱，龙颜大怒道：

“虎兕出于柙，龟玉毁于椟中，是谁之过?”众侍卫一见，慌忙跪倒。

乾隆一连问了几声，众侍卫根本不知皇上所言为何，只剩下了惊慌失措，谁敢开口。这时，传来一个声音说：“是典守者不能辞其责耳。”乾隆不料有人应声答话，就说：“哪人说话，站起身来。”和珅从人群中站起，请求皇上恕罪。

乾隆见到和珅，不禁问道：“想你一个仪卫差役，却也知道《论语》，你念过书吗?”和珅恭恭敬敬地回复皇上，说自己是咸安宫官学的学生。乾隆一听大喜，眼见和珅不仅长得一表人材，而且还是官学的学生，有心考他一考，就说：“你且说说《季氏将伐颛臾》一章的意思?”这正是和珅梦寐以求的进身之阶，他平日的攻读，此刻终于派上用场了。于是，他不慌不忙地说道：“重教化，修文德以怀人，不然则邦分崩离析，祸起萧墙，此真乃圣人之见也。然，世易时移，如今之世，远方多顽固不化之人，若仅以教化化之，不示之以威势，则反易生妄心。如此，于国于都，应首重教化，修文德以服人，使远者来之，来者安之，且加之以威力，防微杜渐，不然，就真正是‘虎兕出于柙，龟玉毁于椟中’。”

和珅的这一番侃侃而谈，张弛有度，中规中矩，一下使得乾隆龙心大悦，于是当即任命他为宫中总管，随侍左右，同时兼任蓝旗副都统。

可以看出，当皇上发怒，众人惊愕，惶恐不安的时候，和珅敢于挺身而出，勇于应答，才把握住了这一稍纵即逝的时机。只要我们想想，和珅面对的是一言九鼎的帝王，稍有不慎就有可能身首异处，就不得不佩服他过人的胆识了。

试想，即使和珅满腹经纶，但如果没有出人头地的强烈愿望以及由此而产生的“机不可失、时不再来”的抓住机遇的紧迫感，他无论如何也不敢在乾隆皇帝盛怒之时作出应答。

和珅凭着他扎实的才学、过人的胆量，抓住了稍纵即逝的机会，打开了通往权力顶峰的大门。

8. 出人头地，聪明人的自我表现

许多人都梦想着能够得到皇帝的赏识，从而脱颖而出，但却常常忘了，自我形象的塑造必须通过一点一滴的积累，绝不是可以一蹴而就的事情。

和珅自从被乾隆发现以后，就凭着自己的才思敏捷，精明干练，一次次在乾隆面前展示才华，使乾隆对他的良好印象愈来愈巩固，对他到了坚信不疑的地步，这种几十年如一日的努力，就绝非一般的弄臣之流可及的。

史书中记载了这样一件事，更足以让我们看出，仅凭谄媚功夫，和珅是无论如何不会升得如此之快的。

一日，乾隆在圆明园的水榭上读书，和珅随侍在侧。不知不觉中，天色渐渐暗了下来，乾隆看不清手中的《孟子》上朱熹的注解了。因为朱注是用小字排在《孟子》的原文之下的。乾隆说："和珅，去拿灯来，这行注，朕看不清了。"和珅躬身道："不知皇上看的是哪一句?"乾隆续道："人之道也，饮食，暖衣，逸居而无教，则近于禽兽。圣人有忧之，使契为司徒，教以人伦。"

和珅不假思索，朗声背道："言水土平，然后得以教稼穑；衣食足，然后得以施教化。后稷，官名也，弃为之。然言'教民'，则亦非耕矣。树，亦种也。艺，殖也。契，音薛，亦舜臣名也。司徒，官名也。'人之有道'，言其皆有秉彝之性也，然无教，则亦放逸怠惰而失之。故圣人设官而教以人伦，亦因其固有者而道之耳。《书》曰：'天叙有典，敕我王典到惇哉!'此之谓也"。和珅一口气将朱子的注疏背了下来。

乾隆等他背完，说："不知爱卿竟有如此的造诣。"于是，乾隆背文，和珅背注释，君臣二人你一言我一语地背了许久。

过了没几天，和珅就被乾隆升为户部右侍郎。

和珅的博闻强记，在中国的封建社会中也许并不罕见。由唐朝开始的科举制度，到了清朝已经日臻完善，也更加僵化。不只是儒家传统的典籍，朱熹的注也一样成为经典，所以，读书人将朱子的注解一同背诵下来的也有很多。和珅在经典上的才学比起与他同朝的刘墉、纪晓岚来，未免还是差很多。

但是和珅自有他的过人之处。要想在人材济济、竞争激烈的朝廷中出类拔萃，就必须有别人所没有的才能，必须起到别人无法取代的作用。

乾隆一朝同藏、蒙关系密切，经常有文书往来，然而朝臣中却少有人懂得这两种文字。和珅在咸安宫官学中，不畏艰深努力研修，精通汉、满、蒙、藏四种文字，往往在紧要关头，挺身而出，令人刮目相看。

乾隆七十寿诞之时，朝廷上下都在紧张地安排祝寿典仪。恰在此时，西藏六世班禅飞骑呈来一份文书。乾隆接过文书，却是藏文，随行的众位官员无一人懂得。乾隆立刻想到了和珅，派人火速传他前来。和珅到来后，拿起信，随即念道："小僧自幼仰承文殊菩萨大皇帝豢养之恩，不胜尽数，非他人所能比。小僧乃一出家之人，无以极称，虽然每日祝祷文殊菩萨大皇帝金莲座亿万年牢固，并让众喇嘛等唪经祈祷，但仍时时企望觐见文殊菩萨大皇帝。庚子年为大皇帝七旬万万寿，欲往称祝，特致书大皇帝膝前，以达敝意。"

六世班禅像

乾隆听罢大喜。人生七十古来稀，七十大寿若有班禅领班诵经，宣扬佛教，会见蒙藏王公贵族，一人来朝而万众归心，必然会使祝寿活动大放异彩。当即命和珅拟诏。和珅用满、藏、汉三种文字拟好了诏书。乾隆见了更是高兴，又命和珅全权负责在热河修建庙宇，待班禅进京时居住。

为了奖励和珅卓越的外交才能，乾隆任命和珅为理藩院尚书，管理蒙、疆、藏事务及外交上的一切事宜。

这几件事情，都不是不学无术之辈能够做得了的。由此可见，和珅的成功也是靠了才学的帮助。

和珅对乾隆的脾气、爱好、生活习惯都了如指掌，可以想乾隆之所想，为乾隆之所欲为。甚至乾隆尚未想到的，他也可以预先想到。据朝鲜使臣的记载：乾隆每问和珅一件事，和珅不但能立即回答得有条有理，而且还能把事情的前后经过、来龙去脉说得一清二楚，怎能不让皇帝喜欢呢。乾隆因此就逐渐养成了任何事情都要询问和珅的习惯，对他的话不会有丝毫疑心，远远胜过朝中其他的大臣。

乾隆皇帝还爱夸耀自己的文采，喜欢吟诗作赋。和珅早年便已对乾隆的诗作下过一番功夫，对他作诗的风格、用典、喜用的词句都知道的一清二楚。他偶尔会在乾隆面前表现一下自己对诗文的偏爱，甚至闲暇时以“骚人”自居。与和珅同时代的钱泳曾评价他的诗说：和珅的诗偶有佳句，很通诗律。和珅的诗作统统合乎乾隆的审美趣味，乾隆阅后，怎能不喜，很多时候就命和珅即景赋诗，以代替自己亲为了。在和珅的诗集《嘉乐堂诗集》中就有很多首是奉乾隆皇帝之命而作，如《奉敕敬题射鹿图·御宝匣戊申》一首：

木兰较猎乘秋令，平野合围呦鹿竞。
霜叶平铺青嶂红，角弓晓挟寒风劲。
图来制匣宝装成，贮就天章玉彩莹。
文修武备双含美，犹日孜孜体健行。

乾隆皇帝喜好虚荣，贪图享乐，讲究排场，和珅便投其所好，百般逢迎。乾隆每次巡幸江南、木兰秋弥、东巡祭祖、祭陵等出行，和珅总是尽力陪侍在侧，鞍前马后，不辞劳苦。出巡的费用，和珅想出了种种办法广开财路，减轻了内务府的负担，尽量少用国库的银两，令乾隆非常高兴。他还抓住乾隆讲究排场的心理，积极筹划为他扩建圆明园、避暑山庄，修缮皇宫内殿等等皇家宫院，使乾隆的虚荣心得到了极大的满足，视和珅为心腹。

和珅知道乾隆喜爱收藏古玩、字画，对于文物有着特殊的偏爱。于是便挖空心思四处搜罗奇珍异宝，向乾隆进献。天长日久，向和珅行贿的人也都知道“和相”性喜收藏，一件珍稀的古玩在和珅眼里往往可以胜过万两黄金。于是，全国各地的珍玩迅速地聚拢到和珅手中，和珅得以从容地从中择选出精品，进献乾隆。乾隆四十五年，朝鲜来访的使臣就曾记下了他见到和珅向皇帝进献金佛的过程：“京城内有佛铺子，互相卖买，朝臣用此做为贡献，皇帝亦以赏赐贵臣。千秋节晨朝，有进贡覆黄帕架子，盛以金佛一座，长可数尺许，舁入阙中，闻户部尚书和珅所献。”

由此种种，和珅得到了乾隆空前的信任，真可谓是“用而不疑，疑而不用”。对满朝大臣对和珅的不满，弹劾和珅的奏章视而不见，置若罔闻，甚至对弹劾之人打击、压制。每每这种时候，乾隆首先想到的是某人嫉妒和珅的精明能干，嫉妒自己对他的宠信，要拆散他的左膀右臂，绝不会想到和珅的所作所为有什么不当之处。和珅在他眼中俨然一位因忠心耿耿遂招致同僚不满的忠臣。时间一久朝中逐渐很少有人再敢参奏和珅了。和珅更加专横跋扈，地位甚至超过了亲王、皇子。正如在乾隆晚年来使的英国人马戛尔尼所见：

“（皇帝）刚燥之性，仍不以此少减，即如现在所有皇子，仅止四人，而此四人之中，乃无一人能略握政柄。宁举全国政柄，界诸相国和中堂一人，而绝不计将来承继问题，其意见如何，颇非他人所能揣测，然论者每谓现有之皇子四人，均为皇帝所不喜之。”

由此可见，乾隆皇帝对和珅的依赖和信任远远超过了他对自己的儿子的信任。

和珅最终能形成这样的声势，全凭他每日小心谨慎，时刻注意维护自己的形象。及至嘉庆当政以后，乾隆仍然有意把他留在自己身边，简直是形影不离，他长期主管户部和内务府这些国家财政的要害部门，掌握着大宗钱财，乾隆对他从来不怀疑，经常会把成千上万两的银子直接交给他，由他任意支配使用。

9. 久居官场，人性必生畸变

“天下熙熙，皆为利来，天下攘攘，皆为利往。”

人生在世，为名为利为野心而使人生折戟沉沙者多如牛毛。有为官者以权谋私、大肆贪污、行贿受贿；有为商者不惜造假贩假，致人死地而不顾；有无职无业者豁出命来烧杀掠抢，将百姓搞得鸡犬不宁。说到底，都是为了一个“利”字。

人生一旦误打误撞进入了罪恶之门，从此也就走入了败局之中，轻者可能弃恶从善，从罪恶的深壑中爬起，折耗了人生的资本，再安身立命已是困难重重了；重者甚至可能深陷囹圄，杀身自灭。对于这一点，聪明的和珅大概不会想不到。然而，一个人在社会中很像棋盘中的一个棋子，你的进退左右要受到整个棋局的控制，一旦身在其中，进退已不能完全由自己决定了。

封建官场之中历来复杂，可以说将人生世界中的心机、狡诈集聚、浓缩于这不大的朝堂之上，人与人之间因荣辱相关，有时甚至是性命交关的冲突，互相提防倾压，全都带上虚伪的假面具，很容易被无尽的机巧掩盖住本性中的良善；立身尚需如此，倘若要升迁迅速，掌握大权，还必须彻悟千百年来官场中权钱交易的通则。所以，人在官场，变则通，通则久，不变则将陷于困境而失去前程。

和珅曾经在升官之初就遭遇了一次弹劾，险些性命不保。千钧一发之际，和珅采取丢卒保帅的办法，才安然渡过危机。即使如此，仍然受到了降二级备用的处分，这件事令和珅对朝中的每个人都充满了戒备，决不再轻信；而对自己的爪牙，心肠也变得更冷，遇有危险立刻弃之若弊履，全不顾曾有过的交情，一切都要以保全自己为前提，处处留心，步步谨慎。

事情由户部中的一个司务安明引起。户部掌管天下钱粮赋税，主持国家财政，是国家的要害部门。安明在户部任司务，贪恋职务之便带来的实惠，不思升迁，只求能在这一职位上长久地坐下去，所以，为了保住这一位置，尽管尚书侍郎几年中几易其人，安明都一样细心巴结，使他得以久据司务的职位。

然而智者千虑，必有一失，及至户部又换了一名新尚书之时，安明因为不明利害与尚书交恶。原来，部中的左右侍郎欺尚书新到，想要架空他，不予他实权，便勾结下属的绪多司务官员，在尚书面前敷衍了事，对他的命令阳奉阴违，安明本与侍郎过从甚密，自然也从中轻漫尚书。新任尚书见众人如此，表面上不动生色，安之若素，私下里却分别联系部中官员且以提升来诱惑他们，有很多官员禁不住引诱，纷纷向新任尚书表明忠心，揭露侍郎的罪行，尚书待到握有了真凭实据，便向皇上起奏一本，轻而易举地便把两位侍郎清除出户部，安明因此而被降职为笔帖式。

笔帖式一职不比司务，手中没有实权，只是一个闲职，各省见再也没有用得着安明的地方，便不再给他送礼，安明整日坐立不安，朝思暮想着要寻回司务的职位。他再次向尚书讨好巴结，甚至巴结尚书的儿子和亲属，无奈尚书对他憎恶至深，一点不为所动。正在此时，皇上命和珅出任户部侍郎，安明顿时看到了希望。安明见和珅一无军功，二无政绩，如此年轻便作了军机大臣，一定不是靠正途发迹的，既然如此，就容易亲近，借他实现自己的目标。

从此，和珅每次到户部，总能看到一个人对他执礼甚恭，有时在路上相遇，他还会行跪拜大礼，久而久之，和珅就与他相熟起来。安明常到和珅府上走动，每次带去的礼物，总能切中和珅心思，令和珅大为满意。安明知道和珅准备扩建居室，就将置买材料的事情一口应承下来，拿出了自己多年的积蓄，尽数花在和珅身上，使和珅省下了一大笔钱，和珅大喜，安明趁机向他诉说苦衷，希望和珅能帮他讨回原职，和珅对他承诺等来年京察之时，一定向尚书保举他。

果然，京察来临之际，和珅向尚书保举安明做事勤勉，可为司务。尚书心知和珅是皇帝的宠臣，不敢得罪于他。安明顺利地官复原职，自此更加依附和珅。哪知，安明刚刚升任司务之时，就传来了他父亲病故的消息，按清朝礼制，官员父母逝世，要离官回家守丧三年，这三年之中绝不许为官。安明好不容易才官复原职，一旦离官回乡，三年之中风云变幻，等他回朝之时，恐怕早已是物是人非了，他两年来的苦心经营必然荡然无存。安明不忍心就此作罢，就把父亲去世的消息隐瞒下来，密不报丧。

户部尚书得知安明把父亲丧亡的事匿而不报之后，就有心借此整掉和珅，他将此事密报于吏部尚书永贵，因为满朝文武之中，惟有阿桂和永贵才有可能弹劾得了和珅，阿桂此时正征战在外，只有求助于永贵了。永贵初为浙江巡抚，即以清廉著称于世，后又屯田新疆，多次平定叛乱，近些年才回到朝中任职，出任吏部尚书，值军机处，与阿桂齐名，人称“二桂”。乾隆曾多次褒奖他说：“天开朕目，让朕悉知永贵忠心。”永贵接到密报，细心查访几日，弄清确有此事，便写了奏折，准备向皇上奏明安明父死不报，大逆不道的事实，并同时弹劾和珅，说和珅在京察时竟然没有发现安明的行径，反而保举他任官，实是同他沆瀣一气，其罪难逃。如果此次弹劾成功，必然会对和珅造成重创，即使不能将他从朝中彻底铲除，也可以阻断他的飞升之路了。

在此危急时刻，和珅从永贵的儿子那里得到了自己将被弹劾的消息，大惊失色，立刻寻思对策，事到如今，只有舍弃安明，才能保障自己的前途和安全了，和珅连夜修好奏折带在身上。第二天，早朝之时，永贵将弹劾和珅的奏折呈与皇上，并奏道：“现在有御史及户部司员属吏联名呈报，户部司务厅司务安明，本为降职司员，留为笔帖式，此人大逆不道，父死匿而不报，前次京察，户部待郎、军机大臣和珅竟然仍保举此人为官。”乾隆对这等事历来极为看重，当下勃然大怒，质问和珅是否属实。和珅忙将写就的奏折呈上，并说确有此事，他本来早已写好奏折，要向皇上奏明此事，请求皇上给他不察之罪，不料永贵大人竟先他奏明了这件事。

永贵听完和珅的话大吃一惊，忙向皇上奏到：“和珅徇私舞弊昭然若揭，皇上万不能被他的巧计所迷惑。安明父死不报的事户部尽人皆知，和珅又岂能被蒙在鼓里，如若和珅心知此事仍保荐安明，实在是戕害人伦大义，岂是一个小小的不察之罪就能带过的。”朝臣中此时也有多人相继站出附和永贵，向皇上申明这必是和珅徇私枉法的行为。和珅没想到朝中竟有这么多人与他为敌，心中颇为忐忑，只好听凭乾隆处置。乾隆说道，据朕看来，和珅应是受安明蒙蔽，如果是存心要徇私枉法，又岂能亲自奏本弹劾他，如果说他事先知道消息，加以遮掩，他的奏折又怎能与你们同时呈上，但是和珅在此事上自然难辞其咎，给他降二级的处分，留用查看，至于安明，则凌迟处死全家籍没。

和珅虽然受到了处分，但是，乾隆对他的宠爱丝毫没有削减，仿佛根本没有发生过什么。

凭心而论，就这件事情来说，和珅确实不知安明父丧之事，安明也蒙蔽了和珅。永贵等人对和珅的弹劾有某些失实之处，幸亏和珅应对得法且乾隆皇帝明察秋毫，和珅才逃过一劫。但和珅也由此亲身体会了官场的险恶，不但朝中有许多人想要推倒自己，而且始作俑者安明也只为自己考虑，并不虑及一旦事情败露会给和珅招来杀身之祸。

和珅一生之中，类似的事情经历了不知有多少，他的性情也在这尔虞我诈中大为改观，变得乖戾、多疑、冷酷无情。

第二章　作官的妙法

——和珅的为官之道

人情是一种复杂的关系，人的心理很难用法则来规范，但人心是有着某些共通点的。因此，追求成功也有大致的法则可以遵循，能够体会出这些法则的人，便是能洞悉人情世故的人。和珅少年贫困失意，历经坎坷，为什么后来官越升越高，竟至“一人之下，万人之上”，熏这同他善于总结发现官场的经验与规律分不开。

1. 抓住机会，施展自己的权威

自古以来，欺善怕恶是人之常理。人们往往要对相对的弱者进行精神和物质的“侵略”，以获得利益或尊严；对强者则以逃避或讨好以免被“侵略”。因此，在官场上，你若不树立自己的权威，反而可能被欺善怕恶之人所轻视，认为你是软弱无力。

大部分人总是屈从于权威，你越有权威，便越正确，就越崇高；你越没权势，便浑身都是错。权威一方面来自君王，另一方面是自己显示出来的。

和珅自得乾隆赏识之后，朝中的大臣有很多对他已经不敢轻慢，执礼甚恭。可是，也有一部分人，因认为和珅出身发迹不由正途，只是靠讨好君王才得以荣显，实在看来是不足为道的。中国文化中向来有“道”比“势”尊的传统，特别是有些读书人自以为是“道”的继承者、弘扬者，可以根据“道”与人君的“势”相抗衡，对于和珅自然是不放在眼里了。与和珅相处的时候，言语中常带讽刺，常以弄臣视之，和珅对此大为恼火。

一次，江西巡抚海成来京述职，到了军机处，和所有的人打千作揖，惟独在和珅面前昂首挺胸、不理不睬，而且说道：“没想到几日之间军机大臣又多了一个，有人坐了冲天的爆竹了，能耐大得很哪。”说此话的时候，还故意让和珅听到。并且，越说越离谱，竟对和珅的长相进行侮辱。和珅当时并未发作，但决心要杀下海成的气焰。

乾隆时盛行的文字狱给了和珅打击海成的机会。

这海成对收缴“禁书”本来也十分卖力，一年竟收缴八千余部，还说“尚不能一时尽净”，要继续尽力罗掘购求，因而得到乾隆的嘉奖。但他没有想到，由于《字贯》一书，险些丢了性命。

《字贯》的作者王锡侯，本名王侯，因怕自己的名字犯忌讳遂改名锡侯。三十八岁中举，后屡次会试都名落孙山，于是杜绝了入仕之心，发奋著书。在乾隆四十年，王锡侯所著的《字贯》刊行面世。这是他花费了十七年心血著就的一本书，分为天、地、人、物四类，是一部简明的字典。他在序中说：“天下字贯穿极难，诗韵不下万字，学者尚多识而不知用。今《康熙字典》增加到四万六千多字，学者查此遗彼，举一漏十，每每苦于终篇掩卷而茫然。”他著这部书就是为了能够将天下字贯通联系，使学者能够举一反三，便于查找。

书刊出之后，被王锡侯的同乡将此书以诬蔑贬低圣祖康熙帝的名义告官。经办此案的海成认为王锡侯是狂妄不法，便奏请先革去其举人，再审拟定罪。乾隆阅过该书，并未在意，遂将此事暂时搁在一边。

书辗转落到和珅手中，他在《字贯》序文后“凡例”中看到圣祖、世宗的庙讳及乾隆的御名字样同其他的字同样悉数开列出来，不禁大喜，立即向乾隆呈递了奏折，参奏这本书。乾隆一听说书中竟如此大逆不道，对皇帝的名字不加避讳，“非常动气”，下令把王锡侯处斩，子孙六人处死，全家二十一人缘坐，并痛斥海成办事不利，革去他的职务交刑部治罪。和珅轻而易举地就把轻慢、侮辱自己的海成送上了断头台。

不久，又一桩更大的文字狱，落到了和珅手里。

扬州府东台县原有书生名叫徐述夔，原名赓雅，字孝文，乾隆三年的举人，曾任过知县。此人自恃才高，加上读了一些吕留良等明末遗民的著作，经常对清朝流露出不满的情绪；整日吟诗，表达自己对逝去的明朝生活的向往，诗中有“江北久无干净土”、“旧日天心原梦梦，近来世事并非非”等类似句子。他在世之时，幸好这些诗句流播不广，才没给自己招来杀身之祸，及至他去逝之后，他的儿子徐怀祖把他的诗作集成《一柱楼诗》刊印发行。

徐怀祖于乾隆四十二年病故，他的两个儿子徐食田、徐食书在与他人进行田地买卖的时候发生纠纷，被人以揭发《一柱楼诗》相要挟。徐食田、徐食书竟然想到与其被别人揭发出来，不如自己去官府自首，也许可以免罪，于是两人把《一柱楼诗》和祖父的手稿全都献出交到了县衙。正值刘墉出任江苏学政，得知这件事后，认为诗中确实有大逆不道成分，急忙给皇上写了奏折，乾隆看罢，把诗集交与和珅。和珅既想把这功劳从刘墉手中抢夺过来，又想借机再给朝中的进士出身的官员一点威慑，于是仔细地翻阅这本诗集，终于找到了“大明天子重相见，且把壶儿搁半边”、“明朝期振翮，一举去清都”的句子，就向乾隆启奏道：“大明天子重相见，且把壶儿搁半边”其意甚明，是诬蔑清朝的统治者是胡儿，要迎回大明天子，推翻清朝统治。“明朝期振翮，一举去清都”说的是同样的意思，期望明王朝能振翅高飞，一举推翻满清的都城。

乾隆觉得和珅言之有理，就把这件案子交给和珅处理。案情并没有什么复杂之处，不久，和珅就将全案查清，向乾隆报告，请求乾隆批示如何惩处，乾隆颁旨道："'明朝期振翮，一举去清都'等句，显寓欲复兴明朝之意，徐述夔大逆不道，鞭尸枭首，其子徐怀祖，刊刻其父逆书，戮尸枭首，其孙徐食田、徐食书藏匿其祖逆书，拟斩。"对徐氏一家加以严惩，连早已入土的死人也不放过，刘墉和和珅因忠心可鉴，查案有功，都得奖励。和珅不久就得以总理行营事务，授御前大臣，补镶蓝旗满洲都统。

和珅的上述行为，不但赢得了乾隆进一步的信任，而且打击了政敌，显示了权威，使得朝中科举出身的官员也不敢再轻视他。文人都有写诗吟唱的习惯，不知哪天自己的诗作会落在和珅手中招来灭顶之灾，所以再也不敢对和珅说三道四了。

2. 年年升迁有靠山，朝中无人难做官

翻开人类的历史，王者以借取天下，什么“借东风”、“借荆州”、“草船借箭”；智者以借谋高官；商家以借赚大钱——不借助外部的力量，试问谁是英雄？在朝中作官，更要借助他人的力量，借权、借势、借地、借人，要在朝中找到自己的靠山。

封建社会的一切特权，几乎都与官职联系在一起，有了权力就意味着有了一切。所以，社会中的绝大多数人梦寐以求的就是踏上仕途取得乌纱。为此不择手段，无所不为。如果能够巴结上朝中的大官，经由“他”的提携一路升迁，无疑是最便捷的途径。和珅以其在朝廷中的威势，在乾隆那里的宠信，成为很多人竞相追逐的目标。他们最后也终于如愿以偿，连年升迁。这正应了那句老话：“年年升迁有靠山，朝中无人难做官。”

身为纨绔子弟的国泰，不学无术，且性情暴躁，根本就不具备为官的素质，清人洪亮吉在他的《更生斋文甲集》中说：其人“性暴戾，妻子仆隶皆若一日不可共处。”就是这样一个人，因为用心良苦地巴结和珅，成为和珅的爪牙，一路升迁，先是伍阳县令，后又被迁任刑部主事，而后，谋求外放，任山东按察吏，后升为布政使，后来竟在乾隆四十二年（1777 年）的时候，升任山东巡抚，成为权倾一方的封疆大吏。他上任之后，就伙同山东布政使于易简，贪赃枉法，挪用库银，造成山东下属各府衙的国库亏空，官场乌烟瘴气。监察御史钱沣在乾隆四十七年（1782 年）上书弹劾国泰，向乾隆奏明了国泰的种种恶行，乾隆立刻派时任大学士兼吏部尚书的和珅同刘墉一起审理此案。和珅在赶往山东的途中，一路上百般刁难，阻碍办案，险些使国泰逃脱。如果不是和珅，国泰根本不可能做到山东巡抚的职位。如果他上任后贪赃枉法的恶行稍事收敛，也许就会在巡抚任上，在和珅的庇护下安然无恙地呆下去，很有可能还会继续高升。

假如说国泰的行径令人不耻，那么吴省钦、吴省兰兄弟这样的读书人的所作所为就更加可耻了。他们兄弟二人从小刻苦攻读、博闻强记，在乾隆初年，吴省钦、吴省兰年纪轻轻就游学京师，以他们的学识博得

了人们的推崇。经过众人的举荐，他们竟出任了咸安宫官学的老师，此时的和珅正在咸安宫官学里一心进学，他们是和珅的老师。等到和珅位极人臣，权倾朝野的时候，他们就想通过和珅的关系升官发财，做出了许多令读书人颜面尽失的事情。

与和珅同朝有一位御史曹锡宝，是江南人。乾隆初年，以举人的身份考中内阁中书，出任军机处章机，后来又参加了乾隆二十二年的科举，考中进士。屡经辗转，被乾隆授为陕西道监察御史。御史一职的责任就是监督、省察各地的官员，遇有不轨，立即向皇帝上书言事。充任御史的大多是一些清正廉明的官员，朝廷希望通过他们来监督官吏的行为。曹锡宝身兼重任，就想要参奏和珅，因为他深深地感到和珅是朝中贪污腐化的源头，只有把他去除，才有可能改变朝廷的局面。但是，参奏和珅，他不得不慎之又慎，不仅朝中遍布着和珅的党羽，就连皇帝也偏袒于他。曹锡宝经过一番调查，准备从和珅的管家刘全入手，弹劾他的各种吃穿用度早已超出一个管家所应有的规格，有僭越之罪。他写好奏折，又恐怕言辞上有什么不妥当的地方，就想找个人商量润色一下。可举眼望去，这样的事究竟能找谁商量呢？他想来想去，就想到了与他同乡，又曾有过同窗之谊的吴省钦。吴省钦正愁没有机会向和珅示好，立刻把消息通报了和珅，和珅作了周密的安排，才安然度过了这一次险情。

吴省钦、吴省兰兄弟也想通过科举晋身，因为他们是咸安宫官学的老师，所以就在顺天府参加乡试。顺天府乡试的考题由皇上亲自拟定，在《四书》范围内出，一般是由内阁向皇上呈上一部《四书》，由皇上据《四书》中的句子命题。然后，再加以密封，交给内阁。吴省钦、吴省兰听说和珅是当年的主考官，便双双登门拜见和珅。一见面就双膝跪倒，称和珅为先生，自称弟子。和珅大为惊讶，不知道自己的两位老师何以如此。吴省钦辩说道，和珅身为乡试的主考官，而他们兄弟参加乡试，考试的人称主考官为老师是自古以来的传统，和珅当之无愧，就这样吴省钦、吴省兰兄弟摇身一变，由老师变做了和珅的门生。既然是门生，乡试中自然要多多照应，和珅就把他猜到的试题告诉了他们。

原来，乾隆把题目拟好之后，交给身边的太监，由太监捧着密封的题目交给内阁。和珅早就等在路上，拦住他，问他皇上命题时的情况，太监说皇上翻阅《论语》第一本，等到快翻完的时候，才面露微笑，奋笔直书。和珅由此推断，考试的题目一定在《论语》“乞醯”一章中，

“乞醯”中嵌着“乙酉”两个字，而乡试之年恰好是乙酉年，凭他对乾隆的了解，皇上一定是以此为题目。

和珅当下就让吴氏兄弟多多留心《论语》“乞醯”章，自然不会有错。吴省钦、吴省兰大喜过望，对和珅更是“先生”、“先生”不离口了。乡试过后，题目果然不出和珅所料，他们二人都考中了举人。自此，就成为和珅的死党，在和珅面前奴颜婢膝。而他们也因为靠上了和珅这棵大树，自然官运亨通，无可限量了，直到和珅倒台之后，他们才被罢免。

科举考试历来是封建王朝选拔人材的最重要的途径，封建王朝的统治者对此极为重视，采取了縢录、糊名等种种手段来保证科举的公正，就是这样的严密的考试，巴结上像和珅这样的权贵，也可以舞弊，一举踏入仕途。

3. 官场波诡云谲，小心地雷

人生的过程其实是一个不断选择的过程，有的选择是微不足道的，有些选择却是关系到整个一生的。你所接触的人可能给你带来好运，使你个人获得较大发展，走出迈向成功的一步；也可能给你带来厄运，甚至可能带来杀身之祸。特别是在利益所在之处，对人更不得不存有戒备。

和珅在朝为官，难免要遭遇险情。有几次险些翻船，皆因他巧妙善辩，应对及时才得以应付过去。

前面记述的“安明事件”是一次险情，而和珅的管家刘全遭参劾一事又给和珅上了一课。

御史曹锡宝写奏章参劾和珅的管家刘全，说他建造的府第深宅大院，早已超出了其应有的住房规格，平时出行的穿戴及所用车舆也是超出限制，想借此来扳倒和珅。消息被吴省钦得知之时，和珅正陪同乾隆在热河行宫。吴省钦立刻回到府中，命家人对来访的客人一律称病不见，自己不带一名随从，骑一乘快马赶到热河，通报和珅。

和珅急忙命人传见刘全，要他风雨无阻，放下手头的一切事务，火速赶到热河。刘全赶到后，和珅把御史曹锡宝参奏他“持势考私、衣服、车马、居室皆逾制”的事告诉他，然后命他火速回去，迅速拆掉逾制房屋，烧掉超过规格的车舆，把不该穿戴的东西统统销毁，不留一丝痕迹。等到曹锡宝乘车来到热河，面见乾隆，呈递奏折的时候，刘全家中一切逾制的东西已经荡然无存了。

乾隆立刻召见满朝文武，质问和珅，和珅说道：“启奏皇上，奴才蒙皇上器重，官至宰辅，焉能不知自重，臣对家中人等也一向严加管束，深恐有负皇上深恩，今御史曹锡宝弹劾刘全，臣也不敢庇护，臣多年跟随皇上身边，手下人等趁臣不知，做了些不轨之事也有可能，可命人即刻拘捕刘全，严加审问，若果如曹御史所言，臣定当领罪。”和珅的这一番言辞，有理有据，说得乾隆心中的怒气已然消掉了大半，当下询问百官，以为和珅所言如何，百官中有不少已是和珅的党羽，自然连连应和，说和中堂所言极是。乾隆立即命人将刘全抓到热河。短短两三日之内，刘全已是二进热河了。

和珅力请皇上在金殿亲自审问刘全，以正视听。乾隆端坐在金殿之上，命人带过刘全，问他："曹御史弹劾你衣服、车马、居室皆超出祖制，可是属实吗?"刘全诚惶诚恐地说："相爷一向对小人严加管束，奴才绝不敢招惹是非，奴才们的衣物全都是粗布衣衫，怎么可能有逾制的东西，奴才们的生活实是清苦非常。"说着，竟装出了一付饱受清苦的样子，哭了起来。和珅趁机说道："据奴才所知，刘全平素为人朴素老实，安分守己，绝不至做出违制的行为。依臣之见，曹御史的弹劾，应是听信了不知何处的谣言，乃一面之辞，实不足为信。请皇上明察。"

乾隆原本就存有偏袒和珅之心，加上他们看上去情真意切的一唱一合，早就忘记了派人细查曹锡宝所奏到底是不是真实的事，而站到了和珅一边。此刻，即使是实有此事，乾隆也一定会觉得情有可原了。他在御旨中说："和珅家人全儿，久在崇文门代伊主办理税务。每年，其例有应得之项，稍有积蓄亦属事理之常。""至于盖房屋数十间居住，亦属人情之常，天下各处关榷其管理人员不能不派家人分管税口，自不免皆有羡余。既吏胥等亦藉余润，其服用居室，稍有润饰，亦若事理所有。"这就是说，即使刘全靠主人和珅积蓄了点钱财，盖了房子，也是人之常情，有什么值得大惊小怪的呢？乾隆接着把矛头指向了曹锡宝，怀疑起他弹劾刘全的动机来，御旨中接着写到："若伊（刘全）倚藉之势，实有招摇、撞骗或于额税之外，擅自加增，以肥私囊，或如富礼善殴毙人命行凶各情节亦未可知，应令曹锡宝遂条指实，如有以上情节，即当一面从严审办，一面据实具奏，或曹锡宝及伊亲友有应过税之物，全儿多索税银，或竟伊不肯免税之嫌，架词耸听，尚为情理所有。若曹锡宝竟无指实，不过摭拾浮博建白之名，亦难以无根之谈处人罪之理，况曹锡宝与和珅之家人何能熟识，伊于何处探知详细，亦应详问实在，方成信谳。"乾隆咄咄逼人地要曹锡宝把刘全的罪状一条条指实，他不但不认为曹锡宝的弹劾是真凭实据，反而认为曹锡宝弹劾刘全是因为自己亲友携带的东西被刘全课以重税，或者是他要求刘全免税而不可得，才陡起私愤，公报私仇，甚至，乾隆进而怀疑曹锡宝是为了搞垮和珅才有此所为。上谕中说："故以家人为由，隐约其词，旁敲侧击，以为将一波及地步。"满朝的官员都听得明白，分明是乾隆有意偏袒和珅，再也无人敢出面声援曹锡宝，反而都暗暗为他担心起来。乾隆命步军统领郡王锦图恩、都察院大学士梁国治同曹锡宝一起至刘全家查验。和珅已经命刘全将一切安排妥当，当然查不出什么来。调查的结果报告给乾隆，乾隆又召见曹锡宝，斥责他本无真凭实据，凭空捏造。弹劾刘全是假，借机打击和珅是真，完全是公报私仇、图谋报复。曹锡宝眼见证据皆无，乾隆显然又偏向和珅，这次弹劾一败涂地，只好改口说，自己是为了防微杜渐，给和中堂预先提示，让他约束好家人，免得等到惹出乱子，自己为家人所累，总之是自己这次参奏失诸冒昧，措词欠当，该当受罚。

最后乾隆颁下手谕："朕平日用人听政，不肯存逆作不信之见，今御史曹锡宝以书生迂见，据一时无根之谈，托为正言，断不许有此事，姑且宽其刑罚，革职留任。"曹锡宝冒着危险弹劾和珅，不但没有扳倒和珅，反而自己被罚，终于郁郁而终，在乾隆五十七年病逝。和珅的崇文门税监的职位被乾隆给了他的儿子丰绅殷德，也算是对和珅稍加惩处了。

和珅一生为官，仕途中屡屡遇险，像这样的事情还有很多，若不是他沉着冷静的小心应对，恐怕早就身首异处了。

4. 借助他人力量，补充自己实力

借他人之力来补充自己的实力，是生存竞争的第一法则！

“借”无时无处不渗透在现实生活之中，只不过大多数人没有意识到这一点而已。在人的一生中，要做成大事，不借助他人的思想、能力、智慧、势力、资金等可借之物，是很难想象的。

人生苦短，需要自强不息。成功的路漫长而曲折，但是任何人只要善于借用外物，必将冲破层层罗网，打破成功路上的重重壁垒而大步前进。面对复杂的生活和许多人生变局，“借”他人之力也许会助你一臂之力，使你踏上人生的康庄大道。

常言道，他山之石，可以攻玉。和珅为官也颇为懂得如何借他人的威势以成自己之实。

窦光鼐，字元调，山东诸诚人，乾隆七年考中进士，后迁至内阁学士，乾隆二十年被授予左副都御史，督浙江学政。他在浙江任上的时候，见浙江各县府库亏空，官吏们胡作非为，多有不轨，对百姓横征暴敛，便于乾隆五十一年七月上书乾隆，奏明此事。他在奏折中说：“臣闻嘉兴、海盐、平阳诸县亏数逾十万，为察覆分别定拟。”乾隆准其奏，特命尚书曹文植、侍郎姜晟前往浙江调查。然而，调查的结果却与窦光鼐所奏的不符。和珅闻知此事，忙向乾隆进言：“浙江吏治腐败，前往调查的诸位大臣所奏各个不一，其中定有虚假，皇上须派一位德高望重的大臣亲往探察，方能知晓实情，臣以为唯军机大臣阿桂可堪此重任。阿桂此去，必能查清此案。”然后，和珅又请求乾隆派他的弟弟和琳同阿桂一起去浙江办案。

和珅的高明也即在此。他的弟弟和琳此时只是一个笔帖式，一向没有什么功劳，而凭他多年的为官经验，窦光鼐所参奏的浙江府库亏空绝不会有假，阿桂此去定能查个水落石出。和琳跟随阿桂，什么都不用做，回京即可获享一个大大的功劳，可以借阿桂之实，使和琳得以升官。因此，和琳临行之前，和珅向他面授机宜，他只要秉公办事，凡事不要事先出头，只要跟着阿桂的动向即可。

果然，阿桂调查浙江一案，虽然其中多有波折，阿桂也因办案不力，袒护下属被乾隆斥责，和琳却凭空捡了个大便宜。案件结束后，已升为户部侍郎的和珅党羽苏凌阿，便向乾隆为和琳邀功：“和琳虽官卑职小，但此次查案，甚为公正，且颇干练，终使案情大白于天下，显圣上持政整肃清正，和琳实应嘉奖。”乾隆于是将杭州织造的肥缺赏给了和琳，后不久又升为湖广道御史，和琳从此飞黄腾达起来。

和珅对这一计策运用得炉火纯青，借此不断壮大自己的声威，最重大的一次是保荐福康安去平复台湾之乱。

福康安，字瑶林，号敬斋，富察氏，满州镶黄旗人。他的父亲傅恒是乾隆的大学士，曾被乾隆封为郡王忠勇公，是乾隆一朝的名臣。他的姑母即是乾隆皇帝的孝贤皇后。福康安初为云骑尉，后累迁三等侍卫，户部侍郎，镶黄旗副都统，吉林、盛京将军，云贵总督，四川总督，两广总督，闽浙总督，成都将军，御前大臣，工部尚书，户部尚书，并被加封太子太保，一等嘉勇忠锐公和郡王贝子。福康安深得乾隆信任，一朝之中，大概除了年高德勋的阿桂，能和和珅抗衡的只有福康安了。和珅屡次想要排挤打击福康安，却终未成功，他们之间也因此交恶。据当时的乾隆使臣记载，福康安“稍欲歧贰于和珅，颇自矜持，收拾人心，而宠权相埒，势不两立”。

而台湾之乱，则由来已久。台湾岛素来以美丽富饶著称，大批大陆的民众迁移而至，由闽、广、浙沿海一带迁徙而来的客家人逐渐与台湾的土著民形成了相互对立的两方，经常发生冲突。所以，由大陆到台湾谋生的汉族百姓按籍贯结成帮派，彼此互相帮助，联合力量，以便求得生存和发展。由此，台湾出现了很多秘密组织，如天地会、铁鞭会、小刀会、铁尺会等。天地会是其中一个影响较大的秘密会社，首领为林爽文。

乾隆五十一年七月，林爽文带领的天地会与台湾的另一秘密会社雷公会发生矛盾，群体械斗。台湾总兵柴大纪带兵镇压，捉拿了天地会会员张烈。林爽文率众会员劫走张烈，与官兵交战。激战中，还射死了官兵的一个把总。柴大纪追剿天地会，林爽文不得不率众起义。自称大师，椎牛歃血，制造军器，树起大旗，连夜进攻清军营地，大败清军。林爽文乘胜追击，一鼓作气攻下了彰化县城，杀死了城中的大小官员，在彰化以“顺天盟主”的称号发布告示：“照得本盟主因文武贪污，剥民膏脂，所以本盟主顺天行道，共举义旗，剿除贪污，拯救万民，以快民心。”清军此后多次攻打，又全部被起义军杀退，处于严重被动挨打的局面。

这时，军机处向乾隆转呈了闽浙总督常青的急报：台湾彰化县贼匪林爽文结党设会，严重危害岛内安全，聚众滋事，大有愈演愈烈之势。十一月二十七日，彰化县俞峻在大墩拿贼时，县城也被贼众占据……等等，将台湾的复杂局势报告给乾隆。乾隆看罢，大为恼火，和珅立刻推荐自己的门生常青前去镇压，希望能够一举平定台湾，常青得以立功。谁知，常青更是酒囊饭袋，按兵不动，不敢出击，使乾隆迁怒于和珅。

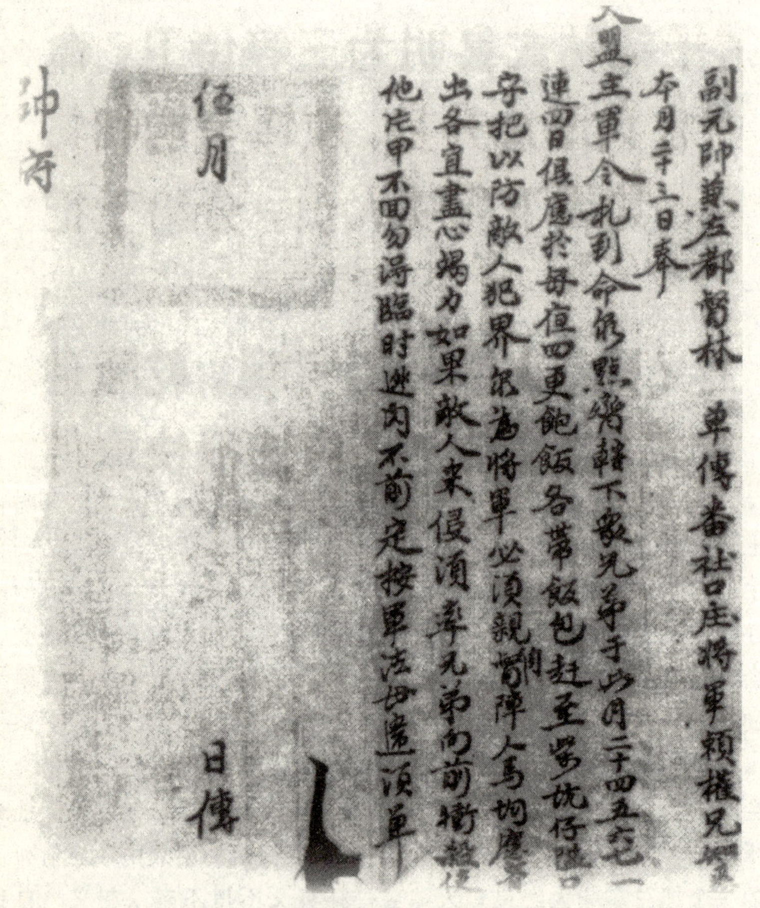
副元帥兼左都督林 单傳番社口庄將軍賴權兄
本月二十三日奉
盟主軍令 札到命作照依將轄下衆兄弟于此月二十四五六七一
連四日俱應於每夜四更飽飯各帶飯包赶至罗坑仔口
守把以防敵人犯界然為將軍必須親帶陣人馬均應
出各宜盡心竭力如果敵人来侵須率兄弟向前衝殺使
他片甲不回勿得臨時逃匈不前定按軍法毋違須單
伍月 日傳

林爽文起义军军令

和珅思来想去，想到了福康安。他明白乾隆对福康安的器重，在这样的危急时刻，乾隆也一定想到了福康安，自己何不就保荐他去台湾镇压叛乱，如果福康安能够得胜回朝，自己可坐享举荐之功，即使他败了，也可利用这一机会挫一挫他的锋芒。况且，乾隆知道他与福康安平日不和，如果这一次他能不计前嫌举荐福康安是有百利而无一害的。于是，和珅就向乾隆进言："常青年老无能，当务之急是要派一位真正能征善战的将军，只有陕甘总督福康安是最适合的人选，他足智多谋，身经百战，相信除他之外再没有别人足以当此重任了。"这一席话果然说中了乾隆的心思，不禁暗自夸奖起和珅来，想和珅毕竟不同于一般的大臣，他能不计前嫌，心地宽广，实在是难能可贵呀！于是，当即准和珅所奏，命福康安征台。和珅进而又向乾隆进言，派去增援的军人在精而不在多，台湾现有近十万大军，林爽文之徒不过是乌合之众，况且，大军过多，所需粮饷势必也会猛增，更加会滋扰地方，造成民众不满之情。

乾隆对和珅的建议一一采纳，下诏命协办大学士、陕甘总督福康安前往台湾替代常青，督办军务，又谕令海兰察为参赞大臣，护军统领舒亮、普尔普为领队大臣，各带内宫侍卫等二十人前往台湾，调湖南、湖北、贵州等地绿营兵各二千人，以及四川兵二千人，增援台湾。

福康安接到这一命令，不免大为不安。台湾与大陆隔海相望，贼匪众多，地势不熟，实是一场恶仗，再加上增援的大军统共不过六千人，怎能指望平定叛乱。然而，君命难违，只好率军一战。福康安在台湾征战一年有余，终于在乾隆五十三年正月初五捕获了林爽文，将他押解京师。乾隆五十三年三月初十，林爽文被处以极刑，枭首示众。台湾之役才宣告结束。

乾隆五十三年二月，乾隆帝亲自书写了《御制剿灭台湾逆贼生擒林爽文纪事语》、《御制福康安报生擒庄大田纪事语》和《御制平定台湾功臣像赞序》三篇文章。文中乾隆写道："夫用兵岂易言哉，必然凛天命，屏已私，见先几，怀永图，方寸之间，日日如在三军前，而又戒制时，念众劳，不肯图逸以遗难于子孙臣庶，藉以屡成大勋，此非天地神明之佑乎，亦岂非弗失良心得天蒙鉴乎。"并命人用满汉两种文字镌刻在台湾府城及厦门新建立的三座碑上。

因平定台湾有功，乾隆赐福康安黄腰带、紫缰、金黄辫、珊瑚朝珠。

赐和珅紫缰，并封为"三等忠襄伯"。

虽然和珅并未亲临战阵，但乾隆还是感到和珅功不可没，因大军军饷全赖他一人筹划。特赐诗一首，以示嘉奖。诗曰：

承训书谕兼通满汉，
旁午军书唯明且断。
平萨拉尔亦曾督战。
赐爵励忠竟成国翰。

福康安此次大功得来不易，他在台湾多次遇险，出生入死一年有余才得此嘉奖，而和珅只不过安居朝中，就被封为“三等忠襄伯”，实在是得益于他善于借助别人之实的本领。

5. 大小事情均需铺垫

要想钓到大鱼，一定要事先准备好诱饵。做事也是一样，一定要事先做好铺垫。小的事情需要小的铺垫，大事情需要有大铺垫，然后才会实现自己的目的。和珅在官场中畅通无阻，也多得益于此。

和珅在乾隆一朝，对朝政的最大改革也许就是设立了议罪银制度，犯罪的官员据此可以通过交纳一定的银两来代替惩罚，依旧高官得坐，骏马得骑。甚至有些巴结讨好的官员，即使没有犯错，也会先交上几万两银子，为日后未雨绸缪，这一制度深为乾隆欣赏，为他带来了无数的白银供他挥霍。不消说，和珅自然也从中得到了极大的益处。然而，竟有人敢对这一制度提出异议，这个人就是内阁学士尹壮图。

尹壮图，字楚珍，云南昆明人，于乾隆三十一年考中进士，官授庶吉士，后被迁为礼部主事。乾隆三十九年入阁任内阁学士，兼礼部侍郎。乾隆五十五年，他上书向皇帝直言议罪银制度为朝廷带来的不利。关于这件事，《清史稿》中有详细的记载："高宗季年，督抚坐谴，或令缴罚项贷罪，壮图以为非政体，五十五年（1790年）上疏言：'督抚自蹈愆尤，圣恩不即罢斥，罚银若干万充公，亦有督抚自请认罚若干万者，在桀骜者借口以其饕餮之私，即清廉者不得不望属员之倾助，日后遇有亏空营私重案，不容不曲为庇护，是罚银虽严，不惟无以动其愧惧之心，且潜望玩具之愈，请永停此例，其才具平常者，或即罢斥，或用亲职，毋须再膺外任。'"伊壮图上书说：各省督抚大员犯了过失之后，蒙皇恩浩荡，不立即革去他们的官职，只罚他们若干银两，以示惩罚，也有一些官员自愿交纳罚金，对于那些多行不法的官员来说，这无异于为他们的行为找到了借口，他们可以肆无忌惮的继续胡作非为。即使那些清正的官员，因为得到了下属交纳的银两，如果遇到有府库亏空等案件，也不得不为下属包庇恶行。所以，罚银的制度虽然很严格，却非但不能令官员们羞愧，反而容易滋生他们的不轨之心，请求皇上永远废除这一制度。

乾隆接到奏折后，大为不悦。下诏书说："壮图既为此奏，自必确有见闻，今指实覆奏。"让尹壮图指出他所说的事实何在。《清史稿》中同样收录了尹壮图回复上谕的奏折："各督抚声名狼藉，吏治废弛。臣经过地方，体察官吏贤否，商民皆蹙额兴叹，各省风气，大抵皆然，请旨简派满洲大臣同往各省查望。"

尹壮图确实是个书呆子，中进士已经二十四个春秋，对官场依然一窍不通，始终未能混上高级的位置。他的这个复奏，虽然实际上是指出了和珅所创的议罪银制度的弊端，但他的打击面太大，指向整个官僚集团，这对于一向自诩"明君"的乾隆来说，是无论如何不能接受的。

乾隆皇帝看了复奏以后大为气恼，尤其是尹壮图在奏折中提出，调查的官员要秘密查访，让和珅也是愤恨不已。和珅对乾隆说："尹壮图所谓的密访实在是不成体统，不能任由他身为朝廷命官任意查访，必须给他指出范围，也不致搅得各地百姓不得安宁。"乾隆感到和珅言之有理，便下令尹壮图每查一地之前，要用快马通知地方的官员。这样一来，和珅已经可以高枕无忧了，想那些府库亏空的府县，在尹壮图到来之前就接到通知，怎会不想办法暂且搪塞过去，尹壮图还能查出什么来。不过，和珅对这件事不敢有丝毫的大意，他又加了一层保险，向乾隆推荐向来忠心依附于他的庆成陪同尹壮图查访，乾隆也首肯了。下诏命尹壮图与庆成一起去各省调查府库，每到一处必需五百里快马通知各地，不使地方惊慌，而且二人必须尊重地方上的官员，不得以钦差的身份压人，尹壮图要听从庆成的安排，助庆成行事。

在尹壮图还未出发之前，和珅已然做好了铺垫，将事情准备得万无一失。等待着尹壮图的是什么，也就可想而知了。

和珅在临行前召见了庆成，向他面授机宜。和珅已经派人通知了沿途各省做好安排，庆成要做的是要严格控制尹壮图的行动，不让他与地方官接触，以免横生事端。必要的时候，甚至不惜用命令约束他。

经过这一番周密的安排，尹壮图还被蒙在鼓里就同庆成一起出发了。

他们第一站来到了山西大同。大同知府是和珅的舅舅明保，此人为人贪婪无度，靠着巴结和珅，才做到了知府。他接到和珅的密报后，把户部铜厂、锡厂里的白银拿来充到大同的官库之中，做出了整整齐齐不缺分毫的样子。等到庆成与尹壮图来了，明保对尹壮图恭恭敬敬，但在接待上却是粗茶淡饭，还对尹壮图说他为官一向节俭，请大人不要见怪，尹壮图不明就里，反而对明保甚是钦佩。等到将尹壮图送回驿馆之后，明保才把庆成邀到家中，预备下奢侈的宴席盛情款待，灯红酒绿，宴饮无度，席间他们不停地嘲笑被欺骗的尹壮图。查验府库自然一无所获。尹、庆一行继续前行，以后所到之地，官员的所作所为更令尹壮图不堪忍受，他们对庆成热情地接待，有说有笑，却好像根本没有看见尹壮图一般，把他冷落一旁，一到晚上，就有人把庆成邀去赴宴，而尹壮图则一个人留在驿馆之中，连饭食也没有人预备。几处地方走下来，尹壮图也渐渐明白了和珅的意图。满心愤懑，却无可奈何，只有仰天长叹，向皇上写奏折，承认自己夸大其辞，没有真实凭据，实是捕风捉影了，调查中也未发现有什么破绽，请求结束调查回京请罪。

乾隆多次下旨，历数尹壮图的奏折乃是："希荣卑鄙，饰词谎奏。"史书上记载：乾隆"案谕壮图，问途中见商民蹙额兴叹状否，壮图覆奏，言目见商民乐业，绝无蹙额兴叹情事"。等到尹壮图回到京城后，就被刑部以"挟诈欺公，妄生异议律"关进了大狱，判处砍刑。后来，乾隆"格外开恩"，不治其罪，并以内阁侍读革职留任，后又将尹壮图升为礼部主事。不久，尹壮图因母亲年老体衰，回家奉养，直到嘉庆四年。

6. 花花轿子人抬人

——自己发财，也让别人发财

人常说："施恩于人共分享"，"鲜花者手中有余香"。人活在世，要学会与人分享，这样你才能逢凶化吉，因祸得福。和珅懂得要想自己发财，也要使自己周围的人有发财的机会，这样财富就会源源不断地来到他的身边。

围聚在和珅身边的人，大部分是趋炎附势、贪慕钱财的小人，要想把他们拉笼住，和珅必须能够让他们得到他们想要的东西。然后，这种建立在互相利用基础之上的关系才有可能长期地维持下去。

因为巴结和珅才当上兵部、户部和工部侍郎的苏凌阿，为人懦弱无能，只知爱财，朝中早已声名狼藉，他不惜每年向和珅进献数十万两的白银，决不只是为了自己的权力欲，希望为官，而是他知道，手中的权力就意味着金钱，他向和珅进献的丰厚"礼金"，和珅的一句话，就可以为他十倍、几十倍地赚回来。

苏凌阿虽然身为兵部侍郎手握大权，却并不称心，因为在朝中为官远不像做个地方上的总督巡抚那样容易榨取钱财。他便又向和珅送了一份重礼，求和珅为他觅个总督的职位。和珅也果然没有令他失望，奏明了乾隆皇帝，说苏凌阿为官如何清廉，办事如何精明干练，足可担当一方大任。乾隆对和珅的话几乎是言听计从，心中还暗暗地赞许和珅为国家社稷操劳，时刻不忘荐贤举能，不久就委任年迈无能的苏凌阿为两江总督。苏凌阿心满意足地到了任上，当地的提督、学政、布政使、按察使等官员一齐前来拜见这位新任的总督，苏凌阿厚颜无耻，对每位前来拜见他的属下，见面第一句话就是："皇上厚恩，命余觅棺材本来了。"当面向属下索要钱财。身为下属的官员们自然不敢怠慢，一封封的白银就这样流入了苏凌阿的腰包。

苏凌阿仍不知足，竟然为了钱财一手制造了一起特大冤案。

江浙一带地处沿海，自明中叶以来，就常有日本倭寇进犯，抢掠沿海渔民的财产，更有当地的海盗与倭寇勾结，鱼肉乡里，无恶不作，所以海盗之患一直令百姓们怨声载道。两江总督府偏将杨天相，为人耿介，一心为国为民除害，费尽九牛二虎之力，终于捕获了匪首李元龙，将他押解到总督府，交与苏凌阿惩处。李元龙狡诈多变，拒不承认自己是海盗，只说自己是安顺良民，因多有家产，为海盗觊觎良久，多次图谋不成，就勾结偏将杨天相欲置自己于死地。暗地里，李元龙命手下给苏凌阿送去了五千两白银、十几颗珍珠和一株罕见的珊瑚。视财如命的苏凌阿面对如此丰厚的贿赂，早已将是非黑白抛之脑后，一口认定杨天相勾结海盗、构陷良民、冒领军功，判杨天相通匪，论为生辟。公文驰报朝廷，朝野上下一片反对之声，唯有和珅力主苏凌阿原判，颁下命令。杨天相终于命丧黄泉，成为一大冤案，而匪首李元龙则继续逍遥法外，为非作歹。在杨天相正法这天，人们愤愤不平，昭梿在他的《啸亭杂录》中说："六营合祭，哭声震天，几至激变。"书中还描述了苏凌阿后来被和珅举荐入内阁任大学士后，"龙钟目眊，至不能辩认戚友，举动赖人扶掖。瑶华主人弘旿尝笑谓余曰'此活傀儡戏也'"。就是这样一个人，后来竟在和珅的鼎力保举下做上了宰相。

一方面是因为和珅位高权重，只手遮天，另一方面就是因为他谨守投之以桃报之以李的原则。向和珅行贿，只要能让他满意，行贿的人大多可以实现自己的目的。所以，很多大大小小的官员都巴望着能找个机会，向和珅表明自己的诚意。每到节庆的时候，和府门前，手执礼单翘首而望的人总是排成了长队，各地送来的礼物，应有尽有，令人目不暇接。除了白花花的银两，更多的是奇珍异宝，珍稀古玩，以致嘉庆帝查抄和珅家产的时候，查出的许多物品竟然比皇宫所藏还要罕见。即使是这样，还是有人没有机会向和珅大献殷勤。当和珅的夫人冯氏为他生下第二个儿子的时候，各地官员闻风而动，送礼的车队从四面八方涌向京城。

和珅一族，人丁不旺，弟弟和琳只生得一子，而他的儿子丰绅殷德与公主成亲之后，多年竟未有子嗣，和珅常盼着能再有一个儿子，便可以继承自己的万贯家财。天遂人愿，和珅在年愈不惑之时，夫人冯氏又产下一子。和珅沉浸在无比欢乐之中，为这个小儿子举行了盛大的满月庆典，王公大臣及在外督府县大量官员都送来贺礼。衣服、饰物、金元宝、银元宝等源源不断地送来。大小官员都能料知和珅在四十五岁时又喜得一子的兴奋，如果能在这件事上讨好和珅，一定是事半功倍。果然，和珅的小儿子百日之后，朝廷上下，从宫内到地方的官员就来了一次大调动。

7. 紧睁眼，慢说话，总会有办法

人生在世，难免会遇到困境，重要的是能够临危不乱，沉着应对，才有可能扭转不利的局面，渡过险境。多年的宦海生涯，让和珅练就了一身紧睁眼，慢说话的功夫，多次化险为夷，安然无恙。其中最凶险的一次，大概是钱沣查国泰一案。

钱沣，字东注，又字约甫，号南园，云南昆明人，生于乾隆五年(1740年)，卒于乾隆六十年（1795年），乾隆三十六年（1771年）的进士，任庶吉士。曾历任江南道监察御史，太常寺少卿，通政司制使，户部主事和湖广道监察御史等职，他一生以教书法闻名于世，出生于平民寒素之家，从小养成不媚时俗，不畏权贵的品格，为官清廉，刚直不阿，身为御史，一心效忠朝廷，勇于弹劾，不情官员，敢为他人所不敢为，言他人所不敢言。

乾隆四十七年（1782年)，钱沣上书弹劾山东巡抚国泰，贪纵营私，索贿舞弊，使举朝上下为之震惊。本来，御史的职责就是监察官员，上书言事，可是自从御史王盖、逻暹春先后因为弹劾大臣被皇帝治罪以来，御史们已经不怎么敢弹劾大臣了，何况他弹劾的乃是和珅的亲信呢。钱沣对大臣们为了苟全性命而三箴其口深为反感，他曾说：“国家设立谏官，原欲拾遗补阙，今诸臣皆素餐尸位，致使豺狼遍野而上下不知，安用谏官为哉?”说国家之所以要设立谏官这一职位，就是为了能够弥补吏治中的缺陷，可是现在的各位大臣全部尸位素餐，不能履行职责，使得豺狼遍野，朝廷设立谏官还有什么用呢，正因为如此，他才甘冒危险，毅然上书弹劾国泰。

乾隆看罢钱沣的奏折，命和珅和刘墉与钱沣一起前往山东调查此案。钱沣怕和珅又会预先做好安排，暗中动手脚，就与刘墉商议，他一个人微服先行，由刘墉稳住和珅。和珅岂能不明白，他立刻命人飞马通知了国泰，命他小心谨慎，安排好府库。和珅在府中等着国泰的复信，才好与刘墉动身。谁料国泰的复信被微服私访的钱沣查获，和珅自然是等不到了。刘墉不住地在乾隆面前催促和珅出发，说他拖延不行一定有什么隐情。和珅向乾隆托辞说他之所以屡屡借口不行，是为了现在甘肃各级官府重建。官吏考选，正是紧要关头，他身为吏部尚书，这个时候正是劳累的时候，即使拖延几天再去山东又有什么关系呢，怎么能因此就说他存有私心呢？这番话说的有理有据，乾隆听了也觉有理，就命他二人不要再争执，和珅也是为了国家忠心一片，二人立即出发也就是了。

等到刘墉、和珅赶到山东，钱沣已经把国泰挪用库银、横征暴敛、鱼肉百姓的劣迹查得清清楚楚。和珅眼见无法摆脱，无可奈何，只好舍弃国泰了。当下不等刘墉下令，立刻命人逮捕了国泰和布政使于易简。然后抢在刘墉之前，急奏乾隆他已查明历城县亏空库银数万两，将山东巡抚国泰与他的关系推得一干二净，向乾隆表明自己与国泰之间绝没有什么私情。

经查，国泰刚一到任，济南知府冯挺就向下属勒索八万两白银供他挥霍，布政史吕尔冒则挪用了十万两库银为他购置府第。此后，动用库银的事层出不穷，致使山东各地县的仓库共亏空200多万两白银。乾隆立即下诏，处国泰死刑。

刘墉、钱沣为了能够趁此时机扳倒和珅，为国除害，就把缴获的国泰写给和珅的密信交于乾隆。等到他们三人回京复命，面见皇上的时候，乾隆突然断喝一声："和珅，你可知罪吗？"和珅从未见过皇上对自己如此严厉，便慌了手脚，扑通跪倒在地说："皇上明察，臣此去山东，小心谨慎，秉公办案，深恐有负皇恩，请皇上明鉴。"一面说，一面思量着究竟什么地方出了差错，乾隆手中究竟掌握了什么证据，自己万不能慌了阵脚冒然认罪，且等一等，了解清楚再说。

乾隆将钱沣呈上的密信交与和珅，看他如何反应，和珅一见密信，心中猛地一惊，表面上却不动声色。装作不知就里，缓缓地打开信，一字一句细细读着，尽量地争取时间，好想出应对的言辞。他确是机智过人，心思一转就镇定下来，装出一副义正辞严的样子对乾隆说："臣没有接到这封密信，倘若接到，臣一定会更加严惩国泰。"话一出口，不利于和珅的局面马上有所好转，乾隆的语气也和缓下来，转而问刘墉和钱沣，办理国泰一案时，和珅是否曾经从中作梗，阻挠办案。由于和珅为了以防万一，早就留好了退路，办案过程中，很少插手，刘墉只得据实禀报，说和大人严词拘讯，并没有私情。乾隆顿时高兴起来，说国泰只是一厢情愿，和珅乃国之大臣，料也不会做出这种不轨之事来。一场风波，就因为和珅的沉着机智转危为安。倘若和珅被乾隆一问就乱了阵脚，无言以对，料想一定不会逃脱严惩了。

和珅的沉着在朝廷征讨甘肃民众起义的事件中再一次表现出来。

乾隆二十六年，甘肃发生民众反抗朝廷的起义。急报送入京城，乾隆立刻派出重兵前去镇压，并且派和珅与阿桂做为钦差，特赐尚方宝剑。和珅督师，首战即败。和珅见大军受挫，为了逃脱罪责，就连夜书写了一份奏折，隐匿下了总兵图钦宝英勇战死的功绩，把战败的责任全都推到了将军海兰察身上，以为皇上远在千里之外，必不了解实情，一定可以据此搪塞过去。谁知，不久就接到了乾隆的诏书，斥责和珅隐匿图钦宝战死的消息拒不上报，还弹劾海兰察不听调遣，致使惨败，实属颠倒黑白；又说阿桂身经百战，治军有方，一人足以办贼，速诏和珅回京面君。

和珅回到京城面见乾隆，未等乾隆开口，即跪倒请罪道："奴才有辱圣命，奴才该死。"乾隆心平气和地问和珅："阿桂奏报甘肃经日大雨，大军停滞不前，皆因此，可是实情?"和珅此刻再不敢说谎，一一承认。乾隆勃然大怒，断喝道："和珅罪不容赦!"和珅心中一惊，浑身战栗起来。只听乾隆说："朕前次接到奏报，说甘肃旱灾，急需捐粮之事，定是虚妄，你岂不是有欺君之罪。"

和珅仿佛落入冰窟，一边叩头，一边说道："奴才前次到甘肃之后，确实仔细查看粮库，核对账目，未见到虚假不实之处。奴才该死！奴才该死！此时想来，奴才必是受了贪官蒙蔽。"只此一句话，和珅已将自己开脱出来，欺君之罪自然谈不上了，至多是办事不利，受一番训斥罢了。谁知，乾隆竟接着问道："你难道没有接受贿赂吗?"和珅更是紧张，他究竟在甘肃一事上收取了多少贿赂，恐怕只有他自己清楚，这件事无论如何不能承认下来，否则性命难保。和珅又想到了推脱手段，于是说："奴才确实是收了甘肃巡抚送来的四颗西域宝石，只因奴才想起公主，那宝石戴在公主身上定会相映生辉，奴才才收下，现正在公主处。请皇上明察。"和珅既然把公主拉进了这件事，乾隆也就不好再细细追究，况且，乾隆也确从公主那里知道和珅送来西域宝石四颗，公主喜爱非常。乾隆竟心有不忍起来，已经认定和珅所言都是实情了，想必地方官吏狡猾多诈，捉弄瞒骗了他，也是可能的。当下转用好言相劝："这件事不管实情如何，你要引以为戒，日后不可再犯也就是了。朕会命阿桂继续查办此事，你就不用管了。”和珅听完乾隆这番话，才敢长长地舒了一口气，甘肃官吏送来的大量珠宝现在正在他的府中，乾隆稍加盘查，就能水落石出，实在是危险之极。

8. 话有千万种，委婉最动听

在朝堂之上，“马屁”的拍与被拍都是人性的需要，因此，拍马屁也要拍得艺术。在朝廷上，和珅就特别讲求同皇帝说话的方式。

俗话说：“良药苦口利于病，忠言逆耳利于行。”然而，即便如此，还是没有多少人乐意听到逆耳的话语，尤其是像乾隆这样的一国之君，心高气傲，整日围在身边的都是歌功颂德的臣子，思量再三，总是能将话说得委婉动听。一句违逆圣意的话，听起来会显得愈发刺耳。和珅于此更是格外小心，出言谨慎。林爽文在台湾兴兵起义之事，朝廷中的大小决策，很多就是在和珅的委婉话语中决定的。

台湾起义之后，和珅举荐前去镇压的常青部队屡屡受挫，常青无奈，只得向朝廷如实汇报。乾隆读罢公文，心中不禁有些担忧起来，不知道何年何日才能平定起义，让天下复归太平。和珅静静地站在一旁，看出乾隆忧心忡忡的表情，就不等乾隆问话，走上前说：“皇上，奴才之见，林爽文之徒不过是一个寻常的贩吏走卒，能有多大的本领，一定是孤注一掷，想拼几个人与他陪葬，朝廷大兵一到，他焉有不败之理，皇上必过于忧虑了。”乾隆虽然明白和珅所言只不过是宽慰自己的话，可听起来还是感觉舒畅了很多。和珅继续说道：“常青所为也有失体统，林爽文小小的叛匪，不值一提，他怎么能闹得邻近诸省都人心惶惶呢，怎么能派两路提督去惩治这伙小小的匪贼呢，都是奴才平日教导不够，他才如此小题大作，草木皆兵，哪还有一点总督的气度?”官兵“剿匪”屡战屡败，常青即使派去了两路提督，仍然是毫无战果，这才闹得邻近诸省人心思动，惶惶不安，可这样的事实到了和珅口中，竟全都是因为常青个人气度不够，小题大作了，一句话就把前方的困境化于无形之中。乾隆听了，心也稍稍放宽了一些，打消了要继续派兵增援的念头，命常青率现有军队，奋力杀敌。

不久以后，前方的战报依然不容乐观。乾隆在早朝之时，向群臣询问良策，表示要御驾亲征。和珅一听惊出了一身冷汗，他何尝不知台湾战局的实情，林爽文之徒虽然人数不众，但多骁勇善战，拼死一搏，再加上占有地利的优势与大陆渡海前往的官兵巧妙周旋，几致立于不败之

乾隆帝晚年像

地。乾隆亲征无异于表明朝廷竟奈何他们不得，全国人心必然更加不安，后果不堪设想。然而劝阻乾隆却不能把实情直说，的确有些为难。和珅要找出一堂而皇之的理由，阻止乾隆亲征。于是，他走出朝臣的队列，上前几步说："万岁爷，此事万不可出此下策，依奴才愚见，台湾战事不佳有其深刻的原因，皇上治国，中正仁和，轻徭薄赋，爱民如子，料想台湾的百姓未曾被及圣恩，这才心思造反，责任在于地方官员没能将万岁爷的仁爱之心示之于民，一旦官员警醒，施以仁政，百姓必会人心思归。前方战事，除继续用兵外，奴才以为，还可颁布告示，攻心为上，分化贼匪与普通百姓，从内部攻破，这样一来，外有大兵压境，内有人心背离，贼匪不日可破。"和珅在朝廷上侃侃而谈，一番话，既称颂了乾隆的仁政，又指出了破敌的方略，言明破敌的容易，杀鸡焉用牛刀，御驾亲征自是不需要的了。乾隆被和珅说得飘飘然，也觉得自己有些过虑，遂打消了亲征的念头。委婉的言辞可以令人逞一时之快，对于战事却没有多少增益，台湾的起义军依然声势不减，最后还是身经百战的福康安率军渡海，艰苦作战一年有余才平定下来。

和珅的巧言善辩，在乾隆退位之时表现的最为淋漓尽致。八十五岁的乾隆御宇六十年整，准备让出皇位，归政太子，先把消息告知了和珅。和珅本意极不愿乾隆退位，因为新帝即位，他的前途就不可预料了。万一新帝不信任自己，自己的万贯家财、权倾朝野岂不是要付诸东流，可是这样的话如何也说不出口。和珅忙上书一本，奏道："吾皇万岁，内禅大礼，合乎仁义，昭乎日月，前史之中虽多有所闻，然未见有多少荣誉，惟尧禅位于舜，舜禅位于禹，方算是千古盛典，但考究尧传舜之时，几在位七十三载，帝舜三十征庸，三十在位，又三十余载方行禅位之礼，当今我主，精神矍铄，威风不减，定寿比尧舜，如此一、二十载之后，再传位太子，也不为迟，况且四海之内，视万岁如父母，人心齐仰，如日昭昭，皇上御宇一日，四海即仁被一日，百姓感恩一日，奴才等近沐恩慈，尤愿皇上永护。"

这一番话说得甚是圆满，他先说做太上皇也并无多少荣耀，这部分程度上击中了乾隆的弱点，乾隆准备禅位，一部分原因是为了让自己的一生功德圆满，以禅让结束统治完成仁君的形象。然而，和珅此话不能不让乾隆想起历史上的几位太上皇的经历：唐"玄武门"之变，唐太祖李渊不得不传位李世民；诛杀韦后之后，唐睿宗不得不传位唐玄宗；唐肃宗在灵武即位后，远在蜀地的玄宗又不得不做太上皇，被剥夺了实权。到了宋朝，金兵南下，宋徽宗不得已才传位于太子。诸如此类，没有一个人的禅位能够名扬青史，光被后世。和珅说这些，是希望乾隆以此为鉴，知难而退，但说得又毫不刺耳，让人听来还觉得想得周到；其次，和珅以尧舜为例，力劝乾隆，乾隆后期以仁君自居，最喜欢别人把他比做尧舜，和珅说尧舜在位的时间都远远超过了六十年，乾隆又何必拘泥于六十年之限呢！最后，又重重地拍了一下马屁说不仅是自己希望皇上不要退位，继续执政，天下的百姓也都深感圣恩，拥戴皇上，乾隆继续在位是顺乎天意合乎民心之举，定会四海升平，寰宇安定。

和珅的话满足了乾隆的虚荣，委婉地道出了自己的目的，可谓是一篇滴水不漏的好文章。

第三章　千里为官只为财

——和珅的敛财之道

和珅为官之初也很清廉，以清官自居，在外地处理案子的时候，百姓还曾跪送。久居官场则变得贪得无厌。他不仅爱财，更善于敛财，他能在二十多年里积累起那样巨额的财富，同他善于理财和敛财是分不开的。可谓“和珅爱财，取之有道”。

1. 做官清，不得升——竹杠敲得梆梆响

行贿受贿历来是古代官场中畅通无阻的通行证。像和珅这样的宠臣，手眼通天，向他行贿的人多得不可胜数，而和珅也毫不手软，经常直接向大大小小的官员索要贿赂。

和珅总是陪伴在乾隆身旁，御驾所经之处，即是他向各地官员勒索钱财的大好时机。乾隆四十五年，皇上第五次南巡，沿途经过直隶、山东、浙江等省。一路上，和珅横加勒索，把竹杠敲得梆梆响。御驾行经扬州，乾隆见扬州街景繁华，民生富足，心中大喜，重重赏赐了扬州当地的官员，并赐宴众盐商，因为扬州行宫是盐商们捐银建造的。宴罢和珅将两淮盐政征瑞叫到面前，向他提起了一桩旧案，是乾隆三十三年时的事情。原来自乾隆十一年至三十二年，两淮预先提取盐行四百九十余万两，共得合银一千余万两，然而，历界的盐政将这笔资财均未奏请充公。后来，于乾隆三十三年案发，两淮盐政及各地与此牵连的官吏都受到了严惩，可是接任的盐政，仍然寻找种种借口上缴极少，直到乾隆四十四年的十几年间，总共偿还国库只有六百余万两，仍欠内务府五百多万两。当年和珅就是见两淮盐政是个获利颇丰的职位，才以前任盐政征缴不力为由，将前任两淮盐政弹劾罢官，安排上了向他行贿的征瑞。此次，和珅陪同乾隆南巡，亲临扬州，见此地如此繁华，盐商众多，生活奢靡，不禁开始觉得平日征瑞给自己的进献有些寒酸了，心中颇为不满，于是便借机向他提起旧事，再敲他一笔竹杠。和珅说完旧事，不阴不阳地说道："你也应该想清楚，你所欠的一千多万两银子，还了多少？是谁帮你减免的？你到底从中收了多少银子，你清楚我也清楚，皇上若问起这件事来，定会勃然大怒，我可不一定能保你了。"征瑞如何不懂，他的两淮盐政职位本来就是靠着和珅才得来的，倘若和珅变脸，自己的发财梦也就破灭了，那源源不断的银两只能眼睁睁看着流入别人的腰包。

征瑞只能唯唯诺诺地不住点头："小的每年向上交纳十万两，其他的节日也断断不曾少过，希望大人能体谅下官的难处，小人这就回去筹措银两，请大人尽管放心。"

乾隆帝南巡图

和珅见征瑞明白了自己的用意，而且表现的如此老实，就放缓了口气说道："其实，你也不必过于紧张，你若实在还不上内务府的银两，皇上还能逼你跳江不成。皇上此次南巡，你接应周全，使得龙颜大悦，比前几次都要高兴，对你不也是大加赞赏吗？这不是，还赏赐你顶戴花翎。"征瑞这才稍稍平静下来，叫来了心腹盐商，筹措银两，又给和珅送去了十万雪花银。然而即便如此，征瑞的两淮盐政的肥缺不久还是被和珅"赐"给了扬州盐商汪如龙，原因是汪如龙给他送去的是白银二十万两。征瑞被无端免官，心中不平，等到他得知内情之后，却也无话可说了，只好悻悻地离去，后悔不迭。

在和珅眼里接受属下的贿赂是理所当然的事情，替人办事天经地义地要拿报酬，只是和珅在收取贿赂的同时，还勒索敲诈，即使是朝廷大员的东西只要他看中了，也会毫不客气地当面索要。

朝廷中每隔几年就会命各地的大臣回京述职，以检查全国各地的治理情况，地方上的大臣进京都会携带一些珍稀之物，作为贡品进献皇上。

乾隆五十四年六月，两广总督孙士毅从安南前线回京述职。总督被称做“封疆大吏”，掌管一省或几省的行政，是朝廷中的大官，一般都是皇帝极其信任之人，在朝中的地位颇为尊崇。一般的官员对他们都敬畏非常，唯独和珅恃宠放纵，连孙士毅的东西也不放过。孙士毅前往金銮殿面君，在宫门之外偶遇和珅，和珅一眼就看到他手中拿着一个什么东西，就向他要来一看，原来是一个用珍珠做成的鼻烟壶，大如雀卵，雕刻精巧，晶莹剔透。和珅一见，便爱不释手，口中连连称赞，把玩了一会，就对孙士毅说：

“孙大人不弃，这件玩物肯赠与下官否？”

孙士毅见和珅竟然当面索要，不知如何是好，只得如实说道：“此物原为进献皇上，而且下官已经向皇上奏明了，和大人喜爱，本当赠给和大人，不过下官就不好向皇上交代了，望和大人见谅。”和珅没想到孙士毅竟然拒绝，觉得很没面子，只好掩饰说：“我只不过是一句玩笑罢了。”孙士毅以为这件事就这样搪塞过去了。谁料几天之后，孙士毅在军机处见到和珅，和珅手拿一个鼻烟壶对他说：“孙大人，我也请你看一个鼻烟壶，比你那个如何？”孙士毅一见大惊，和珅手中所拿的鼻烟壶正是他进献给皇上的那个，和珅得意地笑道：“孙大人不必惊讶，此物乃是皇上所赐的。”孙士毅经由此事明白了和坤在朝中的地位与权势，从此以后，对和珅再不敢有半点不敬。

和珅贪得无厌，在朝中飞扬跋扈，四处勒索，成为他万贯家资的一个重要来源。

2. 朝中“人情”卖不完

人情也是财富。朝堂是封建时代社会最大的利益和信息的发布中心，身处其间，如果使用手中的权力，垄断和传递朝廷的各类信息，足可使人一夜暴富。

在朝为官，重要的是能消息灵通，尤其是职位较低不能接近权力核心的官员，能否从大官口中得到瞬息万变的内部信息，决定着他们的前途和命运。为了这些信息，总有人不惜花费巨额财富打通关节，所以历史上才多见官员巴结、勾结宦官之类的人物，为的就是能从皇帝身边的人口中得到朝廷上一点一滴的风吹草动，好见机行事。和珅的地位无疑也是追逐者的首选目标，和珅凭朝廷的“内部消息”就可以大发其财，每次“人情”的代价，积累起来就可使他成为“百万富翁”。

乾隆在五次南巡之后，虽经众大臣以皇上南巡劳民伤财，各省督抚趁随皇上出巡，勒索属员，百姓疲惫不堪等理由劝阻，他还是一意孤行地开始了第六次南巡的准备。就在这时，远在扬州的两淮盐政汪如龙收到了和珅的快马秘信，和珅随信寄去了“香妃”的画像，告诉汪如龙可以按图形中的样子为皇上找寻美女，如若办成这件事，定会有好处。原来，乾隆后宫中原有一名贵妃，深得乾隆喜爱，被封为容妃，因她不仅天生丽质，美貌绝伦，而且天生体内有异香，所以人称“香妃”。当年回疆的和卓一部向清廷称臣纳贡，向乾隆进献美女，容妃就是回疆进献来的美女。后来回疆突变，大小和卓部起兵叛乱，乾隆派出大军镇压，虽然这些事情起初都瞒着容妃，后来还是被她知道了，当下迁怒乾隆，怪罪起皇上来。乾隆也因她是叛邦之女，不好厚施恩宠，心中尽管不舍，可还是不得不日渐疏远，在中南海的瀛台之南建造了一座楼，名为宝月楼，并亲笔撰写了《宝月楼记》。记中写道：“楼之义无穷，独名之曰宝月者，池与月适当其前，抑有肖乎广寒之庭也。”将宝月楼比做月宫，那楼中的容妃，岂不就是幽居广寒宫的嫦娥了吗，不舍之情，人人可见。和珅正是感觉到了这一点，才命汪如龙寻遍江南，一定要找出一个形容酷似容妃的女子，以解皇上的忧烦。

乾隆帝妃

这条消息对汪如龙来说，不啻天降福星，他一直欲寻找点什么来博取皇上欢心，却一直未得其门而入，正苦于无计可施，和珅秘信的到来无异于给他打开了通往财富和权力之路的大门。乾隆南巡驾临扬州，果然对汪如龙找到的这个女子非常珍爱，从她那里，年迈的乾隆回想起已飘零远逝的青春，感到很久未有的温暖和幸福。汪如龙因进献有功被乾隆大加赞赏，官职立刻提升。而和珅自己也从中得到了不少好处。汪如龙因这条消息送给和珅二十万两白银，乾隆对和珅也陡然平添了知己之感，更加信任和珅了。

3. 近水楼台先得月

和珅为军机大臣，又身兼京城崇文门税务监督，担任兵部尚书，外加管理户部三库的肥缺，他谋得户部管理大臣（位在尚书之上）的职位，又兼翰林院掌院学士直接包办科举考试，这些职位给他开通了滚滚财源。

税务官员历来是最易于招财进宝的肥缺，和珅对崇文门税关的控制十分严格。崇文门税关衙门设在今崇文门上三条至四条胡同之间，早在明朝时，北京城内的内城九道城门都设有关卡向来往进出的百姓、官员收取苛税。至清朝，才去掉了其他各门的收税关卡，统一在崇文门征税。税关设正副监督各一人，一般由内务府包衣出身的官员担任，因为乾隆也深知这一职位是一个名副其实的肥缺，就把它赐给了和珅。在清人陈康祺的笔记《郎潜纪闻》中，这样说崇文门税关"天下榷税之关，以京城崇文门胥吏为最侈且暴"，"虽言官属劾，谕旨屡戒而积习如故也"。所有往来的商旅、官员甚至连进京应试的士子一律都要收税。"凡外吏人都，官职愈尊，则需索愈重，大臣展觐，亦从无与较者，吴江陆中丞以山东布政使陛见，关吏所索过奢，公实不能与，乃置衣被于外，携一仆前行曰：'我有身耳，何税为?'既入，从故人借衾褥，事竣还之而去。"可见崇文门税关取索之严，外地进京的官员，职位越高收取的税金也越高。出身吴江的山东布政使陆中丞由山东任上进京朝见皇帝，到崇文门税关时却拿不出关吏索取的高额的税金，无奈之下，只好把自己的衣服被褥都放在城外，只带一名侍从，两手空空地进城。他对守门的吏卒说："我只是孤身一人，并没有什么东西，凭什么要收我的税。"这样才得以进城面君，进城之后，不得不向别人借被褥用。连布政使这样的官员都被关吏弄得如此窘迫，一般的百姓商人的境遇也就可想而知了。按税务规定，凡小商贩携带的箕筐、苕帚、鞋袜、米面、布匹、菜蔬、瓜果、食物等物可以免税进城，可是实际上，一样还是难以逃脱。另外，崇文门税关除了有每年高达 17.32 万两的税务收入以外，还承担着其他一些任务，如代替宫廷变卖被抄没的王公大臣等人的家奴和财产，仅这一项事务中的得益，就远远超过了每年的税务定额。这样一个名副其实的肥缺，和珅讨了来，亲自把持多年，他的获利可想而知。就连他的管家刘全，因为代替和珅实际掌握崇文门的税收等实际事务，也得益匪浅，几年下来，刘全家中盖起了远远超出管家身份的豪宅，出入的车马，以及吃拿用度也变得豪奢无度。御史曹锡宝看在眼中，向乾隆弹劾了他，乾隆竟说刘全掌握税务，有点积蓄也是人之常情。后来，和珅因受人参奏被夺去了税务总监一职，乾隆立即又把这一职位赏赐给和珅的儿子丰绅殷德。可见乾隆也十分看重这一职位，不愿从和珅手中把这一财路断掉。

崇文门税关

除了崇文门之外，和珅还掌管着内务府的粮库、绸缎库和颜料库，以及内务府，圆明园茶膳房、选办处、上马四院、太医院、御药房等与财政有关的部门，这就意味着他掌管着国家的经济命脉。同时，他还负责各种内宫所用物品的制造，宫殿园林的建造和维修。实际上，和珅虽然不曾担任工部的职务，却把工部的职权也收到自己手中，这样一来，他就把整个国家的财政大权都由自己控制掌握。

在文化事业上，和珅出任翰林院掌院学士，又严密地控制了科举考试，即使他本人不做考官，他的学生亲信也必会把持这一重要的职位。所以，考试舞弊的现象，天下共知。封建时代，科举被视为所有读书人的最终目标，读书人一生的价值全都系在“金榜题名”之上，正所谓“受得十年寒窗苦，一举扬名天下知”。于是，科场舞弊层出不穷。考生舞弊有很多种方式，挟带小条、雇佣枪手捉刀代笔等等，这些只与考生本人有关，如果被发现，就会当即取消考试资格，赶出考场，严加治罪；另外，如果考官明知考生作弊却密而不报，则考官也逃脱不了干系。科举考试至宋朝以来就实行了誊录、糊名等手段来防止做弊，考官看到的只是由下人誊录后的副本，既看不到考生的名字也看不出笔迹，所以，一般的办法是考生贿赂好考官，双方约定在考卷的第几段第几行第几个字用某一个固定的字，这被称为“关节”。

和珅一般亲自把持由皇上主持的殿试，殿试时，皇上会出题考举子，然后由皇上阅卷，这种时候，和珅的作用就十分明显了。殿试考生众多，乾隆往往一时难以抉择，必然会征求和珅的意见，和珅就按照考生向他行贿银两多少，花言巧语编排一番，对此，乾隆多半会言听计从，行贿数额巨大的考生轻而易举就可以入仕为官了，而刚正不阿的人也会因此名落孙山。据史书记载，沈泽年的祖父本来在丁未（乾隆五十二年，1787 年）科举春闱中，已经进入了殿试，并且名列前十名之中。和珅有意拉拢他依附自己，让人叫他到家中叙谈一下，不料沈坚拒不从，不理会和珅，使得和珅最终恼羞成怒，一气之下，抑置归班，取消了沈的殿试资格。和珅还利用在殿试中为皇上阅读试卷的机会，任意窜改试卷。以上种种造成了乾隆晚期举朝官吏“几出和门”的局面，这一项收入，也为和珅聚积了无数的白银。

4. 狐假虎威，假借皇帝敛巨财

大凡贪官，最喜欢承揽工程的建设，一是因为承包工程名正言顺，是为国家和皇上办事，办得好了，颜面上也有光彩，最重要的则是，承包工程获利最多，有时一个工程可以得到的利益一辈子都享用不尽。然而，并不是所有的官员都能揽到工程，只有那些有权势有地位的人才能办到。所以，能否承办朝廷的工程，也成为官员在朝中地位、实力的标志。和珅自然也不例外，他从皇帝南巡，扩建避暑山庄和扩建圆明园等一系列工程中获取了大量的钱财，其中最为风光的当属由和珅总负责的乾隆八十岁的万寿庆典工程。

乾隆五十五年，年迈的乾隆皇帝已经八十岁了。自古以来，数不清的帝王之中，活到八十岁的只有梁武帝、宋高宗和元世祖三位，所以，乾隆八月十三日生日那天，举办隆重的庆典，庆典工程由和珅和工部尚书金简总负责。和珅又施展出了他理财的本领，向乾隆奏到，因皇上圣明，八十万寿节庆典所需银两不需要内务府动用一分一毫。乾隆大喜，就全部交给和珅去操作了。至于和珅从中获利多少，乾隆不管不顾，任由他去了。除了商人们捐献银两以外，王公大臣、八旗以及各部的官员均按俸银的多少扣除一定的比例，外省的官员则在各省的养廉银里扣除十分之二五，这样算下来，和珅聚敛到手中的银两已经是一个天文数字，举办庆典绰绰有余。所有进献的银两，经过和珅这一道关口，就收敛去了近半，用在庆典工程上的大约只有二分之一强。

乾隆的八旬庆典分在三处进行，七月初七至七月二十二在承德避暑山庄，七月二十四启銮回京，七月三十日抵达圆明园，八月十二日自圆明园还宫，八月十三日在太和殿举行庆典大礼，八月二十一日庆典结束，总计一月有余，足见庆典的声势浩大了。

乾隆七月初七抵达避暑山庄，并未就此安闲祝寿，每日批阅公文，处理国事；另外，接见安南、蒙古、回部、朝鲜、南掌、缅甸等各国派来为乾隆祝寿的使节，避暑山庄的一应建筑全都修葺一新，尤其是山庄的正殿、澹伯敬诚殿，乾隆在这里设筵款待各国使节，澹伯敬诚殿全由楠木建成，因此也称“楠木殿”，设施陈列，一如皇宫，极尽精雕细琢之能事。乾隆于七月二十三日结束了避暑山庄的祝寿活动，启驾回京，乘坐的是皇帝所乘肩舆中规格最高的礼舆，充分显示出庆典的重大，舆高六尺三寸，纵深三尺九寸，面宽三尺，左右的直辕各有一丈七尺长，由十六人共抬，礼舆的上部为八角的两层穹盖。各处都已命人建起了各种各样的景点，绵延不断，既有人工搭起的亭台楼阁，也有仿照西洋建

乾隆八旬万寿图

造的园林建筑，遇水则设龙舟，逢山必置宝塔，有的特意建造的野趣横生、小桥流水，有的则极尽繁华，精雕细琢，金璧辉煌，一处处的景观之间，错落点缀着大大小小的戏台，上面经日不断地搬演各种喜庆剧目，各地主剧种齐集京城，西四牌楼前，建起了一座人工制成的罗厚峰，一百名须发皆白的老人伫立上面，一派福寿景象。

八月十三日，乾隆寿诞这天，皇上要在太和殿接受百官和外国使臣的朝贺，文武百官全都换上节庆的衣服，静静聚集在太和殿外，等着皇帝的到来。官员所着的衣服是万寿节特有的。按照清朝的制度，如果遇到皇上或皇后的万寿庆典，文武百官都要在寿辰的前三天和后四天身着上面绣有团龙纹样的花衣。各国使节则被安排在太和殿以外的西檐之下。乾隆皇帝身着龙袍衮服，头戴珠冠，在前引后扈之下，升座太和殿，接下来就是繁琐而隆重的礼仪、宴会，各国的使节都带来了本国的喜庆节目，表演本国的歌舞。宴会宣告结束后，文武百官再次跪拜谢恩行一跪三叩之礼，皇帝在中和韶乐的奏鸣中起驾回宫。

如此盛大的庆祝活动，实为历史上罕见，对于清政府来说也是一笔不菲的花费。和珅把整个庆典安排得隆重热烈，繁华铺张，让好大喜功的乾隆心满意足，和珅自己也从中赚取了数不尽的钱财。

5. 生财有道，巧立名目做文章

贪污受贿都是没有保障的财富来源，招揽工程虽然基本上万无一失，却又是不一定什么时候才会大兴土木。和珅就在军机处内设立了密记处，实行议罪银制度，这就保证了他可以稳定地聚敛财富。

议罪银制度大约开始于乾隆四十五年（1780 年）左右，此时把持朝政的正是和珅，议罪银制度就是由他首倡并推行的。设立议罪银的目的是为了增加皇帝个人的收入，它不同于清朝自入关以后对官员施行的罚俸制，罚俸制是对有过失的官员的一种行政处罚，分别有罚俸一月、两月、六月、九月等不同的数额，最多的可达四年，罚俸的决定权在吏部，款项由户部承追，罚得的银两也交给户部。而议罪银是秘密进行的，它主要是皇上寻找机会让大臣们自行认罪交纳银两的制度，由特设在军机处内的密记处来负责，所得的银两交由皇帝支配，这项收入一直是由和珅掌握。据和珅在一份奏折中说：“臣和珅、臣福长安遵旨查办各处关税应交银两，并自行议罪银两各折，自乾隆五十一年十二月十三日查明奏后，陆续存记之案，统计二十七件，现已解到二件，已交尚未完全者十三件，未解到者有七件，交往浙江海塘工程备用者五件，分晰缮写清单恭呈御览。所有稽久未经交纳者，除臣等别行查催外，为此谨奏。”由此可见，议罪银一直是由和珅代为催交，直接向皇帝负责，而和珅在其中私自留存了多少以为己用，就无人可知了。

到了乾隆朝的后期，因为乾隆性喜大场面，花费颇多，又不能全部动用国库，议罪银就成了他依赖的资金来源。为官员罚银代罪的事情层出不穷，后来，以致于有很多官员即使没有犯什么过失，也先行自愿交纳一定的银两，以等日后犯了过失之时，两相抵消。据史书记载，在乾隆朝后期十三年的时间中，重大的议罪银案有 68 件，一年平均就有 5 件，其中总督巡抚一类的封疆大吏认罪纳银的共有 37 件，也就是说，整个清王朝的地方大员中，平均不到三个人就有一个自行交纳议罪银。而交纳议罪银的关键人物即是和珅，他的好恶和决定，直接关系到官员能否纳银抵罪，以及罚银的多少，所以几乎朝中的所有官员都向和珅献媚示好，谁能保证自己为官生涯中不犯点过失，如果与和珅交恶，那后果自是不堪设想。有的人在交纳议罪银的同时，会向和珅个人送去一定的银两，希望他能欣然收下自己交纳的议罪银，还有一些人即使被罚银罚得倾家荡产，还是对和珅充满感激。例如，内务府总管西宁，在管理内务府财产时，因一时疏忽大意，出现了漏洞，按律当斩。和珅向他示意，可以交纳议罪银抵罪。西宁为了筹备银两，变卖了所有家产，弄得家道零落，但事后他还是写信给和珅，向他表示衷心的感谢，信中说："天高地厚，深恩于生生世世矣，伏乞中堂代奏。宁不胜悚激切之至，谨呈。"这样的感谢很有可能是发自内心的，因为虽然交纳一些银两，但却保住了身家性命。当然，和珅也一定从这样的感谢之中得到了不少好处。

议罪银在名义上是官员自知自己犯有过失，自行纳银抵罪，按《清高宗实录》上说，议罪银是"以督抚等禄入丰腴，而所获之咎，尚非法所难宥，是以酌量议罪，用示薄惩。"事实上，主动权完全掌握在乾隆手中，只要他想让你交纳银两，随便安插一个什么罪名，是轻而易举的事情，即使是如上所说："法所难宥"的大罪，只要交纳的银两足够多，也可相互抵消。各地官员往往按官职、薪俸的差别交纳，有的一次交的银子竟然达到了 38.4 万两，而其他的则多为几万两，如前面提及的内务府总管西宁因为"办理不善，商人拖欠甚多"，交自行议罪银 8 万两，伊龄阿因为写奏折弹劾窦光鼐，后经查所奏不实，交纳自行议罪银 3 万两，如此等等，不一而足。统计一下，每年议罪银大约共得银 30 万两，这笔收入中的绝大部分都由乾隆一人挥霍，而和珅从中所得，应该也不会少于这个数目。

议罪银制度的设立，更加剧了乾隆朝后期官员的腐化，使得朝堂之上，乌烟瘴气、人人自危，而那些行为不轨的官员则因为可以纳银抵罪，更加肆无忌惮，视律法为无物。所以，尹壮图才会写奏章参奏议罪银制度的种种弊端，请求皇上停止实行。对尹壮图陈列出的各种现象，乾隆也不得不承认。他在上谕中写到："尹壮图虑有此等情弊，奏请将罚银之例，永远停止，固属不为无见……。督抚中或有昧良负恩之人，以措办官项为辞，需索属员，派令佽助，而属员亦借此敛派，以为逢迎之地。此等情弊，不能保其必无。"然而，因为这一制度保证了乾隆的荒淫无度，尹壮图的建议终于还是没有被采纳，此制度一直延续到嘉庆朝。

6. 外出巡视

——抓钱、捞官、找美女的好机会

和珅因深得乾隆的信任，每次地方上出现什么问题，乾隆总会派和珅前往加以调查处理，和珅也乐得做这类事情。他一到地方，就是钦差大臣的身份，当地官员，无论官职大小，都要巴结讨好于他，他可以趾高气扬，从从容容地捞钱。

乾隆三十九年，陕甘总督勒尔谨向乾隆奏报："陕甘两省，年年不雨，大旱异于他方，又加上土地瘠薄，百姓贫困窘迫，若年年依靠国家，累及国库，臣等内疚，不如在甘陕实施捐监，令民交纳豆麦，以此换得国子监生，得到应试之官。"也就是说，为了当地百姓能够活命，又不需从国库中调拨银两，只好命那些想取得监生资格的读书人交纳粮食，以此来换取监生身份，实际上就是把监生的身份明码标价向外拍卖了。乾隆明知这一办法不是长久之计，可是情形紧急，也就只好如此，遂命浙江布政使王亶望远赴陕甘主持此事，并下了一道诏书说："准令本色报捐，该管上司，核实稽察，勿使滋弊，如仍有滥收折色，致缺仓储及滥索科派等弊，一经发觉，惟勒尔谨是问。"此后，连续三年，陕甘奏报，连年旱灾，共有十五万人因捐粮而成为监生，从账面上看，所捐的粮食已经超过了六百多万石。实际上旱灾是假，各级官员全都以旱灾的名义将捐粮侵吞，中饱私囊，就连乾隆特派去主持此事的御史王亶望也贪污甚多。他在给乾隆的奏报中还遮掩事实，虚假汇报："连年监粮太多，致使仓库充盈，装纳不下，拟另建新库二十座，特奏请皇上拨银。"乾隆拨给他十六万两银子，用于建造新库。没有粮食，建什么新库，这十六万两银子当即被各个贪官污吏瓜分干净了。

天长日久，乾隆也心生疑虑，决定命和珅为钦差大臣，前往陕甘勘查捐监实情。和珅自然高兴地领命前往。陕甘总督勒尔谨得到皇上派和珅来陕甘调查此事的消息，有些慌乱，忙召集王亶望等人商议，最后得出结论，像和珅这样的最好应付，只要给他足够的银两和美女，还怕他不说好话吗。

来到陕甘，下车伊始，勒尔谨率几百名官吏豪绅迎接，场面隆重，气氛热烈，给足了和珅面子。和珅当时是得宠以来第一次出巡地方，迎来送往中感到了自己的地位和威风。可是这些只能满足和珅的一时虚荣，他最想要的还是银子。和珅一见当地官员的表情，就对陕甘捐监的事猜到了十之八九，决心要狠敲他们一笔。在为他接风洗尘的宴席上，和珅看似无心的随口说道："依下官看来，陕甘两省很是富足吗，为何勒尔谨大人会连年上报说民不聊生呢?"勒尔谨立刻明白了和珅不是那种刚正的钦差，心中暗喜，当下就按照事先安排好的计划行事。他先为和珅送去了一名千挑万选出来的西域美女，和珅初尝西域女子的滋味，惬意非常，一连几天都缠绵于卧房之中，哪里还顾得上盘查粮库。等到几日之后，他在当地官员的陪同下，只随便翻了翻几本账本，到一个仓库中，抓了一把小米，就作罢了。说甘肃已经查明，没有什么问题，只是不知下面州县如何。勒尔谨劝他不妨在甘肃多休息几日，再下地方不迟，和珅当然慨然应允。当天晚上，在一顿令和珅大开眼界的奢华酒宴之后，勒尔谨命人给和珅送去了两只硕大的木箱，和珅打开一看，不禁目瞪口呆，里面堆满了西域出产的奇珍异宝，很多是他平生第一次得见，和珅已经有些乐不思蜀了。第二天见到勒尔谨等人的时候，不禁笑逐颜开，绝口不提下各州县检查之事并随之写好了奏折，向乾隆保证，陕甘官员忠心为国，勤政廉洁，捐监之事造福百姓，各地粮仓俱是充盈满溢，皇上尽可放心。然后，就带着勒尔谨送与的两箱珠宝和美丽绝伦的西域女子回京复命去了。回到京城，上殿面君，乾隆嘉奖他不辞辛劳，远赴陕甘为国家操劳，忠心可鉴，自然又是官职高升。和珅此行，真可以说是满载而归了。

这一次出巡让和珅尝尽了甜头，以后，每当各地出了重大纰漏，不待乾隆指派和珅也会主动请缨。他远赴云南调查李侍尧的案件，出巡西部为乾隆建造行宫，每一次都让他志得意满，决不会空手而归。多次的出巡，也让各地方官都领教了他的权倾朝野、贪婪无度，更多的人开始倚附于他，成为他的忠实爪牙。

7. 该捞则捞，该缴则缴

清朝同周边各国的联系颇紧密，互相之间使节往来频繁，各国送给乾隆皇帝的贡品也不可胜数。所有的贡品，都要先经过和珅之手，才能送到乾隆面前。和珅对这些外国送来进贡朝廷的珍宝总是留一手，这样一来，许多藩属上贡皇帝的奇珍异宝，都成了和珅的镇宅之宝。

乾隆七十大寿之际，六世班禅要为乾隆祝寿，乾隆非常高兴，连忙命和珅修书回复，并让他监督在热河建造须弥福寿之庙，预备接待班禅。班禅到达热河之后，向乾隆进献了丰厚的寿礼，计有：南佐哈达、罗扎、鎏金、带宝床、宗咯珊瑚串珠、藏香、藏呢、普鲁、水晶、甘果等物。和珅经手之后，这些礼物几乎逐项减半。乾隆被蒙在鼓里无从知晓，还赞赏和珅接待有方，张弛有度。

和珅对待商人的进贡也是分门别类，各有安排。那些无关紧要的珍宝、古玩，不妨进献皇上，让皇上觉得他忠心一片，不顾私利，而那些真正珍奇的东西，则不妨私自留下，反正皇上也无从知晓究竟。

和珅结交的商人中有一个大珠宝商石远梅，他为人精明，为了能讨好皇上，讨好官府，决不吝惜钱财，经常捐银子献珍宝。他的进献让和珅同他建立了长久的联系，从他那里为皇宫采买珠宝，石远梅等于找到了天下最好的买主，生意兴隆，财源广进。石远梅每次进献的财宝，都是经由和珅的手才进入大内的，和珅从他的进献中扣下了一颗稀世的大珍珠，剩下的多少都进献给皇上。乾隆见了非常高兴，既赏赐了石远梅，又夸和珅办事精干，殊不知，和珅府中的那颗珍珠远远超过了皇宫中的任何一颗，那才是真正的珍宝。

和珅掌权二十余年，这二十多年中，经他手的进贡物品不可胜数，他究竟从中扣留了多少，可以从嘉庆帝查抄和珅家产的清单中窥见一斑。在《清仁宗实录》卷三十七中记载：和珅“家内所藏珍宝，珍珠手串竟有二百余串，较之大内多至数倍。并有大珠较御用冠顶尤大，其大罪十五，又宝石顶，并非伊应戴之物，所藏真宝石顶有数十余个，而整块大宝石不计其数，且有内府所无者，其大罪十六。”可见和珅家藏的珍宝竟然比皇室所藏更加丰富珍奇。

8. 颇具投资眼光，甘当后台老板

和珅之所以能积累起数额巨大的家产，除了贪污受贿之外，与他善于理财也有相当大的关系。为了敛财，和珅除了经营房地产、高利贷外，还经营粮店、酒店、古玩店、瓷器店、灰瓦店、柜箱铺、弓箭铺、鞍毡铺、小煤窑，他购置了八十辆大马车，搞起了长途贩运，虽身居高官，竟不顾名誉与商人为伍，这一点嘉庆帝也骂他是无耻小人。

这些经营中，为和珅带来最多财富的，就是兼并土地，收取远远高出一般地租的租金。和珅拥有大量的土地，据传说，他有八千顷，也就是八十万亩的土地；而据有实可考的清政府的档案记载，和珅能够收取地租的土地一共有一千二百六十六顷，这个数字与传闻中的相差比较悬殊，究竟哪个更为真实，现已无据可查了。他的土地大都分布在直隶、热河以及京津地区。在北京南部以保定为中心，包括清苑、蠡县、易县、完县、青县、雄县、容城、定兴和安肃等；北京东部以天津为中心，包括宝坻、任邱、静海、文安、蓟州、清河、大成、霸州等；北京地区主要包括大兴、宛平、通州、昌平、顺义和平谷等。另外，甚至在东北奉天的锦州地区，也有他的土地。足以见他拥有的土地之多之广。他的土地中，一部分来自乾隆皇帝的赏赐。中国是传统的农业国家，土地向来被看成是立国、立身之本，自古就有皇帝为大臣分封土地的传统，土地分给大臣，大臣可以收取这块土地上的地租，这被称作采邑。和珅是乾隆最宠幸的近臣，对他的赏赐不断，加官进爵的同时，也不忘给他大片大片的土地，让他的生活过得更加富足。

另外的绝大部分土地，是和珅自己出钱购得的。土地买卖在中国传统社会中向来是一件大事，大部分的土地主都不会轻易出让耕种的土地。但是，到了乾隆后期，社会上发生了白莲教起义等一系列不安定的事件，众多的农民不堪地主的繁重租税的压榨，纷纷起来反抗，抗捐抗租。这样一来，很多人都不愿再保有土地而急于出手，把它们换成更为保险、安全、便于携带的金银，地价随之大跌。和珅有天生的商业才华，他瞅准时机，压低地价，用极少的钱买入大量的土地，安排自己的亲信管理，收取极高的地租。买地过程中，他确实是做到了只认钱财不认人，不管是他的亲戚还是朋友的土地，他都毫不留情地把价钱压到最低，最大限度地购进。他曾从舅舅明保手中，以不足原价十分之三的价格买到了他的土地，连他夫人冯氏的祖父英廉的土地也没有放过。而且，他采买土地并不采用普通的买卖方式，而是用所谓“典买”的方式，也就是说，土地主像去典当行当东西一样，将土地典当给和珅，而不是一次性购得，典当的价格自然要远远低于市价了，原来的土地主可以在筹足银两支付高额的利息之后，再将土地赎回。在这期间，土地上的一切收益就全归和珅所有，如果原来的土地主根本没有能力赎回自己的土地，这些土地就成了和珅的永久财产。

和珅就是用这样的方式，在很短的时间里购得了清苑县王君贤、蠡县金锋、宝坻玉福、任丘玉余的土地与吉庆在北京西直门外的塔庵、耿杓在清苑县、广善在宛平县、隆普在易州的土地。另外，和珅还趁别人有求于他之机，向别人直接勒索土地。和珅被嘉庆帝治罪后，内务府的档案中记录了他的一件罪行：乾隆五十七年（1792年），贝子永泽的家人霍三德到永泽在奉天的田产收取地租。霍三德仗势欺人，向田庄的庄头许五德私自索要高额的地租，并且还当面向许五德要五百两银子作为自己的开销。这些非分的要求被许五德严辞拒绝了，两人就为此事闹到了步军统领衙门。许五德怕霍三德因为贝子永泽的关系打赢官司，就找到了和珅的亲戚恒德，要他去请和珅照应，并且许诺事成之后送给和珅一万两白银或六十顷土地。和珅的威势谁能不怕，不久，霍三德就被判有罪发到黑龙江为奴了。和珅派人向许五德传话说，他不要土地，而要那一万两银子，许五德付不出银两，被逼无奈，只好将他自己承种的属于贝子永泽的三十五顷地送给和珅。和珅大概是怕日后会有麻烦，坚持要他写下文书，言明这块土地是卖给和珅的侄子丰绅伊绵方才做罢。

和珅将他的土地租给佃农耕种，派出家人疯狂地收租、逼债，他的地租比普通地主要足足高出一倍有余，使得租种他土地的佃农无以为生，忍无可忍之下只好起来反抗，拒不交租。比如，和珅对顺天府通州盛家屯庄王坦的盘剥。王坦原本是当地的富裕人家，清朝入关时候，他的祖父带着十四顷土地加入了内务府的名下，并且担任庄头，每年上缴地租七十二两，后来在乾隆三十一年的时候，王坦连同土地一起被朝廷赏赐给了贝勒府，这时的地租是一百零九两五分，家境还算殷实，一家人过着平静安详的日子。然而，在乾隆五十四年的时候，和珅的家丁带着人来到田庄，宣布说这里的土地以及他们居住的房子全部被和珅的儿子丰绅殷德以二千八百两的价钱买下了，从此田庄要向和珅交租，并且立刻更换了庄头，把王坦只改作了一般的佃户，分给他三顷二十余亩的土地耕种。整个田庄收取的地租一下涨到了四百多两，比原来多了一倍还多。王坦因为家中人口众多，三顷土地实在不足以维持生计，只好一直拖延纳租，为此，还被和珅惩处，一直到和珅倒台，按照清政府档案中的记载，他们一家人才“喜得复无租，十年冤苦始能申述”。

虽然地租的收入比不上和珅贪污收入的银钱多，但是这不但是每年固定不变的收入，而且庄园中的出产，诸如鸡、鸭、鱼、肉，以及各种干鲜果品，全都源源不断地送抵和府，相信只要是读过《红楼梦》的人都能想见其盛况。

放高利贷从事典当业，也是和珅敛财的手段。和珅放债的范围很广，不论是官员、商人、普通百姓，还是他的至亲好友，他都毫不手软，而且必须要借债人能拿出土地或是房屋做抵押，他才会同意。和珅权势强大，做起这种生意来可以说是万无一失，即使借债人还上不欠款，和珅也乐得把他们的房屋、土地收归己有。和珅觉得这种行当敛财方便快捷，不需动什么脑筋，就会有大笔的钱财涌入，所以乐此不疲，就连他的家丁向他借钱，他也要追加高额的利息，决不放过，这种高额的利息常常使得家丁即使在和珅家世世为奴也偿还不起。和珅的舅舅明保曾向他借 15000 两银子，白纸黑字写明借据，每月利息一分，光是利息就有白银 6450 两，本息共计达到了 21450 两，明保在和珅的逼迫下，不敢少一分地还给和珅。

此外，和珅还经营典当业。当时的典当业极为发达，就连皇帝也身为几个当铺的后台，和珅这样的高官，从事此道也就不足为奇了。据统计，乾隆初期，光是北京地区的当铺就有几百家之多，和珅有当铺七十五座，不但遍布京城的繁华街市大道通衢，而且在今河北的保定、通州等地也鳞次栉比地分布着。就连和珅的家人刘全、呼什图等人也经营着几十座当铺，有名可查的有永庆当、恒兴当、合兴当、恒聚当、庆余当等等。除了上面说的这些利润丰厚的收入，和珅敛财也有“海纳百川、不弃涓流”的气度，并不因为一些行业利润少而放弃不做，他还同时开设了柜箱铺、弓箭铺、粮店、酒店、古玩店、杠房、旅店等多种经营项目。在敛财这一点上，和珅的确是到了痴迷的地步，也为此用尽了心机，几乎当时所有能想到的途径全被他涉足了。

9. 开源节流，克扣家奴显吝啬

人们追求金钱，是因为渴慕金钱所能带来的种种享受。西方人有谚语说："金钱只属于那些能够享用它们的人。"如果财富不用来换取生活中种种实际的舒适与奢侈，那它们只不过是一堆无意义的数字，和珅可谓深谙此道的一个人。

和珅的名字在史书中总是和挥霍无度连在一起的，他们一家锦衣玉食，山珍海味都吃腻了，便真的以珍珠佐餐，据说珍珠可以增强人的记忆力，健身明神，益寿延年。所以，常常有人为了讨好和珅向他奉上珍贵的珍珠，以为他下饭之用。传说江南吴县有一位珍珠商人名叫石远梅，每当他到扬州一带贩卖珍珠的时候，当地的地方官吏、富商大贾都会像迎接贵宾一样，纷纷不惜巨资向他购买珍珠。据他说，这些珍珠都是这些商人和官宦们买去奉献给和中堂的。焦循的《忆书》中记载："中堂每日清晨以珠作食，服此珠则心窍灵明，过目即记。一日之内，诸务纷沓，其胸中了然不忘。虽百手登记，不能如是也。珠之旧者与已穿孔者不中用。故海上采珠之人，不惮风涛，虽死不恤，今日之货，无如此物之奇也。"他把和珅的博闻强记归功于和珅每日服用珍珠，同时也可以看出和珅对珍珠的要求颇高，已经穿孔的或是已旧的珍珠都是不能用的。等到石远梅在嘉庆四年（1799 年）又得到一颗极其珍贵的珍珠时，却已经无人问津了，因为此时和珅已然倒台。

不仅如此，和珅一家的衣着用度也是极其精致，相传和珅有一件衣服的钮扣，全部是用西洋小钟表作成的。

除此之外，和珅的钱一大部分都花在修建豪华的园林庭院之上，占地广阔、曲折精致的庭院就有多处，其中最有名的大概就是现今北京大学未名湖畔的淑春园了。乾隆当年经常巡幸圆明园，为了便于时时接见和珅，就在乾隆四十九年（1784 年）时，把紧临圆明园的淑春园赏赐给了和珅。淑春园原本也是圆明园的一部分，和珅蒙乾隆赏赐之后，又花巨资扩建了一番，修挖了湖泊，并将挖出的土堆成了小山和岛屿，使淑春园成了一座规模宏大的园林，号称当时的第一私人园林，共有房屋 1003 间，游廊楼亭 357 间，气势之大，实属罕见。

与贪婪相伴随的往往是吝啬，和珅对待自己和家人挥霍无度，可是对自己家的奴仆们却极其悭吝，不肯多花一毫一厘，和珅的家仆除了几个心腹之外，都穿粗布衣服，每日竟大多以吃粥渡日。

淑春园景色

这可能是贪婪的人的本性，他们关注的只是自己的安逸与放纵，哪管别人的死活，在他们心中，自我永远是处在第一位的，一切所作所为完全是以自身的利益为准绳，对自己有利的事情，便放开手脚，无所不为，反之，则斤斤计较，耿耿于怀。先哲所谓的“义”、“利”、“公”、“私”之辨指的就是这种心态。可这些，对于和珅这样的人来说无异于对牛弹琴。

10. 官兵私用，和府服役竟千人

和珅深知在飞黄腾达之时的“用人之道”。

和珅在建造和府新宅之时，便动用职权，私自调用国家的军队来为他自己修建安乐窝，在劳力上不用花费一分一毫，即使是他盖房需要的木料、砖瓦等材料，也是部分来自地方官员的贡献。也就是说，和珅几乎没有花钱，就得到了一座令王公大臣们垂涎三尺的豪宅。除了他的精明，唯一能证明的就是他的贪得无厌。

和珅一生中豪奢无度，在大兴土木，修建豪宅方面，更是不输他人。乾隆皇帝对他恩宠有加，经常赐于他土地让他建筑花园，于是一座座别致、精美的园林相继在京城的各个角落建成。

和珅的第一所新居，是在乾隆四十一年（1776 年），他刚刚由御前侍卫兼都统擢升为户部侍郎、军机大臣，正值春风得意的时候建造的。乾隆帝在什刹海畔三座桥附近赐给他一块广阔的地皮。和珅在建设时颇为费心，整个工程亲自监督。他曾经派手下的心腹贿赂宫中的太监，把内宫宁寿宫的式样描摹下来，带出宫来，然后就命人按照图形建造，并在家里修建了一座全由楠木造成的建筑，摹仿宫中的楠木殿。这件事，后来也成了嘉庆帝指诉和珅的一大罪状。当时的官员经过调查向嘉庆上奏说：

“据呼什图供和珅盖造楠木房屋时，曾令伊入宁寿宫照烫式样等语。查呼什图入禁内烫样，该总管太监并不阻止，辄行放入，应交总管内务府大臣查议等，因奏准抄出到臣衙门，臣等查得萧得禄等均系总管太监，当呼什图擅入宁寿宫烫样时并不阻止，辄行放入殊属不合。请将总管太监萧得禄、阎进喜各罚钱粮二年，首领太监董世五、李进孝、高进喜、邓世忠罚钱粮一年。”嘉庆帝也在上谕中说：“和珅私盖楠木房屋，奢侈逾制及其多宝阁、隔断式样，仿照宁寿宫制度，其园寓点缀竟与圆明园蓬岛、瑶台无异，不知是何肺肠。”

和珅宅地西起李广桥，东至毡子房胡同，北至大翔凤胡同，南至合前海西南侧，分为左、中、右三路，在中路建筑物的两侧，是各有四五进院子的东西两路住房，而在三路院落的最后，是由一座横贯东西，有四十多间房屋，一百五十余米长的“寿椿楼”连接起来的，楼有两层，气势宏伟，非常壮观。寿椿楼后面是同样分为三路，将中西不同风格的园林融合在一起的后花园，散布着小桥流水，戏台亭榭，美不胜收。

这两宅第的建造，耗费了许多人工和时间，单是动用的人工的报酬就不是一个小数目。和珅的精明就在这里了，据史家考证，和珅建造府第所支用的工匠不是招募而来的平民，而是他控制的步军统领衙门的兵丁和巡捕五营的步甲等人，据考，最多的时候调来的兵丁达一千多人。

第四章　如何与皇帝相处

——和珅与乾隆的关系

和珅侍君二十五载，成为乾隆晚年须臾不可离的人物。位及人臣，亲自与侍卫一起给太后肩舆；身为宰相，在朝上为老迈的皇帝接唾。伴君如伴虎，他却一直受到乾隆极度的信赖与恩宠。这正是由于他把握了与皇帝周旋的“游戏规则”。

1. 不可不露其才华，不可外露其锋芒

大凡想做点事情的上司，都希望下属有一定的才华，甚至有很高的才华，能够把交予他的事情如上司所愿完成，甚至能够比上司预期的完成得更好，这样的下属才能得到上司的信任和提拔。否则，如果下属没有才华，任何事情都需要上司亲历亲为，是无论如何也不能把事情做好做大的。

“作官”者自然希望官位越高越好，而能够得到不断提升的重要条件即是是否有“才”，所谓“才”，即是能否做“事”。所以，为官者的下属如果没有才华，则“作官”者就无法“做事”，其结果就是为官者无法“作官”。所以，作为下属要有才华，而且要显露才华让上司知道。

但有才华者不能锋芒过露，咄咄逼人，特别对上司更是如此。锋太露则易断，逼人急则自己也难周旋。上司之所以需要下属有才华，实际是需要下属的才华为己所用，如果有才华的下属锋芒外露，恃才傲物，认为自己事事时时比上司强，甚至不适当地与上司强辩，让上司下不了台，则这样的下属已经不能为上司所用了，其结局可想而知。所以，“锋芒不可外露”不仅是为人处事的原则，为官更是如此。

和珅是深知此理的。

和珅的才华在咸安宫官学时期即已显露，否则，大学士英廉不可能注意到当时还是穷书生的他。但和珅并未因此而沾沾自喜，咄咄逼人。即使英廉因见和珅书法“浑厚饱满，雍容中又蕴挺拔”，请他到家中为自己题写匾额并又画了一幅扇面，英廉对十五岁的和珅大大称赞了一番之后，和珅也未

显出丁点骄傲。而是说："小子再不敢叨扰，就此告辞，谢老爷抬举错爱。"

和珅在乾隆面前不时显露才华的同时，则更是不显露一点锋芒。这样的事例太多了，在此不再枚举。

2. 对皇帝投其所好，体贴入微

和珅被乾隆赏识之后，得以经常陪侍在乾隆身边，他的官阶也以令人罕见的速度攀升。乾隆四十年，和珅以三等侍卫被任命为乾清门御前侍卫兼副都统，第二年就被破例提升为户部右侍郎。这一年，和珅才只有二十七岁。不久，又被擢升为军机大臣。军机处是在雍正时期设立的中央行政机构，主管全国几乎所有的重要政务，直接听命于皇帝。军机大臣在清一朝乃是极高的职位，表明和珅年纪轻轻已经可以界入中枢政务，参与国家大事的决断了。

人的尊严与威势会随着社会地位的提升而加强，朝廷中的军机大臣们往往极为看重自己的身份，即使向皇帝上奏，也要注重维护自己的尊严。因为孔子曾经说过："人不重，则不威。"然而，和珅全然没有这方面的考虑。凭借他自身的才华，他可能会在朝廷谋得一个不错的职位，却远不足以实现一人之下万人之上的梦想。要知道与和珅同朝为官的大臣中，很多都是出类拔萃的人才，大学士阿桂身经百战，威风八面，而名满天下的刘墉更是出身名门，才高八斗。更不用说才华出众满腹经纶深得乾隆喜爱的纪晓岚了，和珅的才学虽足以立身，但跟这些大臣们一比高下，似乎还差了一截，要想胜过他们，他必须要独辟蹊径。

所以，和珅在乾隆面前，从不摆大臣的架子，总是以"奴才"自称。在生活细节上，更是对乾隆关怀备至，乾隆身体不适，和珅总能一望即知，立刻恭身上前，亲自为他捶腰。史书上记载："皇帝若有咳唾之时，和珅以溺器进之。"就是说皇帝如果要吐口唾沫，和珅也会立刻捧着痰盂等候。他还常常给乾隆讲一些市俗的俚语笑话，把市井之中庸俗不堪的故事讲给乾隆听，逗得乾隆开怀大笑，这些岂是一般的军机大臣能够做到的。

封建王朝的帝王，尽管位极人君，贵为天子，毕竟也是有情有欲的血肉之躯，也有做为普遍人的情感的需要，但特殊的身份限制了他的这一需要，使他永远体验不到三五好友共望夕阳，把酒话桑麻的温馨。纵然后宫三千佳丽，妃嫔如云，也没有平凡人家的夫妻之情。紧紧围绕在皇帝宝座四周的是深深的孤独。此刻的乾隆已经是六十多岁的老人了，当年鼎盛时期的老臣，一个个落叶凋零相继故去，朝廷中大多是新近擢升的官员，而乾隆的诸位皇子也是良莠不齐，亲情不在，再加上孝贤皇后又先他故去，正感无比的孤独，和珅的出现无疑填补了乾隆皇帝情感上的空缺。自此，乾隆几乎在生活中时时处处离不开和珅，和珅也凭借着乾隆的宠信为所欲为。他是天子的弄臣，他可以在天子面前奴颜婢膝，人格尽失，可是，其他人谁又敢不拜倒在他的脚下。《清史稿》中这样描述得宠的和珅：

养心殿西暖阁。乾隆经常在养心殿召见群臣、处理政务、读书、学习和休息

“不附已者，伺隙激上怒陷之，纳贿者则为周旋，加以开脱或者是故意的拖延其事，等到皇帝怒气已过，才若无其事的提出来，以求不了

了之。”

整个朝廷渐渐宠罩在和珅的淫威之下。和珅就是靠着在皇帝面前心甘情愿地放弃自己做人的尊严，才换取了他自以为得意的大臣们的依附。这一点，连乾隆朝时来使的英国副使斯当东也看在了眼里，他记述道：

“和珅总是随着皇帝御驾后面。当皇帝停下轿子差人走过沟来向特使（马夏尔尼）慰问的时候，几个官员跳过沟去到和中堂轿前下跪致敬。值得注意的是，除了和中堂之外，没有其他大臣和皇帝亲人及侍从跟随着皇帝陛下，足见和中堂地位之特殊。”

3. 掌握皇帝内心的秘密

俗话说:“知人知面不知心。”人的内心世界最为复杂多变,难以揣测,可是,一旦你掌握了别人隐密的内心世界,就可以翻手为云,覆手为雨,将别人的一举一动都控制在股掌之中,即便是拍起马屁来,也可以一语中的,不至于费力还不讨好。和珅凭借他多年在乾隆身边服侍,对乾隆的内心世界揣摩得一清二楚,每走一步都恰好落到乾隆的心坎上。

和珅善于揣摸乾隆的内心世界。早在他还在咸安宫官学念书的时候,就四处搜罗乾隆的御制诗作,加以研究。古人说“诗言志”。一个人的心思,尤其是像乾隆这样贵为人君的人,每天都生活在众目睽睽之下,举手投足都不得不有所收敛,内心世界往往被深深地隐藏在外表下,唯有通过他的诗作,在不经意中才可能透露出些许端倪。和珅对乾隆的几万首诗都了然于胸,而且刻意模仿他的笔法。和珅经过多年的体味观察,了解到乾隆虽然被万民称作天子,但他也是一个普通的人,同天下任何一个普遍百姓一样,有着平凡的幸福和忧愁,也有普通人的种种小毛病,如强烈的虚荣心等。所以,和珅对待乾隆也许比其他人更能把他当作一个普通人来看待,与他一起幸福,一起悲伤。

亲情人皆有之,人必须先能“老吾老”然后才能推而广之“以及人之老”,同样,人都是“幼吾幼以及人之幼”的,乾隆对他的母亲和自己的众多儿女也充满了一个普通人应有的亲情。乾隆的母亲皇太后去逝的时候,乾隆被悲痛压倒,在灵堂长跪不起,此时的和珅不是像其他大臣一样说一堆不着边际、无关痛痒的宽慰的话,而是默默地陪在乾隆身边,寝食不思,茶饭不想,几天下来,形容枯槁,面无血色。对待乾隆的女儿和孝公主,和珅也像对朋友的孩子一样,在恭敬中透着关爱和亲切,使她的童心得到满足,作为父亲的乾隆也非常高兴,最后竟决定把公主下嫁给和珅的长子丰绅殷德为妻。

和珅知道乾隆平生性喜铺张,所以,他多次巧妙安排乾隆巡幸江南,所到之处极尽奢华之能事,他还力主为乾隆扩建宫室,修造园林,多方筹集钱财扩建圆明园和承德避暑山庄。哪怕是圆明园已经成为一片废墟的今天，漫步其中仍然不难想见当日的奢侈与豪华。为了更好地满足乾隆的各种铺张的需要，和珅设计出了多项广开财源的措施，收得的银两绝大部分供乾隆一人挥霍，减轻了国库的负担。乾隆还是一位“风雅”的君主，他性喜收藏古董，见了稀有的画册、墨迹，比多少金银都能令他高兴。和珅为此利用各种机会四处搜罗，将各地的官员、富商进献给他的珍稀古玩，挑捡出好的进贡给乾隆。天长日久，各地欲向和珅行贿的官员也都知道和珅喜好古董，多拿先人的遗珍来进献了。史书中记载，乾隆四十五年（1780 年），“京城内有佛铺子，互相买卖，朝臣用此作为贡献，皇帝亦以赏赐贵臣，千秋节晨朝，有进贡覆黄帕架子，盛以金佛一座，长可数尺许，舁入阙中，闻户部尚书和珅所献”。

和珅对乾隆的了解，在乾隆临终之际一件事中，最为鲜明地体现出来。乾隆末年，嘉庆初年，襄阳地区以齐林、王聪儿为首掀起了声势浩大的白莲教起义，起义军气势浩大，极大地震动了清朝统治者的统治，令已经禅位归政的乾隆整日寝食难安，耿耿于怀。即使到了他弥留之际，也念念不忘。不少清人笔记中记载着这样一件事：“高宗纯皇帝之训政也，一日早朝已罢，单传和珅入见，珅至；则上皇南面坐，仁宗西向坐一小机（每召见臣子皆如此。）。珅跪良久，上皇闭目，若熟寐然，口中喃之有所语。上极力谛听，终不能解一字，久之，急启目曰：‘其人何姓名？’珅应声对曰：‘当（徐）天德苟文明。’上皇复闭目诵不辍，移时始麾之出，不更问讯一语，上大骇愕，他日密召珅问曰：‘汝前日召对，上皇作何语，汝所对六字，又作何解？’珅对曰：‘上皇所诵者，西域秘密咒也，诵此咒则所恶之人，号在数千里之外，亦当无疾而死，故竟以二人名对也。’上闻之，益骇，和珅亦娴此术。故上皇宾天后，数日即诛珅。”事情是这样的，乾隆禅位之后，有一天单独召见和珅，等到和珅进入后宫，发现乾隆面南而坐，而当时已登基称帝的嘉庆，则只坐在乾隆身边的一个小凳上，和珅跪在地上，过了很久也不见乾隆说话，乾隆闭着眼睛好像睡着了一样，只是口中念念有词，好像在说什么，嘉庆侧起耳朵，努力想听清楚，却终究无济无事，不明所以，过了一会，乾隆忽然睁开眼睛大喝道：“那人叫什么名字？”跪在地下的和珅不假思索立刻回答道：“徐天德，苟文明。”乾隆不再言语，继续闭起眼睛默默念诵着什么，过了大约一个时辰也打发和珅出来，其间没有同和珅说一句话。嘉庆大为惊愕。过了几天，密秘地传见和珅，问他说：上一次，父皇召你进宫，他说的是些什么，而你回答的那六个字又是什么意思。和珅应该是颇有些得意地说：太上皇背诵的是西域流传的一种秘密咒语，默诵这种咒语，被诅咒的人虽然远在几千里之外的地方，也会突然死去，所以，当时太上皇问及的时候，我用白莲教匪首徐天德和苟文明的名字来应对。嘉庆听说了，更加惊鄂，知道和珅一定也擅长这种妖术，所以等到乾隆驾崩之后，没几天就诛杀了和珅，以免他动用妖术，诅咒自己。

由这件事，可以窥见和珅对乾隆已经到了心思一动，无所不知的程度，乾隆口中默然无声的念诵咒语他都听得出来，而且会立刻联想到乾隆所为何事，连坐在一旁的乾隆的儿子嘉庆帝都是丈二金刚摸不着头脑，和珅对乾隆了解到此，乾隆又怎么能不引他为左膀右臂呢。

4. 敢说皇帝喜欢听的真话

在人与人的交往中，许多人常常互相奉承，说一些违心的话。因此说真话才显得更为可贵。

君臣之间也是如此。如果做臣子的每天同君主说真话，会惹得君主的恼怒，失去君主的宠爱，甚至会引来杀身之祸；可是做大臣的天天同君主说假话，溜须拍马，阿谀奉迎，甚至不顾事实，乱加吹捧，也会引起君主的不悦甚至猜疑，最终也会失去君主的信任。

和珅正是在二者之间取得了平衡，他最善于说皇帝喜欢听愿意听并且相信的真话。

乾隆执政六十年创下了非凡的业绩，可谓一代名君，虽然他也有好大喜功，爱受人吹捧等毛病，但绝不是历史上那些昏暗无能的君主可比的，一眼就可以看出的虚妄不实的谀词，在乾隆那里不但沾不到便宜，还很有可能会换来一顿斥责。和珅深明此理，所以，他在乾隆面前评古论今，纵横春秋的时候，多是力求讲真话，让乾隆觉得满朝文武中和珅可算是一个勇于直言的骨干之士。当然，和珅讲的真话只限于乾隆爱听的范围之内。

乾隆对自己一生的所作所为甚为满意，认为自己执政久，成就大，影响深；而且身历四朝，眼通六代，亲见曾玄；在他执政期间，多次平定了西南、西北和东南等地少数民族的起义，加在一起就成了他始终挂在嘴边的“十全成功”。他还曾经六次下江南巡视，为确保中央政权对江南的控制，保证江南作为国家经济中心的发展起到了重要作用。另外，他自认自己的文采也绝不输于历史上的任何一位帝王，他平生性喜吟诗作赋，撰文著述。他的诗作流传下来的有四万余首，可称历代之最；在他的主持下，朝廷还编纂了巨型的丛书《四库全书》，更可谓前无古人的功业。所以，他评价自己时曾说：“更慎思之，三代以上弗论矣，三代以下，为天子而寿登古稀者，才得六人，已见之近作矣。至乎得国之正，扩土之广，臣服之普，民庶之安，虽非大富，可谓小康。且前代所以亡国者，曰强藩，曰外患，曰权臣，曰外戚，曰女倡，曰宦寺，曰奸臣，曰佞幸，今皆无一仿佛者，即所谓古稀之六帝，元明二祖，为创业之君，礼乐政刑有未遑焉。其余四帝，予所不足为法，而其时其政，亦岂有若今日哉，是诚古稀而已矣。”其意思是说，在年逾古稀之际，回溯整个中华民族的历史，自尧、舜、禹三代以下，年纪超过古稀之年的皇帝，一共只有六个人。然而，说到国家的强盛，领土的广大，四方的邻国纷纷前来臣服，天下的百姓都能够安居乐业，虽然现在还不能说是尽善尽美了，但总可以称得上是小康之世了。而且，以前历朝历代亡国的原因，诸如，国家中有独立存在的强大藩国，外有蠢蠢欲动的强敌，朝中有僭越掌权的大臣，还有诸如外戚掌权、女优祸国、宦官专政、奸臣当道等等原因，现在一件都没有。即使那六位年界古稀的皇帝中，元世祖和明太祖都是开国创业的君主，他们治下的礼、乐、政、刑都有不够完善的地方，其他的就更不用提了。相比较而言，自古以来真的是没有如今日一样的太平盛世啊。言外之意，乾隆自己是前无古人的千古第一明君。

和珅对乾隆的喜好了如指掌，知道他喜欢与自己的祖父康熙帝、父亲雍正帝相比，就常在他面前言语中肯地比较他们祖孙三代作皇帝的功绩，讨得乾隆欢心。

康熙帝在1667年十四岁的时候亲政，面临着顺治帝遗留下的诸多困难，朝中有权臣鳌拜，虎视眈眈，威胁皇权；地方上则有由平西王吴三桂，平南王尚可喜及其子尚之信和靖南王耿仲明及其子耿继茂、孙耿精忠组成的“三藩”，各霸一方，抗拒朝廷。康熙亲政不久，就设计捉拿权臣鳌拜，让人看到了这位少年天子的雄才大略。接下来，他调动各地兵马，攻打三藩，经过长久的艰苦的攻战，又平定了“三藩”的叛乱。最后，在康熙二十二年（1684年），他又收复了台湾，真正统一全国，构成四海一家的升平局面。康熙在位时，又派兵抵御外辱，平定叛乱；在内政方面，康熙为了休养生息，也实行了一些旨在促进生产、安定民心的措施，如永远停止清军入关以来满族贵族强行霸占土地的圈地行为，而对于农民自发开垦出来的荒地，由原来的三年后开始征租，放宽延长到六年，甚至达到十年。他还注意治理河患，改革赋役等一系列有利于农业发展的问题，在他的统治下，国家一改明末以来的动荡、凋弊之态，开始变得安定富足，所谓的“康乾盛世”就是从康熙帝统治的中期才开始的。

和珅在乾隆面前评述康熙的文韬武略的时候，往往讲述完上面的业绩，会特意地拿出乾隆的文采来与乃祖相比。不可否认，康熙处于清朝开国不久，刚刚入主中原，不失满洲贵族的骁勇强捍，却略输文采，尤其在吟诗作赋上，是不能同乾隆相比的。这样一来，乾隆不禁觉得自己在武功上毫不输于乃祖，而文采自然略胜一筹，心理上得到了极大的满足。

乾隆戎装像

雍正，为康熙第四子，康熙六十一年（1722 年）十一月十三日，康熙帝病死后，雍正即位，是为清世宗。当时的雍正帝已经四十五岁了，经验丰富，精明强干，即位之初，就开始大刀阔斧地改革种种弊端，励精图治，史书上说他："立志以勤先天下，凡大小臣功奏折，悉皆手批。"雍正帝事无巨细，都要亲自处理，给后世留下了一位勤勉有加的封建帝王形象，这一榜样对乾隆的影响也极大。乾隆在位时也是每日手不释卷地批阅奏章，即使是在他八十万寿节期间也不例外。雍正不拘一格任用人材，实际地改善各种阻碍封建生产力发展的生产关系，减少封建的人身依附关系，为促进社会稳定、经济繁荣创造了重要的条件；还实行了著名的"摊丁入亩"制度，将各种赋役统一划入田亩管理，减轻了农民负担。经过雍正一朝的积累和发展，清朝的物质财富更加坚实，为乾隆统治打下了良好的物质基础。

细加推敲，康熙一朝的政策偏向于"宽仁"，而雍正则稍嫌"严明"，因此，到了乾隆推行的政策强调"中道"而行，他曾经说："治道贵乎得中，矫枉不可过正，皇祖时臣下多有宽纵之弊，皇考时臣下多有严刻之弊。朕恶刻薄之有害于民生，亦恶纵弛之有碍于国事，中道为最上，过犹不及。"和珅常常能抓住问题的核心，轻而易举地博得乾隆欢心，以至乾隆对他的恩宠也与日俱增。

5. 把皇帝的亲人攥在自己手里

要想被别人喜爱，关怀对方比引起对方的注意更重要。记得戴尔·卡耐基说过：“根据我个人的经验，只要我们真心地关怀别人，多忙的人也会抽空来帮助我们。”这样的例子在现实社会中有很多。但现在的社会里，许多人为了引起别人的注意，却在相反的道路上拼命地努力，这种人眼里只有自己，没有别人，他们无时无刻不关心着自己的利益，这样即使下再多的工夫，也是徒劳，利益非但没有争到，反而处处遭到反对。

和珅在这一方面的确比一般人更聪明一步，他发自真心地爱戴乾隆皇帝，关怀乾隆皇帝，把乾隆看得比自己亲人还亲，每天周到照顾，恭亲服侍，使得乾隆帝与他的感情胜过了父子，乾隆终生视其为最可信任之人。从这一方面来看，和珅对乾隆的感情并非搀假，因为和珅更是从心底里感戴乾隆对他的知遇之恩。

为了亲近乾隆，和珅除了直接在乾隆面前献媚以外，还尽心尽力地关心、爱戴着乾隆的母亲 皇太后。因为乾隆对母亲的孝顺是天下少有的，是真挚的。封建君主为了将儒家的仁、义、忠、孝等美德推广天下，总是以身作责，为世人做出榜样。比如，皇帝每年都会在春季来临的时候，到某个祭祀的地方“亲自”躬耕，象征性地播撒几粒种子，举起鞭子赶着牛车耕地。虽然，这不过是象征性的行为，却充分表明了皇帝对耕作的重视和督促天下的百姓效法。

大部分帝王不管实际的情感如何，总会摆出一副慈父孝子的样子给世人看，好使万民有榜样可循。然而，乾隆对自己母亲的孝敬，就不只是做做样子了，他是真正的纯孝之子。乾隆留存下来的万余首诗作中很多就描绘了母子之间共享天伦之乐的情景，表达了他对母亲的无限的热爱和依恋。

这些诗作往往以节日中母子相聚共庆为题材。如一首题为《新正重华宫待皇太后》的诗中写道：

凤辇临龙阁，新年第一祥。

彤庭增喜气，绿野遍春光。
欣答初韶令，钦称万寿觞。
枌檝兰百合，胜帖燕双翔。
浮服孙曾绕，遐龄日月长，
宫中行乐养，欲以在群方。

诗中充分表达了新春佳节，乾隆与母亲和子孙们一起共庆一堂的欢庆场面，同时还写出了“遐龄日月长”这样的句子，祝福母亲能够健康长寿。每年五月，石榴花开，端阳春佳节来临的时候，乾隆又总是陪伴着太后到圆明园中观赏龙舟。他的一首诗就记叙了这一热闹的场面：

快霁天中景丽鲜，宜人都为利农田。
轻阴乍晴招惊牖，永昼如迟竟渡船。
斜叶焦云亭畔卷，低枝榴火沼中燃。
五丝彩缕随风俗，愿比慈宁寿算绵。

母子之亲跃然纸上。

每当太后大寿之时，乾隆总是不惜财富把寿庆办得隆重喜庆，场面宏大，让母亲满意、高兴。当时的一篇文章详细地记录了乾隆庆祝皇太后六十大寿时的情景，极尽人间能事：

“十余里中各在分地，张设灯彩，结撰楼阁。天街本广阔，两旁遂视市廛，绵绣山河，金银宫阙，剪彩为花，铺满卷屋，九华三灯，七宝之座，丹碧相映，不可名状，每数十步间一戏台，南腔北调，备四方之乐，依童妙伎，歌扇舞衫，后部未歇，前部已迎，左顾右惊，右盼复眩，游者加入蓬莱仙岛，在琼楼玉宇中，听霓裳曲，观羽衣舞，其景物之工，亦有巧于点缀而不甚费者。或以色绢为山岳形，锡箔为波涛纹，甚至一蟠桃大数间屋，此皆粗略不足道。至如广东所极翡翠亭。广二、三丈，全以孔雀作屋瓦，一亭不啻万眼。楚省之黄鹤楼，重檐三层。墙壁皆用玻璃高七、八尺者。浙省出湖镜，则为广榭，中以大圆镜嵌藻井之上，四旁则小镜数万，鳞彻成墙，人一入其中，即一身化千百亿身，如左慈之无处不在，真天下奇观也。”这一大段繁琐冗长的描写，足以表现出当年祝寿的盛境，也可以看出乾隆对母亲的挚爱。

崇庆皇太后圣寿庆典图

和珅对乾隆的孝心了然于胸，在太后面前便百倍地尽心，如果能够讨得太后的喜欢，让太后高兴，乾隆一定会很高兴，况且，太后的只言片语，一定会让皇帝对自己更加恩宠有加。

在历史上，常常可以看到这样的情形，想要亲近什么人，如果能够由他身边的人入手，对他尊敬的人表现出同样的，甚至更强的尊敬，对他关心之人表现出更多的关心，往往会被引为同道，使人一见如故，收到奇效。

每当皇太后寿延之日，和珅会与侍卫们一起，亲自抬着太后的凤辇，乾隆看在眼里，心中不由更加看重、欣赏和珅。

乾隆六十七岁时，崇庆皇太后崩逝。乾隆悲恸欲绝，当即剪发，服白绸孝衣，在舍清斋为太后守孝，终日不思茶饭。后作诗一首记录了太后故去之后的深切怀念：

游岁黑甜何处乡，从容掖辇祗如常。

孙曾侍宴到不代，歌舞行时娱一堂。
忽尔醒来余寂寞，泛焉涕出切悲伤。
因思向日即真者，非梦原都是梦场。

和珅紧紧地抓住这一时机，表现出了太后故去，自己做为人臣的悲伤，与乾隆同哀同悲，陪侍在乾隆身边痛哭，把太后当成自己的母亲哀悼。今天，我们已经很难判断这其中有多少真诚的成分。然而，从以后乾隆对和珅的愈发宠信看来，这起码大大增加了乾隆对他的好感和信任。

6. 事事想到皇帝的前面

乾隆一生中曾因多次南巡，为民间留下了许许多多的逸闻逸事，传为佳话。可见，他是一位喜好畅游山水，好大喜功的君主。可是，如果说乾隆南巡只是为了领略江南的湖光山色，倒也不对。江南各地素以物产富饶、人文鼎盛而名满天下。经宋、明以来，朝廷屡次衣官南渡，若大一个中国的文化命脉得以在江南一隅延续不衰，江南的士风一直胜过北方。清军入关以后，所向披靡，唯有在江南受到了以书生文人为首的义军的顽强抗争。因此，才有了诸如“扬州十月”等惨不忍睹的屠城事件，后人有诗曰：“莫谓书生空议论，头颅掷处血斑斑。”清王朝的统治者们实是对江南的文人们伤透了脑筋，再加上清王朝自认秉承了传统华夏文化，对人文鼎盛的江南也未免心存忌惮，多次开设“博学鸿词”等科，希望能够安抚士人。所以，乾隆南巡乃是继续清朝的政策，借机笼络人才和地方的豪强大户，消弭反清情绪，营造满汉一体的民族感情氛围。

另外，自宋明以来，“苏杭熟，天下足”即已成为民谣，江浙一带加上南巡必经的直隶、山东等省，全都是物产丰富的地方，是整个国家的粮仓，国家的命脉所在。在传统的农业社会里，农业生产发展与否直接决定了国家的安危，这些地方连年水患频仍，乾隆要趁南巡的机会省视河道，摒除水患，发展农业。

这些道理，乾隆只是放在心中，并未向外人道及，和珅却早已了然于胸了，所以他总是力排众议，屡屡劝乾隆南巡。乾隆于是就把南巡的事全部交给和珅办理，并让他扈驾南巡。

每次南巡，乾隆最担心的是国库中的银子。他前四次南下，每次都花去了大约四十万两白银，所以当他又准备下江南的时候，就有一些官员出来力阻，理由即是国库空虚，百姓疲羸。和珅最让乾隆感到满意的就是对南巡的支持。乾隆四十四年（1780 年）正月十二日，当乾隆以“观民省方，勤求治理”的名义，开始第五次南巡的时候，内务府只需要出御驾的日常费用，其他的绝大部分开销全交由和珅一人筹措。和珅自然不会自己出这笔钱，他立刻传令各省的督抚、盐政、河督，命他们建造修葺行宫，抓紧时间建造龙舟。很快水路旱道俱已疏通，行宫园林也都建好了，各地的龙舟摆满了运河，迤逦几千艘。和珅自己未出一分一文，就假借皇上的威势，将一切置办妥当。乾隆大悦，全然不顾这是羊毛出在羊身上，只知道赞赏和珅精明能干了。

乾隆兴致勃勃地开始了他的第五次南巡，所到之处，和珅与他形影相随，寸步不离，御驾经过的地方，各地官员全都跪拜接驾，和珅站在乾隆的身边，显得更加威风凛凛，和珅又借此向地方官展示了自己在乾隆面前非比寻常的地位。地方官员们对他更加恭恭敬敬，纷纷向他行贿纳贡。

乾隆南巡图

圣驾不久就来到扬州。扬州自古就是繁华烟花之地，古人云："淮左名都，竹西佳处，扬州自古繁华。"乾隆每次南巡，扬州都是必经之地，扬州的慧因寺、倚虹园、致佳楼、怡情堂、法净寺等名胜，都有乾隆御笔亲提的匾额。和珅自然也不敢对扬州掉以轻心，亲自命扬州的官员布置，使小城的繁华更胜往昔，城里的大街小巷，全都铺上了锦毡，两边挂满了丝绸。圣驾一路经过，繁花映目，美不胜收。乾隆驻跸的高旻寺行宫，处处修葺一新，在行宫内新开凿了两个人工湖，堆了许多用太湖石彻成的假山，极尽江南园林之精美。整个修葺建造的费用，没有动用内务府的银两，全是在和珅的授意下由两淮的盐商们“自愿”捐赠的。好大喜功的乾隆对和珅如此能干大为满意，面对着满园春色，把和珅嘉奖了一番。

和珅一面借助皇帝的权威，令盐商们贡献出大量银两，其中很大一部分流入了他自己的腰包，另一方面，又借盐商们的富有，讨好了乾隆。和珅不费吹灰之力，就可左右逢源，受益良多，真可谓是诡计多端足智多谋了。

7. 精于办事，肯为皇帝背“黑锅”

乾隆是一位英明的帝王，但到了晚年逐渐糊涂起来。他渐渐喜欢追求泱泱大国的皇家气派和豪华场面，却又要示人以严谨勤俭、爱民如子的明君形象；和珅为乾隆想好许多敛财的办法，心甘情愿地替乾隆背上奢侈的“黑锅”，他们之间好像形成了默契。乾隆在朝堂上下令不要铺张，和珅便在下面怂恿督促地方官员、各地富商们加紧捐贡。在和珅的主持操办之下，只一年内务府就扭亏为盈，国库中的银子也多了起来。在各种方式中，最重要的是和珅创建了“议罪银”制度，犯有过失的官员，可以纳银赎罪免去处罚，而“议罪银”制度得到的巨额的银两，有85％供皇帝个人挥霍，不入国库。和珅等于是为乾隆个人建造了一个小金库，乾隆怎么能不高兴呢？

乾隆有了银两，便在枯燥乏味的皇宫中坐不下去了，打起了南巡的主意。和珅知道皇上心中是极想出去走一走，看一看，考察一下自己御宇这么多年来天下百姓的生活，之所以犹豫不决，是怕被人冠以贪图享乐、挥霍无度的名声。和珅便想出了一个主意为乾隆排忧解难，他向乾隆担保，说江南各地物产丰盛，官员和富商们久沐圣恩，早就一心图报，若皇上南巡，一应费用，江南的官员和富商们都愿捐献，可以不必动用国库。这样一来，那些说乾隆享乐的人就无话可说了。乾隆听了大喜，他何尝不明白其中的奥秘，只是和珅能如此为他着想，实在令人感动，当即决定令和珅全权安排南巡事宜，御驾即刻启程。

和珅接到圣旨，向江南各地发出通知，言明皇上要巡视江南，各地官商要悉心准备，鼓励商人捐钱捐物，作为皇上南巡之需。虽然公文中没有强求的意思，可是，此事既是皇上南巡，又是和珅的主意，官员们若是还想坐稳自己的位子，谁敢怠慢，纷纷不惜工本大兴土木，就怕让皇上不满意，有的人还想趁这一机会讨好皇上，以谋得升迁。他们当然不会掏自己的腰包，弄到最后，各种负担还是转嫁到了百姓头上。百姓们被迫出工出钱疏通运河，建造行宫，修葺龙舟，将江南装扮的一派亮丽。在这亮丽下面却不知有多少百姓的哀叹。

乾隆的南巡顺利开始的时候，他对一切都感到满意。江南秀丽的景色让他陶醉，心中不禁感叹，大清国在自己的统治下实在好不气派，比起圣祖康熙来也毫不逊色。在和珅的精心安排下，乾隆几乎没动用国库一分一毫就顺利、满意地完成了南巡，还到曲阜祭拜了孔府、孔庙和孔林，向天下人表明他尊师重道的仁德。乾隆将江南千百万百姓的血汗都当成了和珅的功劳，对他越发喜爱，看出了他理财的天赋，任命他为户部尚书，把整个大清国的财政管理权都交到了和珅手中。

和珅也确实没有令乾隆失望，他在不动用国库银两的情况下，满足了乾隆帝奢华享用的需要，为他修建圆明园，修葺宫殿，源源不断地为乾隆提供了大量的金银财宝，供他挥霍。因此，乾隆帝对他非常满意。据史料记载："在乾隆末期，白莲教大起义嗣固军需，销算伊是熟手，是以下谕令兼理户部题奏报销事件，伊竟将户部事务一人把持，变更成例，不许部臣参议一字。"由此可见，在财政方面，乾隆对和珅信任到了何种程度。

乾隆五十五年（1790 年），乾隆帝八十大寿之际，和珅理所当然地成为庆典的负责人，按照当时朝鲜使者的记载："皇帝虽令节省，而群下奉行，务极侈大，内外宫殿，大小仪物，无不新办，自燕京到圆明园外，楼台饰以金珠翡翠，假山亦设封院人物，动其机括，则门窗开阖，人物活动，营办之资无虑屡万，而一毫不费官需，外而列省三品以上大员，俱有进献，内而各部院堂悉捐木俸，又以两淮盐院所纳四百万金助之，方自南京营造，及其输致云。"乾隆愈是明令节俭，深深揣摩透了他心思的和珅就愈发加紧催官员捐贡进献，这样一方面可以让人觉得乾隆皇帝清明仁政，另一方面又足以满足了乾隆的虚荣奢侈，乾隆怎能不引和珅为知已呢？

8. 敏于事而慎于言

乾隆皇帝毕竟是一代名君，在他面前展现才华，并不仅是靠夸夸其谈、纸上谈兵，必须要“敏于事而慎于言”，拿出真实才干，才能真正打动乾隆的心。和珅发迹之初，就遇到了一桩大案，他的精明强干因此得以施展，可谓初试锋芒。

事情由李侍尧而起。李侍尧，字钦斋，汉军镶黄旗人，他的祖上就曾是明朝的大将，他的父亲李元亮还作过户部尚书。李侍尧在乾隆初年曾被乾隆接见，先后出任军机处章京，热河副都统，工部侍郎、户部侍郎、广州将军、两广总督等职，此人精明干练，颇有才略。对于他史书上记载：“短小精敏，过目成篇。见属僚，数语即辨其才否。拥几高望，语所治肥瘠利害，或及其阴事，若亲见，从皆悚惧。”说他有过目成篇的本领，接见下属的时候，只几句话就可以从中看出下属的才干如何。因此，乾隆对他颇为倚重，曾先后委以重任，历任两广、湖广、云贵三省总督。这样使得他难免恃才傲物，再加上年高位重，更是看不起别人，尤其像和珅这样暴得高官的青年，他从未放在眼里。据史料记载，李侍尧因“年老位高，平日儿畜和珅，珅衔之”。和珅为人心胸狭小，怎能忍受这些，每日里就想着能寻找机会，教训李侍尧一下。不久，机会就来了。

曾任云南粮储道与贵州按察史的海宁，得和珅关照调任沈阳奉天府尹。他上任之前，特意到和珅府上拜望，感谢和珅把他调离了西南蛮荒之地，连同丰富的礼物一同带给和珅的，还有李侍尧在云南贪赃受贿的消息。海宁求见和珅之后，对和珅说：当今圣上对纳贿、贪赃深恶痛绝，几番下圣谕要官员洁身自好，奉公守法，可那李侍尧在云南作威作福，横行无忌，他有心要向皇上参奏李侍尧，又恐怕自己官卑言轻，起不到什么作用，不知如何是好，所以特来向和珅求教。说完还向和珅呈上了他平日搜罗的李侍尧受贿的证据。和珅听罢大喜，立刻把海宁夸奖了一番，并鼓励他不必畏惧李侍尧，尽管上奏，一切都有他照应。

第二天早朝，乾隆处理完当日的政务，正准备退朝，和珅跨前一步说道：“云南粮储道并贵州按察使海宁有本要奏。”乾隆一向对远道而来的官吏较宽容，就命他上殿奏本。海宁来到殿上，跪拜乾隆之后，把自己书写的奏折呈递上去。乾隆读罢勃然大怒，说他对李侍尧在云南贪赃营私早有察觉，只是念他征战多年立功无数才网开一面，孰料他竟然愈发不成体统，当即命和珅赴云南查清李侍尧贪赃一案。

和珅到达云南之后，先向李侍尧宣读了圣旨，将他暂且革职，然后就再不过问此案，游山玩水去了。和珅明白，云南毕竟是李侍尧的地盘，他在此地经营多年，定然耳目众多，根底深厚，寻找他贪赃的证据，恐怕不是一件容易的事。他先装作懦弱无能，不思公务的样子麻痹李侍尧，暗地里派出得力之人细心查访。这办法果然奏效，几天下来，他就收集到了一些证据，然而，这些证据全都不怎么重要，远不足以置李侍尧于死地。和珅不肯就此罢休，开始打李侍尧的大管家赵一恒的主意。赵一恒身为李府的大管家，所有财物交易必经他手，如果能敲开他的嘴巴，整个案件就可以水落石出了。和珅命人绑来了赵一恒，严刑逼供，赵一恒起初还拼死抗争，拒不招认，后来终于耐不住痛楚，把李侍尧的所作所为一一向和珅作了交待。和珅有了确凿的证据，心里就有了底，踏实下来。他把赵一恒交待的事项笔录下来，又命人召来了云南李侍尧的属下的大小官员，当着他们的面宣告了赵一恒的供述，一桩一件全都清清楚楚。那些原来忠于李侍尧的官员见和珅已然掌握了全部证据，自己顽抗下去也毫无意义，还不如从实招来，也许还能保全自己呢。于是他们纷纷倒戈，出面指控李侍尧的种种罪行，就连那些曾向李侍尧行贿的官员，也申明自己是迫于李侍尧的淫威而被迫行贿的。

一切准备就绪之后，和珅才提审李侍尧。和珅就在总督府的大堂中央摆下公案，声势逼人。李侍尧来到公堂后还有恃无恐地强辞争辨。和珅见状，命人将赵一恒带上公堂，让他当面与李侍尧对质。和珅每问一句，赵一恒就机械地回答一句，李侍尧的心也就往下一沉，等和珅问完最后一个问题的时候，李侍尧已经感到大势已去，放弃所有的希望了。史书上写到李侍尧认罪时说："他自任得道府以下贿赂不讳。震怒谕曰：'侍尧身为大学士，历任总督，负恩婪索，朕梦想不到。'夺官，逮诣京师。"乾隆接到和珅的奏折，见海宁弹劾李侍尧的本章句句属实，恼怒非常，命和珅把他带回京师治罪。和珅有意置他于死地，几经审问，和珅上奏："拟斩监侯，夺其爵以授其弟奉尧。"后又建议将李侍尧"斩立决"。乾隆感念李侍尧曾屡立战功，又颇有才干，不忍心就这样把他杀了，就未批准"斩立决"，让和珅等人再行商议。江苏巡抚闵鄂元领悟了乾隆的本意，上书奏请道："侍尧历任封疆，干力有为，请用仪勤议能之例，宽其一线。"乾隆遂最后判李侍尧"斩监侯"，将他囚禁在刑部大牢之中，籍没他的家产。虽然和珅没有达到将李侍尧斩首的目的，却向乾隆展示了自己办事的才干，可谓不虚此行。

李侍尧案结束后，和珅又向乾隆奏明云贵两省地方官员贪赃枉法，情节严重，急需整治。他说，地方官"赃私狼籍，吏治废坏，府州县多有亏空，须彻底详查。清厘积弊"。而且还提出了他自己治理云贵的意见，乾隆深为满意，本打算任命他为云贵总督，又舍不得他离开自己身边，方才作罢。于是任命福康安为云贵总督，提升和珅为户部尚书兼议政王大臣。

和珅借李侍尧一案充分显示了自己的实干才能，更加稳固了他在乾隆心目中的地位。

9. 给皇帝买名，替圣上立“德”

和珅之所以使乾隆对他言听计从，百依百顺，还在于他能为乾隆着想，抓住时机替乾隆换取好名声，替他立“德”。这对于把自己的名声看得比什么都重的乾隆来说，无异于一剂最贴心的良方。

乾隆六十年（1795年），年迈的乾隆皇帝已有八十五岁高龄，按照他年轻时许下的诺言，他准备在这一年把皇位传给皇十五子永琰。乾隆皇帝在九月初三日发布上谕：“朕寅绍丕基，抚绥方夏，践阼之初，即焚手默祷上天，若蒙眷祐，得在位六十年，即当传位嗣子，不敢上同皇祖纪元六十一载之数，其实亦未计年庆围甲子。……朕诞膺大宝，今六十年矣，……兹天恩申锡，竟获周甲纪元，寿跻八旬开五，精神康健，不至倦勤，天下臣民，以及蒙古王公外藩属国，实皆不愿朕即归政，但天听维聪，朕志先定，难以勉顺群情……立皇十五子嘉亲王永琰为皇太子，用昭付托，定制孟冬朔颁发时宪书。其以明年丙辰为嗣皇帝嘉庆元年。”在这篇详细、冗长的上谕中，乾隆回顾了他做皇帝以来的成绩，说明了之所以要禅位的来龙去脉，也表示出他当太上皇后，实权依旧掌握在自己手中的愿望。

上谕发布之后，举国上下开始准备第二年元旦的禅位归政大典。因为禅让的典礼无据可依，如何办得隆重、庄严并显示出乾隆帝的仁君风范，着实让和珅伤透了脑筋。一直到了大年三十才把大典的礼仪制定好，交与乾隆帝圣裁。其中，最让乾隆满意的是和珅提仪的“千叟宴”。所谓“千叟宴”就是要召集官员、缙绅中七十岁以上的高寿老翁在皇宫中举行酒宴，与皇帝同乐。中国古人就有“仁者寿”的话，试想一下，近千名白发垂髫的老者济济一堂，同庆同乐，既可以看出乾隆归政禅位、年高德劭，又可以表明在乾隆帝统治的六十年中，四海升平、百姓都得以长寿。为了能筹划好这次千叟宴，和珅真是操碎了心。正月时节，北京城正是一年中最寒冷的时候，到时候若大的一个宫殿中，空空荡荡如何取暖，无疑是一个大问题。和珅别出心裁，调来了1550多只火锅，举行火锅宴，这一设想实在妙不可言，不但可以保证殿内的温度，而且火锅里燃烧的煤炭，沸腾的浓汤都会更好地烘托出喜庆气氛。

正月初四，千叟宴按照和珅的安排在宁寿宫皇极殿如期举行，声势浩大，果然不同凡响，单凭这一壮观的景象，和珅的名字足以载入史册了。和珅的这一安排为他赢得了天下盛誉，令乾隆大为满意。

乾隆一生抱负极大，不只是想留得当世的盛名，还希望能够万世不朽。古人曾说人有三不朽："其上立德，其次立言，再次立功。"乾隆帝觉得自己德行足以广被天下，功绩也是百代无双，就想在"立言"上也作出一番成绩，他不仅要超过他的祖父康熙帝编纂《古今图书集成》的大业，而且要超过以前的历代君王编书的"功德"。他模仿宋代的《太平广记》、《太平御览》、《文苑英华》以致明代的《永乐大典》的体例，编纂了一部《四库全书》。《四库全书》是一部规模宏大的书，它共收录书籍总计3470种，79016卷，36078册，在当时的世界上可谓是绝无仅有的一部。它收录的书中，除了皇室原有藏书外，遍征海内各大藏书名家，收集珍本善本，要求各家都要把家中所藏的书籍进献给朝廷，以修《四库全书》。至今，我们翻查各地著名藏书楼的史志时，多可以看到于乾隆某某年献书几何的记录。这套书从乾隆三十八年（1773年）起，至乾隆四十七年（1782年）始初步完成，共经历了十年，其间，《四库全书》修纂馆的总裁几易其人。能够负责《四库》修纂的必须是众望所归的饱学之士。因为，《四库》馆总裁绝不仅是虚挂其名，要切实能够对书籍的入选与否、版本的择定等一系列事务作出决定。这些事非饱读诗书、泛览经史的大学者不足以担当。起初，由大学士于敏中任总裁，著名学者朱简参与编纂。乾隆四十四年（1779年），于敏中病故，《四

四库全书楠木匣

库》馆总裁一职由大学士英廉接任，但他负责的时间不长。到了乾隆四十五年（1780年）的时候，和珅受命担任总裁，当时的档案中记载："乾隆四十五年十月十五日，内阁奉上谕，和珅着充四库馆正总裁。钦此。"和珅的学问自然不能胜任这么重大的职责，不过他为人机智精明，而且他知道乾隆对《四库全书》的编纂极其重视，当作生平中的一桩大事，和珅办起事来理所当然投入了十二万分的小心，兢兢业业，一丝不苟，更何况还有学富五车的纪晓岚充任副总裁在一旁协助呢。

然而和珅在担任正总裁后，编书之余，多次上书建议乾隆严加查缴书籍，对有违碍、悖逆字句的书籍一律加以销毁。即使是编入《四库》的书籍中，很多也做了删削或修改，去掉了几乎所有违逆的词句。所以，我们今天看到的《四库全书》本的各种图书，都是经过一番清洗后的洁本。究竟修纂《四库》功过如何，实在是不好判断。但可以确定的是，《四库全书》确实为乾隆的业绩又添上了浓重的一笔，一直到今天，《四库全书》还被人经常使用。而这一笔中也确实包含了和珅付出的辛劳。

和珅一生中除了充当《四库全书》总裁外，还监督、负责修订了很多图书，如《开国方略》、《日下旧闻考》、清《三通》、《热河志》、《石经》、《大清一统志》等，为乾隆皇帝在立言方面作出了极大的贡献。

10. 有备无患，学会使用麻醉剂

世事变换，是没有人能预料的，即使深得乾隆宠信的和珅，在皇上面前也并不总是一帆风顺，也会被斥责和怪罪。不过和珅在这种时候，总会提前给皇帝来一针麻醉剂，使乾隆不知不觉中就站在他的一边，这样，许多棘手的问题都被和珅成功地应付过去了。前面提到的和珅遭遇的几次险情，无一不是如此。

户部司务安明，因得罪新到任的户部尚书，被免去司务之职，后来经过处心积虑的巴结讨好和珅，才得以官复原职，可是他作官心切，竟然把父亲故去的消息隐瞒不报。这件事被吏部尚书永贵知道后，就写成文书弹劾安明，同时也弹劾和珅，说他在官员京察中竟然没有发现安明的大逆不孝，保荐他做官，犯有失察的责任。和珅得到密报后，连夜赶写了参奏安明的奏折，然后，气定神闲地上朝去了。永贵在朝堂呈递了奏折，向乾隆奏明这件事。乾隆质问和珅说："和珅，果有此事吗?"只见和珅不慌不忙地跪下说道："启奏皇上，确有此事。奴才早已写好了参奏安明及向皇上请罪的奏折，不料吏部尚书已先奴才一步向皇上禀明了，请皇上治奴才不查之罪。"说完，从怀中掏出了写好的奏折。这一切在乾隆看来，实属巧合，和珅一定是早就准备要弹劾安明，自己认错，不然怎么连奏折都写好了呢？看来，和珅此前确实是不知实情，是禀公办事的，如果要怪罪的话，只能怪安明为人奸诈，善于欺瞒，和珅能过则勿惮改，实在是勇气可嘉，忠心可鉴。这么一想，乾隆不知不觉中就中了和珅的麻醉剂，心里的天平大大地向他这边倾斜，众大臣们再申辩什么，乾隆也听不进去了。他待大臣们反驳完和珅之后，不假思索地表示：这件事就不用再争了，和珅是受了安明的蒙蔽，如果他是有心庇护安明，又怎么能主动参奏他呢。而且他的奏折是和你们同时呈上的，绝不是为了推卸责任，事后所为。当然，和珅失查，是他的过失，不过就不必惩罚太过，罚他降二级留用即可。安明被凌迟处死，全家籍没为奴。和珅只受到了降二级的处罚，乾隆对他的恩宠丝毫未减弱。

每当和珅被皇上斥责的时候，他总能找到不同的理由为自己开脱。乾隆派和珅到甘肃去调查当地捐监的实际情况，和珅到了甘肃之后，整日美酒佳丽，花天酒地，收受了数不清的奇珍异宝，自然对当地官员虚假上报、行为不轨的举动视而不见了。他根本没有展开调查，就向乾隆写了一份奏章，把甘肃的官员们大大夸奖了一通，乾隆也就信以为真了。直到甘肃爆发了苏四十三的起义，乾隆派阿桂领兵前去镇压的时候，阿桂才将捐监的实情禀报了乾隆，乾隆知道实情后，当面质问和珅。和珅两眼一转，计上心头，对皇上说："奴才到达甘肃之后，确实细细核对过府库账目，并没有发现什么虚假不实之处，现在想来，一定是奴才无能，受了蒙蔽，那些粮仓未必即是捐监的粮仓。"乾隆不信，追问他竟没收取贿赂吗？和珅装做非常不安的样子说道："奴才确实收下了勒尔谨送与的四颗宝石，都因为这几颗宝石异常夺目，奴才想，公主若是佩戴，必是好看，奴才这才收下，现在已经在后宫公主处了。现在回想，奴才当时是有些自大，被甘陕的官员稍一吹捧，就有些飘飘然了，那账本、仓库必定是他们假做的。肯请皇上治奴才不察之罪。"说完，双膝跪倒，请求皇上治罪。乾隆一见他这样，心中倒开始不忍起来，和珅讲的也不无道理，想必是那些奸滑狡诈的地方官，看他年轻气盛，捉弄于他，他又初次办案，没有经验，被人蒙蔽也是有可能的，既是无心犯过，就不能全部怪罪在他头上了。这么大的一桩案件，就被和珅三言两语推了个干净。

可见，和珅麻醉剂的妙用就在于抢在乾隆正式发难之前，先给他造成一种与己无关的假象，要么自己早就发现了别人举报的案件，要么自己就是被人蒙在鼓里，总之是"人不知而不罪"。这样，重大的责任就可以推脱干净了。剩下的类似不察之罪的小过失则不妨应承下来，不但不会有什么损失，反而能给乾隆留下好印象。而麻醉剂之所以能屡试不爽，每见奇效，则是因为乾隆皇帝心中无论何时总是偏袒和珅，别人在他面前告和珅的状，他的第一反应是和珅得恩宠太多，遭人嫉妒了，实情如何先存有几分疑惑，等到和珅稍加辩解，就立刻觉得他说的有理有据、合情合理，对他的话马上深信不疑，纵使铁证如山，乾隆的想法也很难改变了。这种情形，在御史曹锡宝弹劾和珅管家刘全一案中表现的最为明显。

和珅的管家刘全，跟随和珅多年，也经由各种途径，积攒了大笔财富，于是在日常的吃穿用度上不免奢侈起来，他在家中建造了远远超出一个管家所应有的房子，一家人出入所用的车马也不是管家应有的。这些，引起了御史曹锡宝的注意，他经过一番调查，向乾隆呈递了一份奏折，弹劾刘全用度逾制，想通过这件事扳倒和珅。和珅起初对此一无所知，等到他从曹锡宝的同乡吴省钦那里得到消息后，即刻派人找来刘全，命他火速回家，将一切不合规矩的东西统统销毁，拆掉逾制的房屋，毁掉不应配置的车马，隐藏转移不应穿戴的衣物。然后，他便给乾隆上了一道奏折，说他知道了曹锡宝弹劾刘全的事，非常气愤，马上拷问刘全，刘全否认有这些不轨之举。而他自己，虽然平素多有过失，对待家人却从来十分严厉，家人常因生活过于俭朴暗地里埋怨他，却从没出现过过于奢侈之事，料想刘全即使果真如曹锡宝所言，多有逾制之举，也是背着他做的，他对刘全的所作所为并不清楚。这样，一方面把他自己开脱出来，既然他平日对家人甚严，那他的家人应该不会胆敢在外招惹是非，另一方面，也为开脱刘全做好了铺垫。乾隆听了和珅的话，马上就信以为真了。这件事以曹锡宝被革职查办而告终，乾隆裁决道：“锡宝未察虚实，以书生拘迂之见，证为正言陈奏，姑宽其罚，改革职留任。”就这样，在和珅的能言善辩面前，乾隆失去了往日的明查，被他的麻醉剂弄得是非不明，不辨黑白。

第五章　广结天下关系网络

中国的历史传统造就了讲人情、重关系的习性，做事讲人缘，办事靠关系，没有广泛的人际关系，不知要失去多少成功的机会。“结网天下，雀无所逃。”在复杂的关系社会里，不建立自己的“关系网”，就难以成大事。和珅深明建立天下网络的重要，在利益的驱使下，和珅在朝廷内外各省上下结交了大批同党和亲信。

1. 人至察则无徒

古人云："水至清则无鱼，人至察则无徒。"即是说，太清澈的水中是不能有鱼生存的，而对别人要求太过苛刻也不会得到别人的追随，每个人在性格和生活方式上都有自己的特点或是缺陷，如果对人要求尽善尽美，则根本不会有朋友。和珅深知聚集在他周围的多为贪慕钱财、虚荣的小人，对这类人更要睁一只眼，闭一只眼，只要他们能为自己办事，忠于自己，其他的事情就随他们去罢。

和珅的众多党羽之中，四川总督文绶之子国泰是一个最为卑下、顽劣的小人，他从小生长在锦衣玉食的温柔乡中，养成了飞扬跋扈，不可一世的性格，脾气暴烈，不学无术。清人洪亮吉在他的《更生文斋文甲集》中说国泰："性暴戾，妻子仆隶皆若一日不可共居。""国盛怒时，或至扑妻子、刃仆隶。"这样一个人就连他的妻子都到了不能与他共居一日的地步，换做别人，是无论如何不会与他结交的。和珅不管这些，他看重的是国泰每年节庆时必不会缺少的对他的进献，还有国泰对他的一片忠心。由于和珅从不轻视国泰，国泰对他也确实大有知遇之感，尽心尽力为和珅张目。乾隆四十七年（1782年），监察御史钱沣弹劾国泰贪婪无忌，乾隆派刘墉与钱沣一起赴山东调查此案。和珅对国泰的不法行为了然于胸，就想帮他蒙混过关。他使用了欺骗的手法，让阿桂和福康安联名，请求皇上把国泰调进京城作官，了结此事。因为乾隆深感不妥，半信半疑，才派和珅随同刘墉、钱沣一起去山东调查。查案过程中，和珅多方掣肘，百般刁难，干扰调查的进行，最终若不是钱沣无意中劫获了国泰给和珅的密信，真不知后果如何。

和珅对他的舅父明保也是如此。和珅自幼丧父，家境困窘，他的后母又对他与和琳兄弟二人不好，和珅曾带和琳投到舅父明保门下，希望他能念在和珅生母的情分上，收留他们兄弟，即使不能收留，也想求他能资助兄弟二人在咸安宫官学读书的生活开销。当时的明保，家境殷实，但为人极其吝啬，是一个一毛不拔的铁公鸡，对和珅兄弟根本不念旧情，冷酷地将他们扫地出门还恶语相加。和珅虽然年幼却很有志气，打那以后，再也没有登过明保的家门。

后来和珅发迹，飞黄腾达，明保厚颜无耻地带着礼品来拜见和珅，又向他提起了甥舅之情。若是按常理推测，和珅必定不会再理睬明保，也许换了小肚鸡肠的人，还会动用手中的职权，对他施加报复，可是和珅考虑到自己现在正是用人之际，如果恶待明保，传将出去，自己会留下睚眦必报的恶名，以后就没有人再来投奔自己了。所以，和珅尽弃前嫌，收下了明保的礼物，仍待之以甥舅之礼，他还不顾明保年老体衰、庸陋无能，向乾隆上书保荐他为官，使他当上了知府。明保从此紧紧依附于和珅，频繁出入和府，并经常向他借钱挥霍。和珅也都任他放纵，不加制止。其他的人见和珅对明保都能这样宽容，也就打消了心中的疑虑，放心地投奔和珅来了。

和珅的难得糊涂，大为奏效，为他赢得了遍及天下的耳目和爪牙，建立了深厚的关系网络。

2. 培植党羽，恩惠并重

交结党羽，仅示之以恩是远远不够的。如果，他们从和珅那里得不到实际的利益，天长日久，必然人心思变。所以，在恩以待人，救人于危难之机的同时，还要遍撒甘露，广施实惠，这样才能令和珅的党羽看到希望，死心塌地地守在和珅身边。

和珅在咸安宫官学中学习时的老师吴省兰、吴省钦兄弟，青年时即游学京城，以少有的才华、博闻强记而闻名京师，被选入官学任教。然而，他们兄弟却希望能由科举正途出身，谋得一官半职，不甘心以清苦的教师职位终老一生。其时，和珅已经升任大学士，主管京畿的科举考试，任主考官。吴氏兄弟得知这一消息，毕恭毕敬地到和珅府上拜望，一见面就对和珅大礼参拜，口称老师，等到京畿举行乡试的时候，和珅想方设法从乾隆身边的太监口中猜出了皇上出的考题，密报给了他的诸多“门生”，其中当然也包括投入他门下的吴氏兄弟。吴氏兄弟本就博学多才，加上预先得知考题，轻轻松松地就中了科举，顺利踏上了仕途。和珅对于他们可谓恩重如山了

从此，他们兄弟对和珅更加是忠心耿耿。和珅在他的众多门生中对吴省钦、吴省兰这两位也最为满意，不仅仅是因为他们听话，而且还因为他们有满腹的学问，这兄弟俩的学问无论是在朝在野，人尽皆知，办起和珅交待给他们的事情来，总是颇有手段，都会让和珅心满意足，所以，和珅对他们常常有心提拔。和珅掌管科举多年，深知科举是一桩财源广进的肥差，便想办法点吴省钦为直隶府的学政，让他主管乡试。吴省钦何尝不明白主考的威势，他上任之后，就亲自考察起考试的生员。前来拜访这位学政大人的生员怎敢空手而来，都尽其所能地带来丰厚的礼物，吴省钦对着一份份礼单心中暗自衡量比较，至于生员学问如何，哪有心思去问。

吴省钦在直隶府学政位上，贪得无厌，公开舞弊，几乎是名码标价地收受贿赂。他把各个生员送银的多少记录在册，按银取名，一名胸无点墨的生员以一万两白银的价格换得了乡试第一名，那些十年寒窗出身贫寒的书生，原本指望能经由科举一朝成名天下知，可谁料想，金榜一

出，眼睁睁地看着那些有钱人榜上有名，自己虽然满腹经纶却只能名落孙山，满腔的愤恨无处发泄。相传，曾有胆大的考生在考场门口贴了一幅对联，讥讽吴省钦。上联是：“少目焉能识文案”，下联是：“欠金安可望功名”，横批：“口大欺天”。联中暗藏了吴省钦的名字，上联的“少目”合到一起恰是个“省”字，下联的“欠金”合在一起是个“钦”，而横批中的“口”和“天”合起来又是一个“吴”字。上联骂吴省钦根本不识学问，就像是没长眼睛一样，下联则说科举考试只认金银不认人，没有银两就不用指望能金榜题名了。众考生的不满借这一对联表达得淋漓尽致。然而，不管吴省钦的行为激起了多少民愤，只要有和珅在背后给他撑腰，他的学政的职位还是可以安安稳稳地坐下去，他一样可以源源不断地利用科场舞弊收取数不尽的金银。和珅对他既施之以恩，又施之以惠，在给他谋得官职的同时，又给了他大把大把赚钱的机会，吴省钦怎能不感恩戴德，肝脑涂地呢？当然，吝啬的和珅决不会舍得动用自己的银两，他的施人以惠，也无非是慨皇上之慷罢了。

3. 黑道白道，各路朋友皆派用场

战国时的四大公子，广结天下豪杰之士，即使是鸡鸣狗盗之徒也决不捐弃，一样地敞开大门，这样才使得他们麾下门客众多，各具异能，成为中国历史上的一段佳话。和珅在这一点上，也颇有古风，为了能在复杂的社会中畅通无阻，左右逢源，和珅从不在乎自己朝廷大员的身份，广泛交友，与各界人士都有着深厚的关系，这种关系在他以后的人生历程中被证明大大有益，为他带来了各种便利。

和珅的家奴，除了刘全是与他们兄弟从小在一起生活，关系紧密之外，其他大多是和珅发迹之后招来的家丁。这些家丁出身复杂，有不少原本就是市井流氓，跟随和珅之后，仗着和珅的权势更加胡作非为。曾经有监察御史谢振定怒烧和珅之车的故事流传下来。

谢振定，字一斋，湖南湘乡人，乾隆四十五年（1780 年）进士，他为人刚直不阿，早就不满和珅的横行不法。他在担任京师巡视东城御史时，一天正同手下的官兵在街上巡视，忽然看见一辆建造规格远远超出许可的马车疾驰而来，横冲直撞，路上行人纷纷躲避。他马上命人将车上的人带来，此人被带到谢振定面前，不但不认错，反而破口大骂呵斥谢振定，旁边的护卫告诉他，这个人是和珅的手下，他的姐姐还是和珅的一名爱妾，平日横行惯了，劝谢振定还是不要招惹他为好。谢振定听了这些话，更加痛恨，立刻命人将和珅的手下绑了，痛打一顿，而且还把他乘坐的逾制车辆一把火烧了，围观的百姓连声喝彩，谢振定从此留下了“烧车御史”的美名。

和珅的手下大多都是这样，蛮横无礼，视律法如同儿戏，和珅用他们的也就是他们的野蛮强暴。每年收获的季节，和府的家丁就带着众打手和一本本的账目到属于他的田庄中收取远远超出普通地租一倍有余的租税，租种土地的佃户稍有不满，他们就会大打出手，行同强盗，和珅经营的当铺、高利贷等营生在很大程度上也是靠了这些人才能够万无一失，日进斗金的。

中国传统社会中，向来有所谓的“士、农、工、商”，把社会分为尊卑不同的四个等级，商人一直没有多少社会地位，即使是一个一文不名的读书人，在腰缠万贯的商人面前也丝毫不会觉得气短。古语又有“学而优则仕”，官员被认为是“士”阶层中的精英，更是不屑于与商人为伍。虽然到了乾隆朝，中国社会中的商品经济有很大发展，可在官员心中传统的价值判断还是没有改变，很少有官员愿意结交商人。和珅却不管这些，他看中的是拉拢商人的好处，最直接的是赤裸裸的权钱交易。到了清朝，社会中的商人尤其是江南一带的富商有的早已是富可敌国，而政府对商业的发展还是采取传统的“重农抑商”的政策加以限制，商人们却愿意结识朝中大官，不惜用大笔钱财换得交易中的种种便利。和珅曾主管户部，近水楼台先得月，他手中的职权与商人们结合在一起，倾刻间就可以化作源源不断涌入的金银，仅这一点，和珅就从他的商人朋友们那里获利良多了。另外，和珅为了即满足乾隆帝出巡、修建宫室等需要，又不动用国库的银两，总是号召各地官员、富商积极捐献，这时，结交商人的作用就显示出来了。和珅一声号令，富商们就会纷纷解囊相助，为和珅在乾隆面前赢得了无数恩宠。乾隆皇帝后期第五、第六次南巡，和珅就是把出行的花费、修建行宫、疏通河道、迎驾接待等大小一应事务全部交给江南一带的富商筹措资金，才能既不动用内务府的一分一毫银两，又让乾隆玩得心满意足，尽兴而归。有些富商也因为讨好和珅，得以入朝为官。扬州的大盐商汪如龙就是一个例子，他在乾隆第五次巡幸江南的时候，寻找机会接近和珅，不惜血本一次就向和珅送去了二十万两白银，谋得两淮盐政的肥缺，摇身一变，成了朝廷命官，为官后又甘心充当和珅的党羽，为和珅做了很多别人无能为力的事。和珅自己还经营着各种店铺，包括当时几乎所有可以赚钱的行业，这些经营也离不开各地商人的协助，单凭和珅一己之力，是无论如何难以维持的。

当然，在中国传统社会中，最有力的还是读书人，虽然古语有云“百无一用是书生”，但传统的价值观念中，读书还是有着较高的地位，而且知识和学问一旦被用来从事不法的勾当也会比无知的人做得更加巧妙和严密。

和珅自从把学富五车的吴省钦、吴省兰兄弟收到麾下后，就如虎添翼，他们兄弟为和珅出了不少奸诈的主意。吴省钦出任直隶学政，主管乡试期间，营私舞弊，按考生进献的银两的数目排列名次，做得过于明目张胆，被李调元抓住了把柄，要向皇上弹劾他。李调元，字羹堂，号雨村，锦州人，乾隆朝进士，曾任考功员外郎，授广东学政，此人是乾隆一朝有名的才子，为人正直，是一位骨梗之士。他得知了乡试的内幕之后，就写了一份奏折，向皇上揭发吴省钦。孰料，奏折先落入了和珅手中，和珅也不禁有些担忧，因为吴省钦出任学政是他一手保荐的，吴省钦若是出了差错，他也逃脱不了干系。和珅急招吴省钦前来，商议对策。吴省钦想出了一条毒计要治李调元于死地。和珅见他设计得天衣无缝，万无一失，也就放下心来，叫他放手去干了。

吴省钦设下了一个圈套，抓住了京城钱库守护头目的把柄，要挟他们去偷库银，两个小头目陷入了别人手中，无可奈何，只好趁夜在守库兵士的饭盒中下了蒙汗药，将他们麻醉，潜入钱库胡乱窃出了一包金银，交给吴省钦。吴省钦又派出心腹手下，将装有库银的包裹趁李调元家人不备丢入他的花园中，隐匿起来，这些准备都做好后，他便告知官府，说钱库被盗，有人发现李家家人由钱库旁经过，鬼鬼祟祟，形迹可疑。知府带兵到李调元家中查抄，轻而易举地就找到了隐匿的包裹，打开一看，果然是失窃的库银。知府当即喝令手下兵丁把李调元捆绑起来押入大牢。和珅马上向乾隆上奏这件事，要求对李调元处以大辟之刑，置他于死地。乾隆素闻李调元才华盖世，有心袒护于他，免去他的死罪，改判为流放伊犁。可叹堂堂才子，就这样不明不白地被人陷害，落得家破人亡。这件事，由吴省钦一手策划、安排，和珅没有费一点心神，就除掉了敢于同自己做对的人，而且是如此干净利落，不能不承认是和珅的广泛交友为他带来的便利。

4. 放胆天下，征服异己以狠为先

古往今来，凡要成就大事者，很重要的一点是要办事果断决绝，不能有“妇人之仁”。像和珅这样的巨贪之人，做起事来更是心狠手辣，决不手软，尤其是对待那些敢于与他作对的人，常要置人于死地方才安心。

和珅当道时，常有人因为胆敢对和珅不敬落得失官弃职，家破人亡的下场。山东博山县知县武虚谷即是一例。

武虚谷又名武已，河南偃师人，乾隆五十七年（1792 年）出任博山县知县，当时的和珅身兼步军统领一职，负责维护京师一带的社会治安。社会上一度盛传乾隆三十九年（1774 年）率众起义的农民领袖王伦尚在人间，和珅便以搜捕王伦，以绝后患为借口，纵容部下四处横行骚扰百姓，不但在京师一带胡作非为，有时还跑到王伦的起兵地山东一带寻衅滋事。乾隆五十七年（1792 年），刚刚出任县令的武虚谷就遇到了和珅派来搜捕叛匪的官兵，他们在乡间随意殴打百姓，掠取钱物，搞得民不聊生。武虚谷派人将他们拘捕到县衙，不料，这些人以官差自居，傲慢无礼，见了武虚谷也不下跪，向他暗示自己是和中堂的属下，谅他一个小小县令也不敢怎样。武虚谷义正辞严地说：朝廷派你们来是为了抓捕逆贼，却不是让你们来滋扰百姓的，你们到达我县，胡作非为，还有什么可说的。然后命众衙役将这群人痛打了一通，赶出博山县。和珅知道这件事后对武虚谷怀恨在心，没过多久就寻了一个借口，革去了他的官职，把他发往东北为奴了。

和珅对待武虚谷这样一个小小的县令，根本没有放在心上，所以，对他的报复也不会处心积虑，赶尽杀绝；可他对那些官居高位，而又不把自己放在眼里的官员，则是无所不用其极了。前面所举的海成的例子，就是因为海成不把和珅放在眼里，而竟然惹来了杀身之祸。

类似的事情，和珅一生中不知干了多少，连朝鲜的使臣也有记载。据朝鲜李朝的史书载：陕西一个书生，因对和珅贪赃枉法，结党营私的恶行多有耳闻，又亲见官场昏暗，民不聊生，不顾个人安危，向乾隆上书，向他说明和珅的种种恶行，上书虽然幸运地到了乾隆那里，乾隆却根本不理不睬，对和珅依然是坚信不疑，宠幸如常。和珅派人打听到这个书生的下落，竟然将他全家满门杀死，给他家带来“赤族之祸”。

倘若我们能站在和珅的立场上考虑一下，就会发现和珅这样狠毒也是不得已而为之，想他出身卑微，尽管官职高高在上，却得不到别人的尊敬；如果他发迹之初，不对不敬他的人痛下毒手，给他们来一个下马威，他的日子一定不好过，而等到他后来，多行不义，激起众怒的时候，也只能用严酷的手段让别人投鼠忌器，不敢对他轻举妄动，不然，他也许早就沦为阶下囚了。不过，和珅还是不够明智，俗话说：“防民之口，甚于防川”、“多行不义必自毙”，天下的公理，又怎是狠毒能遮挡得住的呢？

5. 一打一拉，化敌为友相安共事

成功者总是善于利用他人之力，善于利用外部的环境去发展自己，只有这样个人的能力才能获得完善。借用外力，首要的是让人为我卖力而不觉为人利用，如此方为天衣无缝，成功也就势所必然。和珅就做到了这一点。

“君子之交，其淡如水”，真正的友谊是不掺杂一丝一毫的功利心在内的，而一旦我们对朋友是有所求而来，那就不是友谊，而是为利益了。所以有人说，当我们最需要朋友的时候，其实也是我们最不需要朋友的时候，我们需要的只是朋友能给我们带来的好处。在利欲熏心的世界里，人不可能有永远的朋友，只会有永远的利益，人有时会为了利益，轻而易举地变敌人为朋友，也不是什么不可理解的事，总之是为了最大限度地获得利益。和珅对福康安一打一拉，即是如此。

与和珅同朝为官的朝臣中，真正能与他抗衡的除了阿桂、永贵就是福康安了。福康安出身名门，父亲傅恒是乾隆朝名臣，曾官至大学士，赠郡王忠勇公，姑母是乾隆帝的孝贤皇后。福康安由云骑尉起家，屡立战功，历任云贵、四川、两广、闽浙各地总督，后又任工部尚书、兵部尚书、协办大学士等实权职位，更被乾隆加封为太子太保，一等嘉勇忠锐公和郡王贝子，是名符其实的位极人臣。和珅与他相比，未免稍为逊色了，和珅因此不免嫉妒福康安，总想着寻个机会打击一下他的气焰，便一手导演了和琳弹劾李天培私用漕船拖运木料一案。

事情发生在乾隆五十四年（1789 年）七月，福康安因为忙于安南战事无法脱身，正赶上他家中兴建庭院，于是就修书一封，请湖北按察使李天培代为购置木材，并帮他拖运到北京。谁知，李天培竟然私自用朝廷的漕船为福康安把木料运到了北京。和珅侦察到李天培拖运的木料竟是福康安的，而且漕运船因为拖运这批木料，致使河道拥塞，航道迟滞，觉得这是一个打击福康安的大好机会。于是唆使和琳写本章弹劾李天培。乾隆对此事极为重视，派出了阿桂查处此案。阿桂对和珅的诡计心知肚明，决心消弥此事。于是向乾隆启奏，说福康安对这件事实不知情，而且念他功勋卓著应从宽处理。然而乾隆决心要严办这件事，亲自下谕判定，湖北按察使李天培被革职充军伊犁，福康安因安南作战有功，从宽处罚，罚总督俸禄十年，公俸三年。就连阿桂也因为办案不利，受到了处罚。福康安正在春风得意的时候，遇到了这样一个打击，不啻当头一棒。从此之后，就对和珅心存间隙了，但也领教了和珅的手段，在他面前再也不敢大意，总是谨小慎微的，以免有什么把柄落入他手中。

和珅料想自己在乾隆面前的地位，还是不能与福康安相比，单是福康安的赫赫战功，自己就不及他万一，只要能打击一下他的气焰，让他对自己心有忌惮也就行了，以后难免还有要用到他的地方，过于针锋相对，反而对自己不利。和珅就在日后的一举一动中，有心拉拢福康安，福康安也不愿与和珅这样无所不为的人交恶，表面上也一团和气地同他交好，尤其是同和珅的弟弟和琳关系亲密，形同好友，和琳就借势多跟随在福康安身边，做为他的副手随他南征北战。福康安打起仗来，经验丰富，威风八面，每次都胜利凯旋，和琳跟随他，不用出什么力气冒什么风险，就可以坐享其成，几年下来也立了不少战功。

乾隆六十年，朝廷接到奏报，说贵州铜仁府苗民起兵造反，湖南等地的苗民也起兵响应，一时声势浩大，几不可挡。乾隆立刻命福康安同和琳一起率大军征剿，福康安先后被封赏进公爵、贝子、食田、貂尾褂等，和琳也被赐为等宣勇伯爵、太子太保等职，官职同福康安一起水涨船高，坐享其成。后来，白莲教也在山东起义，汉民同苗民一起抵抗官军，福康安、和琳大军虽然得到朝廷增援，但既要瞻前又要顾后，逐渐变得步履维艰。福康安不甘心一世美名毁在苗人身上，不惜率领一支孤军深入苗民腹地，被四面八方赶来的苗民包围，他左冲右突，竟然擒住了

福康安像

苗民的头领之一吴八月，却也失掉了朝州城。就在他准备率军收复朝州城的时候，突然眼前一花，摔下马来，扶回营中，竟然不治身亡了，噩耗传到朝廷，举朝震惊。和珅向乾隆表示过一番哀痛之后，说："国不可一日无君，军不可一日无帅，还望皇上早日任命将军接掌帅印"。当时的情形，最适合接替福康安挂帅的就是和琳，于是嘉庆元年五月，乾隆和新登基的嘉庆帝一起在热河避暑山庄拜和琳为帅，继续征讨苗民叛乱。从此，七省军队由和琳一人指挥，和珅兄弟一文一武，一将一相，形成不可动摇之势。这都在于和珅善于尽弃前嫌同福康安搞好关系，借助他的威势，让和琳飞黄腾达；试想，如果和珅同福康安一直水火不容，互相争斗，和琳如何能有挂帅之日。

6. 控制科举，师生之谊笼络士人

自隋唐首开科举以来，科举考试成了封建王朝选拔人才的重要手段。科举考试是文人从政的重要途径，是封建帝王为了吸收在野的人才加入统治阶级内部的一个途径，总之是一切士人皆为我所用。科举考八股文，虽然历代不少人才大贤未能通过科举考试，但客观公正地讲，科举为士人从政提供了一个契机。历朝历代通过科举成为朝廷股肱之臣的并不在少数。

和珅自己没有通过科举考试，可他并没有因此而看低科举的重要性。他知道，皇上选拔官吏在很大程度上都依赖科举。而自己要控制官吏，培植心腹，巩固自己在朝中的地位，也必须要控制科举。因此，他主动接管国家的文化事业，先后担任教习庶吉士、经筵讲官、翰林院掌院学士、日讲起居注官和殿试读卷官及兼任廷试武举发策等职务，通过掌管这些职务，和珅便可控制官吏，借机安置自己的亲友、党羽到要害部门，而打击排斥政敌、仇家和一切看不上的人。后来，发展到无以复加的地步，整个科举可以仅凭和珅个人的好恶随意进退科名。

《清史列传》中《和珅》条记载：乾隆五十四年，山西举人薛载熙赴京考取进士，几经周折后，脱颖而出进入复试，但在复试当时，薛载熙却被告知自己已被除名，无资格参加复试，他不知所云，忙向众人打听，有人告知是和中堂主持复试大局。是否自己得罪了和中堂？薛载熙一想，自己也没招惹和珅啊，最多是在此之前，从来没有去拜访过和珅，难道这也会得罪和珅？不错，此举就已让和珅很不满意，和珅希望入考的是顺从自己之人，不顺从者一律以各种借口除名，不让其参加考试，当然更不会有金殿会试的资格了。薛载熙只顾自己读书，而且平日里远在山西，哪会懂得其中关窍。因此和珅道："此人就其学问而论，尚属可以中取，试卷文理无大疵，惟诗粗率，奏请停科。"若在平时的话，薛载熙就此可以回家了，不过这次和珅碰了个软钉子，因为此时正值乾隆母亲皇太后八十岁寿诞，乾隆心情颇佳，在和珅的奏折上批复："尚可加恩宽免，交与和珅与诸考官再行商议。"在讨论中，哪个不听和珅的？和珅道："以薛载熙试卷复与中卷不符，难保无代请情弊，请追革在案。”复试与中卷不符，本属平常之事，可和珅就以此为借口打发了薛载熙，本来薛载熙中举的消息已传回山西，可是回家后却孑然一人。薛载熙发奋攻读，但他也知道，只要和珅在位一天，除非自己去巴结讨好他，否则此生无望再中举。他不愿巴结和珅，只有韬光养晦，静候和珅去世或倒台。他每日焚香诅咒和珅。或许是他的诅咒有了效果，和珅在十年后轰然倒台，他心想自己的机会来了，于嘉庆六年（1801年），薛载熙在北京苦等嘉庆出外巡视，终于等到机会了。一日，嘉庆出游，薛载熙拦驾哭诉冤枉，嘉庆也曾听闻此事，认为“薛载熙斥革本非皇考之意，和珅办理此事，实属从刻。”故嘉庆帝“命试以诗”，薛载熙十年磨一剑，果然非同凡响，嘉庆听了薛载熙的诗句之后，以为“诗句较前稍胜，著加恩赏还举人”。总算给薛载熙平了反。

其他事例举不胜举，据清人沈祥年《借巢笔记》记载：沈祥年的祖父本来在丁未（即乾隆五十二年，1787年）科春闱中，已列入殿试前十名。和珅见此人文才飞扬，便想拉拢他，沈祥年之祖父早已听说过和珅之恶名，心想自己已入殿试前十，凭自己本事当可谋得一官半职，而且他厌憎和珅人品，所以当和珅请他到家中叙谈时，沈祥年之祖父借故推辞，和珅一看此生竟不给自己面子，这种读书人臭脾气，一定要好好惩治一下，于是又向乾隆启奏，乾隆同意让沈祥年祖父“抑置归班”，这样沈氏的殿试就不明不白地被取消了。通过这些手段，和珅让所有参加考试的士子知道，自己一言可以令其中举，自己一言也可废其举人。于是乎，善钻空子的士子在考前都会贿赂和珅以重金，以求考试无忧。

乾隆六十年，乾隆欲禅位于嘉庆，为了大赏天下，庆祝二帝的“交接”仪式，故颁令连续三年会试。读书人十年寒窗盼来了这次好机会，纷纷摩拳擦掌，力图在此次会试中榜上题名。所以各方士子都纷纷投靠在和珅门下，或是以名画珍玩，或许以重金，都以为自己必中无疑。和珅见天下士子尽入己手，也心安理得地收授各种礼品。可是风云突变，乾隆为了显示自己对嘉庆的宠幸，命嘉庆选取会试考官，嘉庆推辞再三，还是拗不过父皇的旨意，只好点左都御史窦光鼐任会试主考官。这一下可让天下士子都傻了眼。自己白花花的银子岂不是掉进水里了？和珅本人更是生气，他还是想继续插手科举考试，可窦光鼎不给他面子，他只好去两个副考官那边打主意，可一来两位副考官资历尚浅，无法成为窦光鼎的掣肘，二则副考官洪亮吉丝毫不给和珅面子。和珅一计不成，一计又生，诬告洪亮吉诗中影射攻讦大清，希望借此整垮窦光鼎，自己重新当上主考官，可乾隆不愿再兴文字狱，这一计划也没有成功。和珅也毫无办法了。

到了发布皇榜的时刻，又出现了怪事：此次状元、榜眼居然是兄弟俩，状元王以衔还是一个瘸子。这种怪事平民百姓都会怀疑有鬼，和珅当然不会放过诬陷窦光鼎的机会，于是他挖空心思给窦光鼎安置罪状。编排好罪名后，和珅便向太上皇乾隆启奏：臣以为窦光鼎长期在浙江为官，为了培植亲信，所以点录王以衔与王以铻两兄弟为状元榜眼，两人皆浙江人氏，其必有鬼。乾隆一想，也是，兄弟二人同榜，而且乃状元榜眼，此事非同寻常。于是派当时已名闻天下的大才子纪昀（晓岚）重试。和珅却先挑毛病说王以铻卷"疵累甚多"，不允许他参加复试。王以衔得以参加考试，不料此次王以衔也夺得第一名，乾隆万分惊奇，和珅也异常失望，因为他本想借复试再起一场文字狱"兴大狱以倾窦（光鼎），复试日使卫士环列讥察之，无所得"。纪晓岚天下第一才子，也没人能反驳他的结论，故"和珅与诸大臣瞠目相视，因奏曰：此次阅卷诸臣，皆秉公认真，亦无私弊，如有失当，何始易置。"乾隆也想看看王以衔究竟有无才华，便与其来金殿钦点。乾隆亲自出试王以衔，王以衔应对自如，乾隆甚喜，钦点其为状元，并叹曰："若此则彼王兄弟联名，或出偶然，科第高下，殆有命焉，非人意所能测也，何必易置。且既拆弥封而再易置，则转不公矣。"若非如此，窦光鼎与其他主考官又要遭遇一切暴风雨似的攻击。这事引起朝野大哗，"胪唱之曰，舆论翕然，盖以二王素著才名也。"

和珅要打击一部分不听话的人，也要提拔一部分听话之人，对自己的亲友，对愿意俯首投靠的人，和珅无一不立马录用。

在咸安宫官学时期，和珅少年才俊，颇受当时老师的喜爱，因此，与老师关系很好，时有两兄弟吴省钦、吴省兰同时授业于咸安宫官学，教和珅做官之道，他们的教导果然有了效果。和珅很快做了军机大臣，大学士。吴省兰见机得快，反又"藉其援引，反屈身拜门下"。竟称和珅为老师！依靠和珅的信赖和提拔，吴氏兄弟主管"九典试事，门墙桃李几遍天"。

师生关系在封建时期是很紧密的。同时也形成了派系等小圈子，从春秋战国时期开始，达官显贵便豢养了许多门客，众多士人便向主子执弟子礼。和珅也很会利用这层"师生"关系，用门生情谊来笼络各地士人，除了反身拜其为师的前老师吴氏兄弟外，和珅还有众多"门生"，虽然年纪大多较和珅为长，但几乎都尊其为师。

汪如龙就是拜在和珅门下的，汪如龙本系世代书香，祖父于康熙时放过道台，父亲于乾隆初年任知县，后来辞官归隐，追随名闻天下的郑板桥习书画，汪如龙亦琴棋书画样样皆通。可惜科举多次皆名落孙山，而家中余钱无多，乃弃文从商，成为江南大贾。和珅随乾隆南巡时，受尽汪如龙尊崇，而且汪很会讨皇上欢心，和珅有意拉拢他，道："你我俱为读书人，又同科场失意，同是天涯沦落人，一起共创大业吧！"汪如龙也知道自己如能入得和珅门下，不但荣华富贵，权力美色皆入己囊中，于是道："学生有先生为师，真乃如沐春风，岂敢不肝脑涂地以报先生？以后祈望先生多加照顾，多加栽培。"和珅满口应诺。通过此种方法，和珅拉了不少人马聚集门下，宛然有战国孟尝之风。

由于和珅经常主持会试、殿试，又善揣摩上意，所以很善于押题，通过押题、当阅卷官及篡改试卷，控制科举，以致于乾隆晚期时，世人皆知满朝文武"几出和门"！

7. 取象于钱，伸手不打送礼人

贪官敛财总有一套，和珅乃天下第一巨贪，敛财更是非同凡响。权和钱本来就是并存的，有权必有钱，有钱又能买到权。权钱交易的现象在乾隆后期愈演愈烈。和珅深谙做官之道，起初一定要清如水，明如镜，然后半清，即逐步让人知道自己并非不可接触，慢慢地，掌握大权后就要大肆贪污了。

因此，一俟逢年过节，和珅家门口排起送礼的长龙，和珅也来者不拒，吩咐管家呼什图和刘全记好账目，将来好按“礼”授取。给和珅送礼并不一定能得其厚爱，但不送礼者肯定会被其视为异端，永世不得翻身。

送礼再怎么说也是被动的，和珅不满足于此，主动招财。因为乾隆后期，由于乾隆日渐好大喜功，四处穷兵黩武，汉民、苗民常常揭竿而起，镇压起义又要花去若干军费，加之乾隆晚年生活腐化，极尽奢侈之能事，所以虽然早年国库丰殷，可经过数年的折腾，国库日渐空虚。乾隆可不管这些，依旧下个天下，搜罗奇珍异宝，几次南巡，花掉巨额钱财。国库日渐萎缩，可乾隆还要粉饰太平，只有依赖和珅为其招财进宝了。正所谓养兵千日，用兵一时，平时受尽乾隆宠爱的和珅知道自己该为主子立功了。

但如何广开钱路是个问题。依和珅贪婪无度的性格，不可能组织民众，发展生产，或者安定社会秩序，与民生息，让老百姓安居乐业以此增加税收，进而充实国库收入。在和珅看来，这些耗费时间太长了。而且这种“琐事”不是自己该管的，应该是地方官管辖才对。所以，他眼光盯上了下属，让下属直接向自己进贡，他知道地方官有无数种方法从老百姓手中榨取油水。

既然地方官可以巧立名目，收取农民钱财。和珅更会巧立名目，从地方官的腰包中收取钱财，地方官上至封疆大吏下至知府知县以及一些捐小官的商人们每年都会向皇上进贡自己搜刮到的最好的东西，他们也都知道和珅是皇帝身边的第一红人，故也要备上一份送与和珅。每年大肆搜刮天下的日子也不太多，但皇上、皇后、皇太后生日是必不可少的，借做寿的机会，和珅就会暗中知会各地大小文武官员，要讨得圣上的欢心务必送上奇珍异宝。不仅如此，和珅甚至打起了外国的主意，安南、琉球、朝鲜乃至英国的使者在每年也要奉上一份大礼，供乾隆及和珅挥霍，尽管乾隆心里美滋滋的，可还想保持自己的圣君形象，几次下谕旨，让大臣中止在圣上诞辰送礼。但众人做官多年，早已厮混得娴熟，各种为官技巧也娴熟于心，谁都知道此乃皇上的官样文章，因此，送礼现象“屡禁不止”，乾隆也就不再颁布上谕了。

这么一来，百姓就更加疾苦。各级官吏不会自掏荷包来奉献给皇上，他们只会向百姓巧取豪夺，加重盘剥，各地税收也是日趋严厉，税种更是多如牛毛。

为了更好地敛财，和珅兼任户部侍郎、户部尚书、内务大臣多年，在和珅入主内务府之前，内务府要承担内廷各项活动费用和皇帝的一切开销，经常入不敷出，史料记载：“本府（内务府）进项不敷用时，檄取户部库银以为接济。”和珅接手没几年，便化腐朽为神奇，内务府便“岁月盈积，反充外府之用。”因为崇文门税收被纳入了内务府。层层盘剥肥了乾隆和大小各级官吏，却苦了百姓。邓之诚在《中华二千年史》中道：“乾隆的军旅之费、土木游观，与其不出正供之费，岁无虑亿万，悉索之和珅，和珅索之督抚，督抚索之州县……”可见和珅是乾隆钱产的代理人。

乾隆五十五年（1790年），时值乾隆帝八十大寿，举办千叟宴，又举行有1550只火锅的火锅宴。“皇帝虽气节省，而群下奉行，务极侈大，内外宫殿，大小仪物，天下新办。自燕京至圆明园，楼台饰以金铢翡翠，假山亦设等院人物，动其机括，则门窗开阖，人物活动。营办之资无虑屡万，而一毫不费官帑，外而列省三品以上大员，俱有进献，内而各部院堂官悉捐米俸，又以两淮盐院所纳四百万金助之，云自南京所造，及其输政云。”和珅为了敛财，不惜克扣官员俸禄。

官家开销如此，其私人开销亦如是。和珅既善于广开财源，又注意节流。昭梿《啸亭续录》记载，和珅“赋性吝啬，出入金银，无不持筹握算，亲为称兑，宅中支费，皆由下官承办，不发私财，其家姬虽多，皆无赏给，日餐薄粥而已”。可见，和珅只关心自己在内的极少数亲人，余人则能省则省，能抠则抠，自家杂务全由兵丁代劳。

如前所述，和珅家送礼者络绎不绝。但和珅有时是吃了原告吃被告。如在奉天义州许五德与霍三德打官司，双方同时送钱给和珅，和珅并没有因两家敌对而拒收一方的礼物。

同时，给和珅送礼还得讲技巧。和珅本是文人，也常以文人自居。因此，很多时候送他名画、古玩比钱财更令其开心。汪如龙深通此道，时而送玉如意、黑玉糊蝶、玉马等古玩奇珍。更奇的是汪如龙送上北宋赵昌的《写生蛱蝶图》，不仅如此，图内塞进银两若干。和珅也回报了汪如龙。汪如龙顶替征瑞，做了两淮监政。征瑞也每年向和珅贡献10万两，可是眼睁睁地看着汪如龙得宠，霸占自己官职，心中不忿，向和珅质问："和大人，吾每年也向国家（此国家乃和珅之家也）贡献银十万两，贡献如此之丰，何以迁我边关?"和珅抓住他双手，用自己双手盖在征瑞手上，曰："别人贡献更大。"征瑞自然无话可说，此乃民间笑话，不足为信，但万民齐向和珅送礼而和珅来者不拒却是不争的事实。

一天又一天，满清吏治就在和珅手上毁坏了!

8. 为人狡黠，敢攀皇室姻亲

和珅为人狡黠，他知道如何挽住乾隆的心。要讨好一个人，去讨好他喜欢的人更为方便直接。和珅知道，要巩固乾隆对自己的宠爱，使自己官运亨通，与皇室结成姻亲无疑是最好的办法。这么一来，既能赢得主子的宠爱又能向世人表明自己的地位尊崇。

于是，当和珅长子诞生后，他欣喜若狂。正好这一年乾隆最小的女儿固伦和孝公主也先和珅长子而诞生，随着固伦和孝公主日渐成长，乾隆以其貌类己而极其宠爱。和珅下定决心，一定让长子娶到乾隆最宠爱的小公主，于是经常带长子在宫中行走。乾隆一见和珅长子虽年幼，但眉清目秀，与和珅的俊朗长相别无二致，活脱脱一个小和珅，心里喜欢，便于乾隆四十五年赐其名丰绅殷德，丰绅二字在满语中是有福泽的意思，乾隆希望丰绅殷德福祉长远，还把自己的小女儿许给他为妻，“待年行婚礼。”

和珅这一步棋走得极其正确，也对他以后的生活产生了长远的影响。公主受尽乾隆宠爱，乾隆甚至说如果公主是男儿身的话，他必立其为储。公主从小喜着男装，善骑射，或许是乾隆的语言起了作用，《清史稿·公主表》中记载：“主，高宗少女，素所钟爱，未嫁赐金顶轿”，和珅也更喜欢十公主，常常说笑话逗她发笑，给她买一些小玩具如小鸡小狗等。即使奉乾隆之命出使外地，也要带回当地的风物回来供公主赏玩，是以小女孩只要一见和珅，就会飞奔上去，扑进和珅的怀抱。后来，公主与丰绅殷德订婚，公主与和珅就更亲了，“常呼和珅为丈人。”乾隆见和孝公主如此愿与和珅亲近，也深感自己把公主许配给和珅长子丰绅殷德是个英明的决定。因此，他放心地让和珅带领公主游玩。

“主呼和为丈人，未知其故。”据推测可能是和珅的小诡计，公主年幼，是个天真活泼的小女孩，而且世俗之事皆不懂，又信赖和珅，于是和珅便教她叫自己为“丈人”，经常这样叫，乾隆必以为公主心仪和珅之子，为了公主的幸福，乾隆会赐婚于和珅长子，让和珅成长为公主真正的丈人，和珅狡黠无耻到连小孩子的天真都要利用。

乾隆五十三年（1788年），十公主十三岁时，被册封为固伦公主，并开始留起头发，准备下嫁，留头发是满族风俗，未婚女子出嫁前都要留起头发，意为该女子马上要结婚了。此时，乾隆也赏她绫罗绸缎、珠宝玉器。

乾隆五十四年（1789 年）十一月二十七日，宜婚嫁，年仅十五岁的固伦和孝公主与丰绅殷德举行了婚礼，乾隆异常高兴，不仅赏赐大量土地和庄丁给公主，而且还赏赐了大量嫁妆。

有了成功的经验，和珅对与皇帝联姻更娴熟了。过了几年，和珅又把自己的女儿嫁给了皇族——康熙帝玄孙永均贝勒。

不仅如此，和珅把侄女，也就是弟弟和琳的女儿嫁给了乾隆的孙子绵庆，此时和琳尚在外地，嫁女之事由和珅一手操办。绵庆为永榕第六子，“乾隆五十五年袭质郡王，嘉庆九年薨，谥曰恪。”

丰绅殷德在嘉庆十一年做诗一首《极乐寺少憩用紫幢轩独游水南韵》：“乾隆已酉（五十四年，1789 年）秋先叔希斋（和琳）公巡漕回觐，曾宿此室。予自城来接待，谈竟日，回忆忽已十八年。而妹倩质恪郡王‘书香世齐’额，犹悬楣端，伊已下世将二载矣。追思二事已成千古，曷胜感怆。”

和珅也有诗为证：

《希斋弟督军苗疆受瘴而卒，痛悼之余为挽词十五首，言不成声，泪随笔落，聊长歌以当哭云》中写：“看汝成人瞻汝贫，子婚女嫁任劳烦。如何又为营丧葬，谁是将来送我人。”

在公主与丰绅殷德婚礼上，满朝文武到公主额驸身边献礼，即使年边的阿桂亦行跪拜礼。由是，和珅确立天下第一宠臣地位。

9. 罗织死党，形成“和家班底”

在封建社会，派系之争历来比比皆是，比较知名的有唐朝的牛李党争。数千年来派系斗争的历史说明，仅靠一己之功，与政敌对抗是远远不够的。和珅也认识到这个道理，他当上军机大臣后，逐步开始拉帮结派，形成以自己为中心的“和家班底”。

在封建集权社会，派系纷争是难免的，皇帝承天之运，乃天之子，皇上至尊至大，余人不得有丝毫侵犯，所以臣子的唯一目的是争取君主的宠爱，如此的话，仅靠一己之力是不行的。官场的道理中外别无二致，英国使者也知道：和珅“要得到当朝有势力的统治阶层的一致赞许才能长期地保得住这个崇高的地位”。一人得道，鸡犬升犬，和珅一朝得势，手下亲信也跟着沾光。

在和珅的关系网中，亲弟弟和琳理所当然地排在第一位，因为和琳与和珅“少共诗书长共居”，是和珅最可信赖的人，而且，和琳也极有才华，与和珅同是咸安宫官学出身。兄弟二人一人“擎天”一人“捧日”，俱为英良之辈。和珅在起初无人可以信赖的情况下，更是依赖和琳来完成自己的计划。起初和珅自己孤身一人在朝廷厮混，人又年轻，满朝文武皆不把他放在眼里，时而有人弹劾他或借机试探他，和珅深感自己必须有人支持才行，他想到了自己的亲弟弟和琳。首先，他让和琳当上了杭州织造，因为乾隆经常下江南，所以他把弟弟安置在那里接待。待乾隆对和琳有印象之后，和琳抓住时机，在乾隆面前展示才能。乾隆五十四年，和琳发现湖北按察使李天培用官船私运货物给福康安。于是在和珅授意下向乾隆弹劾之。在和珅的巧妙安排下，乾隆认为和琳乃一才俊，“和琳伉直，下部议叙，由是遂见擢用。”而且，还借机打击了福康安。

随着和珅的羽翼日渐丰满，当上了军机大臣，朝中诸事已归和珅控制，可惜发布军令时，大将军福康安以“将在外，君命有所不受”为由不闻不听，和珅想自己内主朝廷，让和琳在军队牵制福康安，执行自己的意图。和琳没有辜负和珅的信任，兄弟二人一唱一和。和珅对福康安施加压力，而和琳从边调解，甚至与其称兄道弟，两人唱起了双簧，一打一拉，把福康安弄得服服贴贴。

由于有和珅在朝中的照应，经常在皇上面前说和琳的好话，和琳在军中地位日渐提升。而且，苗民起义给了和琳表现的契机，在镇压苗民起义的战斗中，和琳身先士卒，不仅多次击败义军，而且生擒义军首领吴半生、万三保等人。由于战功赫赫，和琳在军中也是逐级跳升，后被晋封一等宣勇伯，加封太子太保。嘉庆元年（1796 年）四月，福康安积劳成疾，卒于军中，和琳的机会到了，和珅也在朝中四处活动。果然，乾隆命和琳代替福康安督办军务。从此，兄弟二人一将一相，并世无双。可惜好景不长，三个月后，和琳在围攻平陇的战役中，由于受瘴气而染病身亡。乾隆晋赠一等宣勇公，谥忠壮。其子丰绅宜锦袭爵。乾隆甚至准许和琳家建专祠祭奠，足见和琳受皇上之重视。

和琳死后，和珅悲痛不已。因为和琳是自己的左膀右臂，是旁人无法代替的，写有悼亡弟诗十五首悼念和琳。

令人奇怪的是，和珅的第二大亲信竟然是其政敌福康安的亲弟弟福长安。福长安虽与福康安同为兄弟，但二人志向明显不同。福长安善于拍马逢迎，而福康安却性格耿直。与和珅一样，福长安起初也是一名侍卫，由于人较机灵，很快升为正红旗副都统兼管内务府事。起初，他本想凭自己的努力去讨乾隆的欢心，但在与和珅共事后发现自己事事皆落在和珅之后，自己刚想到应如何讨好皇上时，和珅已经那样做了，与和珅争宠不过，福长安见机得快，马上转投和珅之下，和珅见福长安成长经历与自己相似，而且能很好领会自己的意图，便也极力拉拢、培植他。后来，和珅向乾隆启奏让福长安在军机处行走，两人更沆瀣一气、互相关照，一起在军机处对付以阿桂为首的不与自己合作的军机大臣。两人都是奴才本性，因此，都围着乾隆皇帝转圈，且福长安兄弟几人都在朝为高官，父亲傅恒是前朝名臣，且是乾隆皇帝的侄子，其妻也是皇族，这些条件一加起来，满朝文武都要让他三分。但他依然死心塌地地追随和珅。嘉庆帝很看重他的特殊身份，并且希望能把他从和珅阵营中争取过来，但他死心塌地，在嘉庆与其谈话时滴水不漏，不提供和珅的罪行，嘉庆对其也万分痛恨，所以亲政后连他一起治罪。

和琳与福长安可说是和珅的左右手，和珅的其他死党如苏凌阿。苏凌阿是满洲正白旗人，他看到和珅权势盖天，便主动巴结和珅，也采取和珅与皇上联姻的办法来与和珅联姻，与和琳是儿女亲家，和珅也对其万分照顾。但他办事无能，而且公开营私舞弊，几近无耻。昭梿《啸亭杂录》记载苏凌阿为两江总督时，“每接见属员，曰：‘皇上厚恩，命余觅棺材本来也。’”和珅也不需要他为自己做什么，他只是通过苏陵阿向世人表明，只要忠顺自己，一切都会好起来的。因此，尽管苏凌阿年迈无能，和珅还是荐其为东阁大学士。

另一死党伊江阿是永贵之子，尽管永贵曾弹劾过和珅，可其子伊江阿却对和珅死心塌地，两人常常以诗歌相和。如和珅《和东巡伊（江阿）中丞喜雨无韵》（1797 年）：

旧雨情殷阅岁更，喜群莅业休舆情。
随车甘澍天心愿，载道证思众志明。
勉励风载征吏隋，倍饶清介厚民生。
阅赓佳作无多嘱，愿听齐东起公声。

嘉庆四年，乾隆病逝，伊江阿写信慰问和珅而不唁嘉庆，可见对和珅一片忠心。嘉庆也看出来了：“本日伊江阿由驿递到奏折，有寄和珅节哀办事等语，而于朕遭罹大故，并无一字提及，即以常情而论，寄书唁问，自当以慰唁人子为重。在伊江阿于和珅再三劝以节哀，而于朕躬反照常，具一请安之折，转将寻常地方事件承奏，不知是何居心。昨吴熊光一闻皇考升遐之信，即专折沥陈哀悃，敦劝朕躬，情间真切，似此方合君臣之义。吴熊光系汉人，又只系布政使，尚有良心。伊江阿身为满人，现任巡抚，又系大学士永贵之子，且曾在军机处行走，非不晓者可比，乃竟如此心有膜视，转于和珅慰问殷勤。可见伊江阿平日不知有皇考，今日复不知有朕，唯知有和珅一人，负恩昧良，莫此为甚。”

国泰乃四川总督之子，乃一纨绔子弟，后也追随和珅，因贪污事败露被斩首。

景安，父亲乃兵部郎中森布，景安是和珅的族孙。乾隆六十年，由于和珅帮助，迁河南巡抚，他“附和珅，懵懵军事”，在镇压白莲教起义时，景安对和珅“平日趋奉阿附，每于奏报之便，附寄信件。禀承指使，以为有所倚恃，既不能实力办贼，又不能加意抚民，”甚至屠杀难民，冒领军功。

明保、吴省钦、吴省兰、征瑞、湛露等皆和珅死党，其余人不过是趋炎附势罢了。

10. 结网天下，建立全国贪污体系

和珅在朝廷内结集众多党羽之后，逐步形成一个网络，形成以自己为中心的贪污体系。在这个体系中，既有朝廷大员，又有封疆大吏（如一省巡抚等），还有自己的管家。总之，随着乾隆的昏庸和和珅的专权，这张网越铺越开，越撒越大，几乎无孔不入，在乾隆后期的贪污案中，几乎每一起都跟和珅有着千丝万缕的联系。

在满清入关初期，由于连年征战，兵荒马乱，因此自清太祖至康熙，都注重发展生产，屯田积粮，丰殷国库。在这个时候，由于社会财富本来就所剩无几，所以在创业时期的开国功臣极少有贪污情形；后来，随着生产的发展，社会财富有不少剩余，而官员薪俸又极低，故时而有贪污发生。在雍正年间，已开始泛滥，雍正为了对付贪污现象，在执政之初便实行养廉银制度。相当于今天所说的“高薪养廉”，但这治标不治本。

乾隆执政时期，由于祖上几代的休养生息，社会物质财富极大增加，国库收入也日渐增多。客观上为贪污提供了条件；而且，此时虽然号称“康乾盛世”，但封建社会日趋没落，虽然乾隆雄心勃勃，尽量做到“开疆拓宇，四征不庭，揆文奋武”，但一个不争的事实是，清朝正是从他开始由盛转衰，尤其是在其晚年。

乾隆晚年，各省官吏贪污成风，尤以湖北福建为最。湖北以“吏治阘茸，地方大吏于监务厘费任意染指，滥觞已极”。福建则“吏治亦复松弛，营伍毫无整饬”，此二省“通省官吏贪黩懈弛，相习成风，日甚一日。”可见在和珅之前，吏治已经腐败了。

和珅专权之后，吏治就极度腐败了，这也有乾隆的原因在里面。如前所述，乾隆好大喜功，既要四方征战“开疆拓宇”，又注重生活享受，国库在晚期以后几乎消耗殆尽。此时，他需要和珅为自己敛财，满足自己豪奢生活和粉饰太平的需要。因此，他把国家财政（户部）和用人（吏部）大权全部交给和珅，而权力如果没有了制衡，腐败的产生就不可避免了。并且在封建社会，权力更是没有监督的，所以当财权与用人集中于和珅一身之时，也意味着腐败的根已经扎下了。乾隆挥霍无度又

不愿用国库开支，全赖和珅向各省摊派和贪污受贿。如此一来，乾隆自己其实已经埋下了腐败的祸根，他不可能对腐败贪污追根溯源，因为追到最后，肯定会查到和珅，继而查到自己。和珅当然不会只为皇上敛财，他也会为自己敛财。

在和珅的“教导”和逼迫下，各省巡抚不得不应酬答对，因此他们“出巡则有站规、门包，常时则有节礼、生日礼，按年则有帮费。升迁调补之私相馈谢者，尚未在此数也。以上诸项，无不取之于州县，州县则无不取之于民。钱粮漕米，前数年尚不过加倍，近者加倍不止，督、抚、藩、臬以及所属之道、府，无不明知故纵，否则门包、站规、节礼、生日礼、帮费无所出也。州县明言于人曰：‘我之所以加倍，加数倍者，实属层层衙门用度，日甚一日，年甚一年。’究之州县，亦恃督、抚、藩、臬之威势以取于民，上司得其半，州县三人已者亦半。初行者有畏忌，要一年，二年，则成为旧例，牢不可破矣。”因此，贪污追根穷底的话，和珅、乾隆难辞其咎。

和珅有了乾隆的宠幸与支持，当然更加肆无忌惮了，而他自己的党羽在各地又依仗和珅这株大树和保护伞，也贪污日巨。乾隆终于下决心治理贪污，杀了几个贪官，可没触动根基。相反，他的一些做法反而加剧至少是默认了贪污的存在。比如他为了奖赏和珅，经常让和珅保管大量钱物，而且任由和珅支配。如乾隆五十三年，乾隆帝就把张家口地方税收课金“著种交和珅三万两，其余银三千二百八十二两七银九分五厘五毫赏给那郎阿。”这么一来，不是纵容贪污还是什么？

和珅心腹山东巡抚国泰于乾隆四十二年到任后不久便与前大学士于敏中之弟布政使于易简勾结在一起，狼狈为奸，“贪纵营私，征赂诸县”，然后上贡钱物给和珅，也许是国泰依仗和珅撑腰，太过明目张胆，引起众怒。乾隆四十七年，监察御史钱沣弹劾国泰贪污，乾隆派刘墉偕同钱沣处理此案，和珅后来也保他不住了，乾隆一怒之下把国泰、于易简处以极刑。

两淮监政征瑞也是和珅网络中的一枚棋子，他利用职权贪污大量财富，每年都向和珅送上白银 10 万两，有时甚至 20 万两、40 万两这样送钱。

和珅作为贪污网络的中心和枢纽，还掌握着各省地方官员向皇上进贡特产和其他礼物收退与否的大权。在这个环节上，和珅贪污上大量物件，嘉庆曾说：“只因和珅揽权，纳贿，迅遇外省督抚等呈进物件，准递与否必先问和珅，伊即擅自准驳明示有权。而督抚等所进贡物，在皇考不过赏收一、二件，其余尽入和珅私宅。”可见，和珅抓住一切机会中饱私囊。

但上述情形仅仅是和珅自己贪污，不足以证明贪污已成网络。我们知道，和珅把持吏部长达数十年之久，控制科举亦有数年，故他利用手中职权，将好差使分给自己党羽和亲信，而不听话的政敌则被他以莫须有的罪名革职或降职。其亲信捞到各地的肥缺后，自然先把自己搜刮的财物先孝敬和珅。

在地方上，由于和珅权倾朝野，和珅的属下便可为所欲为，别的官吏也会给几分薄面。如此一来，和珅提拔自己党羽亲信——亲信掌握实权——捞取好处孝敬和珅——和珅再度提拔亲信，造成一个循环式的网络，在这个网络中，和珅明显占据中心地位。这样，在乾隆末年，一个以和珅为中心的贪污网络就在全国形成了，非此贪污网络内的官员惧于和珅权势，也会逐步被其网罗同化进来，如此则愈演愈烈，甚至连和珅家仆也能贪污巨额财产。

如是，天下成了和珅及其党羽分赃的天下，直到嘉庆亲政后赐死和珅，情形才略有好转。

11. 不惜血本，收买人心

和珅发达之初，只是一个凭借皇帝的一时赏识就飞黄腾达的新人，他的官职直线上升，当然可以令朝中的大员们对他刮目相看，心中产生畏惧的情绪。然而，另一方面，这也使得他在朝中没有自己的一方势力，如同根基尚浅的芦苇，虽然可以长身玉立，却禁不住风雨的侵袭，难以长久安身。所以，和珅发迹之初，就极其注意培植自己的亲信，为此，他竟达到了不惜血本的地步。

和珅的党羽中的国泰原本是一个纨绔子弟，生的肥头大耳，看上去蠢笨非常。一个很偶然的机会，和珅结识了他，心中不禁一动，因为世上多有这样的人，外表憨厚，实际上却是精明到了极点，国泰一定就是如此，所以，和珅就想要把他收为己用。

可是，如何才能笼络住他的心呢？要知道，国泰家资富有，用金钱是很难令他动心，甘愿伏首帖耳尽献忠心的，况且和珅要收伏国泰，为的就是能够通过他得到更多的财富和权力，用金钱做饵，未免有点背离他的初衷了。经过一番比较，终于决定用纳兰来换取国泰的忠心。

说到纳兰，还要从苏凌阿说起。苏凌阿姓他塔拉氏，是满洲正白旗人，乾隆六年（1741 年），考中举人，被任命为内阁中书，后来离开京城在江西饶广做道台。苏凌阿嫌弃江西蛮荒之地，穷山恶水，瘴气缭绕，日思夜想要调离那里，却苦于无计可施。江西离京城万里之遥，要想通过他的政绩上达天听，让皇帝调他进京做大官，无疑是不可能的，可如果他再不想办法，就有可能在江西道台的位置上经此一生了。苏凌阿思来想去，想出一条捷径，既然不能走皇上这条路，就只有走皇帝身边的宠臣权臣的道路了。而当时最得宠信的，举朝上下非和珅莫属。

苏凌阿寻了个托辞，告假回家，回到京城之后，想尽办法与和珅的弟弟和琳凑在一起，每日不惜花费银两，与和琳花天酒地，颇为亲热，不久，就已经称兄道弟了。后来终于借和珅的儿子过生日之机，随和琳一起见到了和珅，并送上了四千两银子的贺礼。谁知，这份小小的贺礼和珅根本未曾放在眼里，苏凌阿决心一定要让和珅对自己留下深刻的印象。他打听到和珅颇为喜爱珍奇古玩，就把家中祖传的两盆碧玉盆景取出，准备献给和珅，和珅听说后，极高兴，也顾不得架子就亲往苏凌阿府中观看。

苏凌阿自是喜出望外，忙出门迎接，就在众人步入大厅之时，一个十三四岁的小女孩蹦跳着跑到和珅面前，和珅见小女孩长的粉雕玉砌一般，非常喜爱。打听之后，方知这女孩是苏凌阿的女儿，名唤纳兰。和珅手抚着女孩的头发，赞不绝口。苏凌阿是老于此道的人，当下命纳兰拜和珅为干爹。自此纳兰便经常出入于和府，和珅对她喜爱非常。

没多久，在和珅的主持下，国泰与纳兰举行了婚礼，正式成亲。婚后不久，和珅就为国泰谋得了泗城县令的职位，而苏凌阿也被和珅提拔到吏部任吏部侍郎，和珅之所以如此，是因为吏部掌管着官员的甄选任命权，在如此重要的部门里怎能不安排自己的亲信。

自此，国泰成为和珅的一名忠实的爪牙且深深地安插在地方上，为朝中的和珅通报消息，聚敛财富。和珅此后的几次历险，都是因有了国泰的从中穿插安排，得以逃脱。可见，和珅为收服国泰，不惜将美貌的纳兰相赠，虽然看上去得不偿失，实际上却为自己赢得了数不胜数的财富与时机，凭借这一看似过重的付出，收获了常人难以料想的利益。这也是和珅能够将局面越做越大的重要原因，如果他仅是一味地贪婪吝啬，则绝不会有人为其奔波卖命，和珅也绝不可能有日后的声势。

12. 对待小人，恩威并施

对付不同的人，要有不同的方法，才能收到事半功倍的效果。每个人都有自己的弱点和渴求，如果能够准确地把握住每个人的弱点，稍加施为，立刻会收到奇效。像国泰这样的人，家资豪富，用金钱自然很难打动，和珅就施之以美色。倘若面对的是胆小委琐，反复无常的小人，一味地示之以恩惠，恐怕只能取得他一时的忠心，倘有变故，他们一般会马上随风而倒，兵戈相向。唯有在施以恩惠的同时，加之以威慑，让他们心有顾忌，才不会轻易地背叛而去。和珅对汪如龙的计策，即是如此。

汪如龙是极有名的盐商，原本是两淮盐政征瑞的幕僚。征瑞原是一个道台，因为犯了过失，被革职后为了重获起用，给时任军机大臣的和珅送去了数万两白银。和珅果然灵验，不久，乾隆下诏，将征瑞任命为两淮盐政。自古盐铁即为政府专卖，因为其中有惊人的利润，而政府的盐政更是难得的肥缺，每届盐政无不是富甲天下。征瑞到任之初，汪如龙就前往结识，向他进献了许多诸如如何收税纳捐、如何追查走私漏税以及如何查假打非的敛财良策，深得征瑞赏识，招他为幕僚。而汪如龙为人狡诈多变，极会见风使舵。乾隆四十四年第五次南巡之时，汪如龙亲自敦促大小盐商，捐出钱款、修建行宫、铺平道路、置办器物，征瑞不费吹灰之力，就讨得了乾隆的欢心，他自己也从中渔利颇丰。

然而汪如龙打算的却是如何借此机会接近和珅，取征瑞之位而代之。他先同征瑞一起，向和珅进献了一匹名马得以与和珅结识。像和珅这样的贪官，寻常的金银已很难打动，唯有像古玩、宝马之类的奇珍异宝方能令他动心，汪如龙此举一下就引起了和珅的注意。

进而他又通过和珅向乾隆进献了一名美女，令乾隆爱不释手。和珅心中对汪如龙的进献有几分喜悦。然而，对待这样的人，必须能够以威势强制于他，不然，一定不会去除他的野心。于是，和珅私下召见汪如龙，一见面就摆出了一副严酷的表情，仿佛满怀怒气，令汪如龙心中忐忑不安，原有的骄矜、狡猾先已经去掉了一半，进而，和珅忽然说道："恭喜先生讨得皇上如此欢心呀！"一双眼睛如同结了一层寒冰，气势逼人，汪如龙越发不知所措，静静地等待着和珅的教训。只听和珅忽然怒斥到："你可知罪！对皇上惑以美色，致使君王不朝，论罪当斩！"汪如龙顿时大惊失色，双膝跪倒，口中忙称罪不止，乞求和大人能网开一面，说自己早已心仪大人，定当好好进奉。和珅闻听，觉得自己的目的差不多达到了，这才缓缓舒展开紧簇的双眉，换上了一副和气的表情。汪如龙深深感到自己虽然富甲一方，足智多谋，然而在大清朝的天下，还是命悬一线，和珅才是真正能翻云覆雨的人物，如若能死心塌地依附于他，让他明白自己的忠心，日后才会官运亨通。

汪如龙经过和珅的这一番威慑，将原有的跃跃欲试之心尽数收敛了起来，心甘情愿地为和珅做一名爪牙。为了向和珅表明自己的忠心，他将家中祖传的一幅名画送与和珅，并在画中夹带了一张银票。汪如龙的苦心自然没有落空，和珅面见乾隆，先是夸了一通汪如龙如何举止不俗，精明强干，如何是一位不可多得的人才，然后，又奏到两淮盐政征端，虽然迎驾有功，却极为奢靡，理应加以警戒，不然，天下群起效仿，竞相奢侈，于国于民都不是好事。乾隆听完，就命和珅推荐适合人选来代替两淮盐政的职位。这一职位顺理成章就落到了汪如龙的头上。

于是，乾隆颁下诏书：天下士庶，官各敦本业，力屏浮华，是以特调征端以戒效尤。汪如龙平步青云，由一名盐商一举做了两淮盐政的肥缺。

相传事后征端心中不平，就找到和珅申辩，说他每年向和珅交纳十万两白银，为什么还会丢掉两淮盐政的肥缺。和珅气定神闲，不动声色地告诉他，只因为别人交纳的更多，边说边伸出两根手指。可见，汪如龙夹在名画之中的是二十万两的银票。征端顿时哑口无言，悻悻而退了。

13. 场面作大，才能翻云覆雨

不论是要建立功业，还是贪赃枉法，仅凭个人的力量是绝难实现的。建功立业，改革旧习，要靠一批精明强干的得力助手，上下呼应，尽力而为才有可能成功。这方面，成败迥异的例子充斥史册。

北宋王安石变法，尽管王安石雄才大略，变法也是经过深思熟虑的，仍以失败告终的原因，很大程度上是因用人不当，没有做出精诚团结的良好的局面，变法中人各个心怀二意，以变法为名，成一己之私，才使得诸多出于善意的法令变成百姓不堪重负的苛政。

善于将局面作大，以此为基础成就大业的，则首推清朝的曾国藩。曾国藩在他的《杂著居业》一条中说道："古代英雄的事业必定有其坚实的基础，如汉高祖刘邦在关中，光武帝在河内，魏在兖州，唐在晋阳，都是先占据根据地，然后进可以战，退可以守。"所以，做事一定要有基础。曾国藩起兵之时，局面尚未打开，所以，尽管他盛情相邀，仍然是应者寥寥，及至他第二次出山，先向朝廷求得实权，对稍有才能的人便保奏、举荐，使得忠心于曾氏的人，在朝中越来越多，所以才有："群雄蔚起，会合景从，如龙得云，如鱼得水"的局面，四方豪杰之士，纷纷前来投靠，曾国藩才成其经世之业。

贪赃枉法较之建功立业，更需要把局面做大。功业不成，至多落得抱憾一生，丧志而毁，而贪赃倘稍有不慎就会身首异处。所以，古来的贪官全都投注大量精力、财力、编织关系网络。像和珅上至乾隆皇帝，封建王朝的最高统计者，下至各地州县的官吏，政府政策的基层贯彻者，全都建立了深厚密切的关联。至于中央政府中的各个要害部门，和珅不是亲自担当要职，就是选派自己的亲信掌权。如任命年老昏庸的苏凌阿掌管吏部任吏部尚书，将朝廷的选官大权操纵在股掌之中。

这样一来，朝廷上下的大部分官员相互纠结，形成了一个以和珅为中心的紧密相联的网络，牵一发而动全身，一但有警讯传出，和珅凭借他众多的耳目，可以得到最及时的报告，然后部署应对之策，立刻就会将危险消溶于无形之中。由于和珅的局面铺的实在太大，即使皇帝有意铲除他，也要考虑再三，因为有太多的人牵连其中，仓猝行事，一定会造成朝廷的重大动荡，这是所有的统治者所不愿看到的结果。毕竟不可能对朝廷的官员来一次大换血，毕竟统治还要依靠这些行为不轨的官员，统治者唯有得过且过，抢补漏洞了。

因此，当嘉庆帝下决心要铲除和珅时，动作出奇的迅速，断案也超乎寻常的敏捷，只是严惩了和珅及其族人，赐和珅一条白练自裁。至于那些依附和珅，凭借向他行贿、效忠而升迁的官员则大多既往不咎。不能不说嘉庆帝的这一决断有着高明的眼光和见识。

14. 为属下谋发展使人效忠

中国古人强调“已欲立而立人，已欲达而达人”。即是说，自己建立功业的同时，也要帮助别人建立功业，这是传统儒家对人的道德修养的要求。和珅毫不费力地把它应用到如何收买人心上，同样收到了奇效。

人最先考虑到的往往是自己的利益，尤其是围聚在和珅身边的一群人，全是为了能够通过和珅达到自己升官发财的目的而聚拢过来的，如果想要令他们能够长久地围在身边，只有让他们得到自己想要的机会或是财富，让他们看到希望，才会忠心耿耿，和珅在这一点上所做所为堪为人师。

乾隆四十四年（1780 年），乾隆皇帝决定第五次南巡。在此之前，刚刚依附于和珅而出任泗阳县令不久的国泰，就接到了和珅的一封密信，信中说皇上此次南巡，必然会去祭祀孔庙，祭孔之后，一定会途经泗阳县境内，估计皇帝经过的地方应在距离县城东边五十里的地方，命国泰在此精心筹建一处行宫，以博皇上的垂青。

国泰读罢信，简直要把和珅当做再造父母般感恩戴德，马上命人四处筹措银两，调集全县能工巧匠，加紧修筑，就在离泗阳县城五十里和珅指定的地方修建了一座行宫。

乾隆一路由北京南巡，进入山东境祭祀孔林、孔庙，向世人表明他尊师重道的国策。然后，又向南进发，路过泗阳县境内的时候，在一片葱郁的密林中隐隐约约听到了溪水声，接着眼前豁然开朗，现出了一座优美别致的建筑。乾隆一见，心中顿时高兴起来。和珅忙走上前，说道：“泗阳县令国泰，在此地专为皇上修建行宫一座，已将行宫的绘图给臣看过，庭台楼阁美不胜收，皇上正可前去小歇。”乾隆闻听，更加高兴，命人进入行宫，只见行宫修建得绝不同于寻常园林，园中借助林内原有的溪流因势利导，令溪水在亭榭间纵横交错，迴环曲折，而那些亭榭也是清幽可人，令见惯豪华铺张的乾隆顿生世外之感，当即命和珅召见国泰。国泰面见皇上，从容应对，和珅在一旁赞不绝口，两人博得龙心大悦，马上降旨擢升国泰为道台。国泰自是感恩不尽，免不了又给和珅送去了大量的金银，对和珅从此言听计从，绝无二心。其他投靠和珅的官员，知道和珅略施小计国泰就擢升为道台之事，心中也兴奋不已，企盼着这样的事情不久就可以落到自己头上。

第六章　和珅与同僚的关系

最难缠的是同僚。在朝为官，由于影响到切身利益和发展前途，最紧张最微妙的关系往往不是皇帝同大臣之间的关系，而是大臣与大臣之间的关系。同朝为官，矛盾必生；同殿称臣，互为利用。与同僚相处确实是一个棘手的难题。和珅不仅施展手段整治同僚，也在皇帝面前装腔作势关心和帮助同僚，还要耍些小手段来获得别人的尊重、爱戴和潜在的畏惧。

1. 了解人性的弱点

和珅在官场屹立不倒数十年的一个重要原因就是他善于洞察人性，能把握人的喜好，进而实行控制。正所谓“世事洞明皆学问，人情练达即文章”。把握准了人的性格后，和珅就会依法施为。对皇上，既要显示出自己的才华，使皇上视自己为能臣，又要注意到皇上作为一个人，也有普通人的基本需要。对同僚，能用则用之，不能用则能打击就打击之。

中国人的品性究竟是什么？很难随意下结论，孔子提倡“温良恭俭让”，要人们忠心地服侍主子，而几千年的封建专制又压制了人们的人性，故千百年来人们要么无才，要么就是奴才。和珅自己也是一个奴才，不过他服侍的是至高无上的皇帝。身为全国最大的奴才，奴才的禀性早已被和珅熟知于心，他知道如何对付奴才。

奴才的一个最大的特点就是贱，他只能做奴才，不会做一个堂堂正正的人。因此，如果你对奴才客客气气的话，奴才的劣根性以为你有什么把柄握在他手上，他便会肆无忌惮，在背地说你的坏话，传播你的谣言。因此，和珅知道对付马要用鞭子，对付奴才要用棍子，你打他越多，狠命地踢他，他反会笑脸相迎，对你谄媚讨好。

满朝文武中，除了极个别的忠心正直的大臣外，皆是奴才，而且归根结底，即使如阿桂、永贵、福康安等股肱之臣照样还不是皇上的奴才？所以，和珅在朝中应付自如，他看出朝中臣僚大都是骑墙派，哪边有好处哪边得势就倒向哪边，因此，首要之事是杀鸡儆猴，确立自己的权威。

在打击异己之前首先有必要了解谁对自己忠心，谁有意反抗自己。和珅吸取前朝的经验，着力训练忠于自己的特务间谍组织，相当于雍正时期的血滴子，散布于全国，充当自己的耳目。一时和珅权势直逼明末的权奸魏忠贤，既搜集有利于自己的情报，又为皇上收集情报，所以，乾隆很支持和珅的所作所为。有了乾隆的支持，和珅更是为所欲为了，他知道世人皆为势利眼，小时候在咸安宫官学的遭遇中让他懂得：只有掌权、只有有钱，自己才有前途，如果既无权又没钱，那么自己便一无是处了。因此，现在自己受乾隆宠爱，不管自己做什么，只要不惹恼乾隆，那么同僚必会以为自己正确，也会以为自己是个好人，一定会纷纷为自己的所作所为找借口。和珅当然没有料错，现在自己只要一说话，以前不正眼看他的官僚们都聚精会神，唯恐听漏一句。

和珅也许想起了自己刚入军机处时，永贵因“安明事件”弹劾自己之事。和珅经此一劫而不倒，心里反而暗暗感激永贵，是永贵让自己看清了朝臣的真面目，哪些人是附合自己的，哪些人是忠心耿耿的，这次心里终于有了答案，他更感激永贵之子伊江阿，所以后来对伊江阿着力提拔。永贵父子两人一正一反地帮了和珅的忙。

而对指责过他的那帮朝臣，和珅并没有马上与他们翻脸摊牌，他知道自己现在羽翼未丰，便与一帮朝臣虚与委蛇，笑面相迎，虽然心里异常痛恨，但他在等待机会。在和珅的心目中，对待这帮骑墙派要么应付敷衍，要么一棍子打死，现在在自己没有绝对实力时，能拉拢的当然极力拉拢。

通过此次事件，和珅深感培植自己党羽的必要。于是他确立了以自己为中心，弟弟和琳与福长安为左右辅佐的体系，逐步形成自己的官僚体系。

和珅了解人性，更了解读书人的品性，因为和珅自己文武全才，也算是半个读书人，他知道读书人很多受儒家礼仪毒害太重，读着读着就成了奴才了，读书人的最大理想是金榜题名，其实也就是为皇帝做奴才。对于这些读书人，和珅也不讨厌，他厌憎的是自命清高的读书人。因此，在科举考试中，他录取对己死心踏地，忠心耿耿的读书人，而对于不肯与自己合作的人，即使已经上榜，他也会百般借口来阻挠这些人入仕，故“天下士人，几出和门”。

2. 对异己者表面应付，寻找时机彻底打垮

对待异己者，和珅从不手下留情，他决不容许永贵弹劾自己时群臣同声反对自己的情形再度出现。因此，他要寻求时机，一个一个地打垮异己，而且又要向骑墙派的群臣显示威风。

云贵总督李侍尧自恃“年老位高，平日儿视和珅，和珅衔之”。于是，和珅抓住海宁弹劾李侍尧索贿受贿的机会，请旨亲自赴云南查办李侍尧。最后乾隆下诏钦定李侍尧“斩监候”。

在处理李侍尧案件中，和珅收获良多，既教训了李侍尧，又在群臣中树立了威信，更重要的是，又巩固了乾隆对他的宠爱。乾隆非常满意和珅的所作所为，于是擢升其为户部尚书兼议政王大臣，后又授其御前大臣兼任都统。

军机处首辅阿桂，系出名门，屡立战功，深得乾隆宠幸，乃乾隆朝股肱之臣。因此，和珅要巩固自己地位，总想剪除阿桂，一有机会就把罪名往阿桂头上栽。由于乾隆经常派阿桂处理一些大案要案，譬如福康安请李天培代买植木私交漕船带运案和审理富勒浑贪污案等等，在他处理这些案件时，和珅总会诱使案犯指供阿桂，或者给阿桂戴上包庇罪犯的大帽子，可惜阿桂清正廉明，又加乾隆的宠爱，和珅奈何他不得。阿桂多次受到和珅暗算，本就鄙视和珅的他更加不把和珅放在眼里，每“遇之不稍假借。不与同直庐，朝夕入直，必离数十武（数十步之意）。和珅就与语，漫应之，终不移一步。阿桂内念位将相，受恩遇无与比，乃坐视其乱政，徒以高宗春秋高，不敢遽言，遂未竟其志。”如此一来，和珅更加恼恨阿桂，无奈其乃首辅，而且在群臣中威望素高，和珅扳不动他，只好笑面相迎，并主动与之修好，可阿桂不理不睬。

在这时，军机章京、员外郎海升殴杀其妻子，上报其妻子“自缢身亡”，其妻弟贵宁不服，上告乾隆：“阿桂以尝奏不语袒海升，坐罚俸。”和珅一见机会来了，便抓住这个机会大做文章，暗地指使贵宁一定要告状，而且尽量往阿桂身上引，自己必定为其撑腰，报其姐被杀之仇，贵宁心想有和珅撑腰，必可诛杀海升为己姊报仇，也就欣然同意。于是他告诉和珅，曹文植可以做证阿桂袒护海升，和珅找到曹文植，并许以重

金高官，怎奈“文植特持正，故非阿和珅，母老决引退，恩礼弗替。”曹文植不愿陷害阿桂，又得罪不起和珅，只好以“母老”为辞，辞官归隐，一走了之。和珅无凭无据，也不能奈何阿桂，只好继续与阿桂妥协。

在军机处中，与阿桂站在一派的有王杰、董诰二人，当和珅专权之时，惟董诰与王杰“楮柱其间，独居深念”，不与和珅同流合污。和珅也总想借机把王杰与董诰逐出军机处，让阿桂少两个得力助手，可是乾隆非常喜欢王杰的学问和为人，董诰亦为乾隆所重。和珅百法而不得施。

王杰像

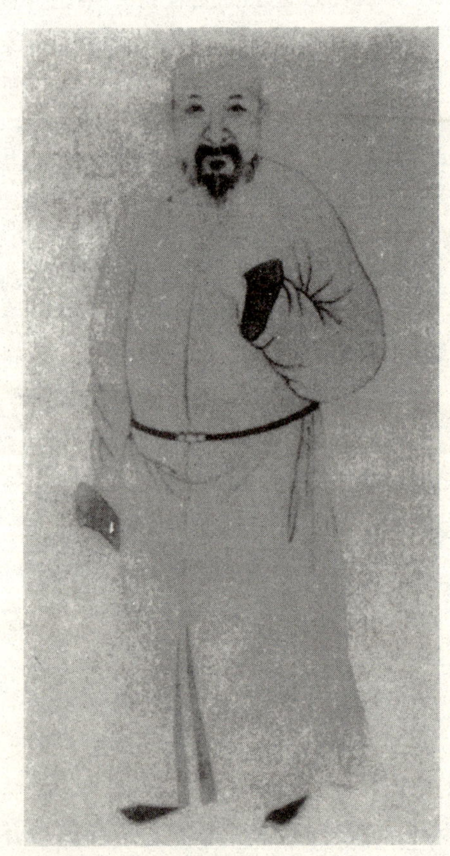

董诰像

奈何不了大臣，和珅只好找小臣出气了，谢振定任监察御史，一次鞭打了和珅妾弟，并斥责其座驾违制，一把火烧毁了马车，还说：“此车岂复堪宰相坐耶。”和珅表面不动声色。但没过多久，就借机“假他事劾振定，夺职”。

可见，对待异己，和珅要么表面应付，要么一棍子打死，不让其死灰复燃，正是以如此手段，使朝中诸臣多依附和珅。

3. 兵贵神速，抢在对手的前面

在和珅的官宦生涯中，虽然他只手遮天，但依然有个别正直之士敢于舍弃身家性命，与和珅斗争到底。和珅也没有因为自己权倾一时而放松对对手的警惕，当有人告状时，他往往都是先发制人，抢在对手的前面消除不利于自己的证据或者先罢除对手官职，不给对手留下任何机会。

曹锡宝既是想通过弹劾和珅的管家刘全“逾制”，从而搬倒刘全背后的和珅。结果，由于自己行事不慎，竟然拿着奏折去征求好友兼同乡吴省钦的意见，想请他帮自己修改润色。却不知此时吴省钦已经投靠和珅，成为和珅的走卒，结果吴省钦卖友救主，先稳住曹锡宝，后赶紧派快马通知此时尚在热河承德避暑山庄陪乾隆消暑的和珅。和珅抢先一步，令刘全马上拆掉逾制房屋，隐藏一切逾制之物。曹锡宝的弹劾落了个查无实据。

这样，由于和珅的早作准备，先人而动，曹锡宝非但没有丝毫撼动和珅，反而被乾隆大肆斥责，最后落个“革职留任”的下场。通过这件事，和珅也深深认识到先发制人的重要性。

在“国泰”一案中，和珅也是因为事事做在了前面，才逃过了一劫。

钱沣身为监察御史，向乾隆启奏山东巡抚国泰贪赃枉法，滥杀无辜，乾隆于是派和珅、刘墉、钱沣赴山东查案。国泰乃和珅的党羽。和珅知道刘墉和钱沣会查库银，于是快马送信给国泰，令其作好准备，因为钦差马上会来查收。国泰心领神会，马上令下属州县在二日之内把库银持平。于是，山东各州县官吏纷纷从商家手中挪借银两来应付检查。和珅还怕出漏子，在赴山东之前吩咐苏凌阿先准备两份奏折：一份弹劾国泰贪赃枉法，鱼肉乡民，并署上和珅同奏；另一份弹劾刘墉、钱沣，到时视情况而定。国泰若有变故，苏凌阿便上交弹劾国泰的奏折。和、刘、钱三人赴山东巡视，见库银皆满，未查出异样，后钱沣发现库银并非官银。于是和珅决定丢卒保车，抢在刘墉与钱沣之前，率先下令逮捕国泰和布政使于易简。此前，国泰给和珅修书一封，言库银诸事已经安排妥当，且信中有多处隐语。不料，该信被钱沣所获，并奏于乾隆。乾隆见信大怒，问罪于和珅。此时，和珅安排苏凌阿所写的奏章发生了效用。乾隆凭和珅的奏章认定和珅与国泰并无私情，国泰乃一厢情愿，于是，国泰被斩，和珅继续受宠。

4. 恩威并施，收异己为同党

和珅在整垮异己的同时，对于愿意追随自己的“弃暗投明”之人也毫不嫌弃，收为同党。他知道，只有党羽遍天下，才能更好地控制整个国家的大权。而且，异己的力量少了一份，同党的力量便强了一份，在此消彼长之中，自己的一派便可占据绝对优势，进而毁灭性地打击对手。

用这一招来对付同僚，和珅显得得心应手。福长安被和珅收伏便是一个经典战例。福长安，是满洲镶黄旗人，不仅是满人，更是乾隆帝孝贤皇后的亲侄子，很受乾隆皇帝和孝贤皇后的宠爱。而且，福长安生于官宦世家，其父傅恒在康熙帝时曾任户部尚书、军机大臣、大学士加封太子太保，在逝世后蒙乾隆恩宠，加封为郡王，可以算是一代名臣。不仅如此，福长安的几个哥哥也皆为朝廷重臣。福康安手握兵权，而且相传为乾隆的私生子，福灵安、福隆安也在朝中为官，且与皇室联姻，成为额驸，福长安本人也娶皇族女，身为额驸。

有了如此雄厚的家庭背景和关系，福长安深受乾隆帝喜爱，而且与哥哥福康安也站在同一个阵营。由于长相清秀，年轻俊朗，福长安也像和珅那样做了蓝翎侍卫。由于家庭的关系网和乾隆的宠爱，福长安很快便升为正红旗副都统，同时兼任武备院卿，兼管内务府事，这几个职位要么是要害部门要么是肥缺。但福长安不满足于现状，他要更加追求乾隆的宠爱，要比他的几个哥哥都强。少年时期的一帆风顺也疯狂地助长了他的争强好胜之心，他认为自己要风得风要雨得雨。的确，乾隆因为皇后的关系，也很重用他。福长安也感觉自己前途无量，封王袭爵指日可待，可偏偏在这节骨眼上和珅出现了，乾隆虽然也宠福长安，但明显更宠和珅。福长安极不服气。

和珅在与福长安共事中也感觉到了福长安对自己的排斥情绪，但他知道像福长安这种官宦子弟对于自己发展势力很有帮助，而且通过观察福长安，他认为此人堪作自己的知己和附庸，因为此人也很懂讨好乾隆。但是问题是福长安自恃身份，未必会将自己放在眼里，如何办呢？

和珅知道金钱不能令其动心，而且首要之务是令福长安对自己心服口服，是以和珅有意无意地在福长安面前透露皇帝如何喜爱自己，如皇上把自己全家抬入正黄旗，又谓皇上欲赐自己奇珍古玩——总之，他要让福长安知道：皇上宠幸的是自己，虽然自己没有什么政治背景，但只要有皇上的宠爱就万事大吉了。

福长安还要与和珅向乾隆争宠，但此时乾隆正宠着和珅，和珅便借乾隆之手小小地教训了福长安一顿，而且，乾隆在任命和珅为军机大臣之时，同时任命福长安军机处学习行走，这么一来和珅正好成了福长安的顶头上司，福长安不得不惧他三分。在让福长安了解自己比不上和珅之时，和珅便不再对其用强，而采取怀柔政策，他找福长安谈两人是同一条船上的人，所以应该同舟共济通力合作，于是和珅不断施予福长安以小恩小惠，并建议乾隆提拔福长安，让福长安知道跟着自己才会前途无量，否则毫无机会。

在和珅的恩威并施下，福长安对和珅死心塌地。两人在乾隆御前打转，力讨乾隆欣喜，在军机处更是联合一起，一致对付阿桂为首的其他军机大臣。后来，和珅奏请乾隆让福长安代替自己任户部尚书，户部乃是肥缺，福长安对和珅更是感激涕零了。

后来嘉庆试图分化福长安与和珅，可是福长安已经认准一个理，和珅就是自己的再生父母，诬陷其他人也不能供出和珅。嘉庆终于未能如愿。

5. 利用皇帝好恶，实行打击报复

在皇权统治之下，要想达到自己的目的，必须利用皇帝的好恶。要抬高自己是如此，要打击别人更是如此。

满清是异族入关，十分注重控制汉人的思想。而且，满清人是在马背上得天下，他们最瞧不起迂腐的汉族读书人，但又恐读书人乱言惑国令子民思念前朝。因此，在满清初年，从鳌拜开始便大兴文字狱。乾隆更是大兴文字狱。乾隆朝共禁毁书籍三千一百多种，十五万一千多部，销毁书板八万块以上。致使民间畏惧，不论是禁书还是非禁书籍，往往都一并烧毁以避祸。而一些文人学士为避祸而销毁的书籍也不在少数。

和珅正是利用乾隆大兴文字狱的机会，铲除了敢于藐视自己的江西巡抚海成。

乾隆接见外使图。乾隆晚年好大喜功，凡事都要隆重铺张。

乾隆五十四年（1789 年）七月，和珅指使自己的弟弟巡漕御史和琳弹劾湖北按察使李天培私用漕船拖运木料。这是因为和珅了解到，李天培拖运的木料是福康安的。当时福康安正忙于安南战事，无暇脱身，而家中正需木材建造庭院，便请李天培代为购置，并拖运到北京。但李天培的下人在未告知李天培的情况下，竟用官府的漕船为福康安拖运了这批木料。

乾隆对此案十分重视，问和珅应由何人查处此案，和珅奏道："非宰辅阿桂亲去。"乾隆准奏。

和珅的算盘是，若阿桂全力查办，则自己的这两大政敌之间难免不生龃龉；若阿桂袒护福康安，则其二人都会受到皇上的处罚。无论如何，自己都会坐收渔利。

结果，阿桂因上奏："拖运之物虽属福康安，但福康安不知此事，且其有功于国，拟不予论处"。而遭到乾隆颁旨谴责，大受打击；福康安被罚总督俸十年，公俸三年。和琳则被乾隆视为正直无私，不久即被提升。

6. 背后整人，皇帝面前进谗言

和珅虽然官高位重，但他也不能为所欲为，许多大事必须要皇上才能定夺。因此，和珅有时就在皇帝面前进谗言。

清朝考察官员，京官叫“京察”，外地官员叫“大计”。三品以上官员向皇上自陈，四品以下的部院司员由吏部、都察院长官考核，大学士同察。

和珅原来担任吏部尚书，可以利用考察官员的机会铲除异己、培植私党。但嘉庆元年时，吏部尚书已经由刘墉担任。和珅虽然身为大学士兼军机大臣，可以同察官员，但毕竟不如自己担任吏部尚书时方便。于是，和珅就以考察官员之事至为重要为由，上奏太上皇乾隆和皇上嘉庆：“此等重要之事，应悉归内阁与军机处署理，吏部辅助参考，以杜绝徇私舞弊。”但嘉庆认为考察官吏由吏部主持乃是祖法，且吏部尚书刘墉清正廉明，因此不必变更。乾隆当时未置可否。

嘉庆走后，和珅向乾隆道：“太上皇，皇上是要掌握铨选升调天下官吏之权，皇上素示恩于刘墉，如此，天下官吏尽入皇上案前了。”嘉庆虽然已经即位，但乾隆最担心的就是自己会成为一个无权的太上皇。因此，听了和珅的这段话后，立即颁旨调刘墉为工部尚书，福长安为吏部尚书；并将考核官吏的权力交于内阁和军机处，吏部只提供考选材料。和珅终于重新掌握了官吏的考核权，且使自己的亲信福长安担任了吏部尚书，而将刘墉调出了吏部。

朱珪，字石君，顺天大兴人，与其兄朱筠在乡试中同时中举，并负时誉。乾隆十三年中进士，时年甫十八岁。初选庶吉士，后乾隆喜爱其才学品行，让他做侍读学士，后又升任按察使、布政使，乾隆四十五年代理山西巡抚，因得罪同僚被免职。后因整理乾隆帝的诗作文章并加注释阐释，被乾隆赏识，任命为上书房师傅，并专教皇十五子永琰（即后来的嘉庆皇帝），对嘉庆帝影响至深。

后朱珪担任两广总督时，将乾隆太上皇的四万多首诗作整理成册，并详加注解评述，太上皇异常高兴，准备将朱珪调京并补授为大学士。

朱珪像

嘉庆帝听到消息，异常高兴，于是写下诗篇向老师祝贺。该诗被和珅安插在嘉庆身边的吴省兰发现后，立即抄给和珅。和珅立即向乾隆说："如此，则是嗣皇帝欲示恩于师傅。"乾隆非常震怒，认为嘉庆是培植私党，抢夺自己的权力，欲严惩嘉庆。后经董诰巧妙说劝，嘉庆才被免于处罚。但乾隆却找其他借口，将朱珪由两广总督贬为安徽巡抚。

由于和珅的谗言，朱珪不但未获提升，反遭贬谪。

7. 令敌手陷于政事，无暇他顾

和珅在朝为官，不可避免地要遇到与已不和的同僚。对于那些官职低微，势单力薄的官员，和珅总是想办法让他们丢官弃职，排挤出官场。而对那些根底深厚，可以同他抗衡的朝廷大员们，和珅也有办法，他会让他们在应接不暇的政事中疲于奔命，无暇与他相争。

在和珅的同僚中，他最为忌惮的也许就是阿桂。阿桂，姓章佳氏，字广庭，他的父亲是大学士阿克敦，阿桂在乾隆三年（1738 年）考中举人，乾隆十三年（1748 年）即跟随当时的兵部尚书班年参加平定大小金川之乱，后来经过累次升迁在乾隆二十六年（1761 年）的时候被任命为内阁大臣、工部尚书，驻扎在伊犁。从此，阿桂在朝中的地位一天天提高，等到和珅飞黄腾达的时候，阿桂早已经是乾隆朝无可替代的一位重臣了。乾隆也深知阿桂身经百战，功勋卓著，所以对他特别器重，虽然和珅在乾隆面前能争得宠信，但明眼人还是可以看出来，乾隆真正倚仗的还是能征善战、足智多谋的阿桂。乾隆四十六年（1781 年）甘肃省境内发生了民众起义，一时间波及兰州，形势紧急。消息传到朝中，乾隆下令命额驸拉旺多尔济，带领侍卫内大臣海兰察、护军额森特带兵征讨，命和珅为钦差大臣，前去督军。和珅正暗自得意于皇上如此信任自己的时候，乾隆略一沉吟，又把和珅召了回来，把命令改成和珅同大学士阿桂一起督军甘肃，和珅先行，等阿桂到达甘肃后，和珅听从阿桂约束。这件事让和珅抱怨不已，这不分明表明乾隆怕和珅能力不够，心里面更加倚重阿桂吗？不只乾隆是如此，就连军中的战将也都瞧不起和珅。史书中记载，和珅到达甘肃之后，急于求胜，强令海兰察等人进攻起义军，结果因准备不足，地势险要，遭到起义军的痛击，反而被起义军占领了险要道口。等到阿桂到达甘肃，和珅反咬一口，把失败的责任全都归之于将领不听调遣，阿桂听后不置可否，遂升账派兵，诸将都听从号令，不见一丝不敬，阿桂转身问和珅，和大人不是说诸将不听从调遣吗，这又是为何？和珅更加怀恨在心了。

所以，和珅对阿桂的嫉妒、怨恨由来已久，又没有能力彻底整倒阿桂，只好想方设法不让阿桂留在京城，全国各地四处奔波，阿桂平定了甘肃的起义之后，立刻被乾隆下令命他在甘肃查清“捐监”一案，审理王亶望等人的贪污问题，接着又被调往黄河，治理黄河在河南青龙冈一带的决口，赈济灾民，修筑堤坝。不久，浙江又爆出了陈辉祖贪污的案件，阿桂风尘仆仆，马不停蹄地赶去处理。从此，阿桂几乎没有在京城呆过多久，整年在各地奔波。阿桂对国家一片忠心，也不辞劳苦，为了国家还是毫无怨言。只是阿桂早就知道和珅是朝廷的一大祸害，想为国为民除害，却不能如愿。据洪亮吉在他的《书文成遗事》中记载：嘉庆元年（1796 年），阿桂年逾八旬，身染重病，在病中对家人说：“我年八十，可死；位将相，恩遇无比，可死；子若孙皆佐部务，无所不足，可死；忍死以待者，实欲待皇上亲政，犬马之意得一上达。”阿桂一生，戎马倥偬，无怨无悔，唯一遗憾的是不能亲眼看到嘉庆帝亲政，辅佐他亲手为国翦除和珅这一大祸患。阿桂终于还是没有等到那一天，在嘉庆二年（1797 年）八月，他八十一岁之际，赍志而没，此时距乾隆驾崩，嘉庆查抄和珅还有整整两年时间。

如果说阿桂是凭着累累战功与和珅抗衡，那福康安则是在军功之外又有显赫的出身，却依然不是和珅的对手。福康安系出名门，他的父亲傅恒是乾隆的名臣官拜大学士；他的姑姑是乾隆帝的孝贤皇后；福康安也是身经百战的大将军，曾历任桂林、成都、盛京将军，和云贵、四川、两广、闽浙的总督，镇守各处重要的边陲省份，乾隆对他的赏识也不亚于阿桂，给了他非同一般的荣誉。封他为太子太保、一等嘉勇忠锐公和郡王贝子。乾隆末年，台湾林爽文率兵起义，清政府派去的将领常青昏庸无能，屡战屡败，致使起义军的声势越来越大，沿海诸省的民众也群起响应，搞得全国上下人心惶惶。和

阿桂像

珅见状，忙向乾隆推荐任福康安为主帅，去平定台湾叛乱。乾隆于是把远在甘肃，时任陕甘总督的福康安调到福建。任命他为将军，率湖南、湖北贵州等地增援的绿营兵各二千人，连同福建原有的几万大军，攻打起义军，福康安明知台湾一战凶险异常，却也不敢抗旨不遵，只得领兵前往，和珅把台湾这一困难的局面轻而易举地就抛给福康安。福康安果然有着丰富的作战经验，与起义军在丛山密林中周旋，经过一年的苦战才平定了起义，擒获义军首领林爽文。

和珅对福康安采用了对付阿桂同样的办法，设法常年将他安排外任，这样，满朝中就再找不到一个可以与和珅一争高下的人，和珅得以只手遮天，横行无忌。

8. 学会相安无事，同舟共济也是缘

在官场之上，称赞或恭维的“场面话”人人都要说，比如当面称赞人的话，诸如你的小孩子可爱聪明，你的衣服大方漂亮，你的孩子才高八斗。有的话与事实有相当差距，但听者十之八九都感到高兴；有的是当面应承的话，诸如“我全力帮忙”、“有什么问题尽管来找我”等等。这些“场面话”不说不行，如果对同僚当众奚落或当面拒绝，场面会很难堪，而且会马上得罪一个人，树敌太多就会招致失败。因此，在朝中和珅虽然有一些死对头，总想置对方于死地而后快，但表面上，和珅还要说些“场面话”，保持与对方的相安无事。

与和珅同朝为官的，除了地位显赫的阿桂和福康安，还有两位有名的大才子：刘墉和纪晓岚，刘墉以书法闻名，是清中叶四大书法家之一，有人赞他的字“貌丰骨劲，味厚神藏”，当时名满天下，诗作亦是不俗；而且他为官清廉、爱民并忠于职守，是清代的名翰林，他的事迹经过长久流传，还被后人编为《刘公案》刊行天下。纪晓岚在乾隆一朝也是文名卓著，他实际负责主编《四库全书》，而且他的笔记体小说《阅微草堂笔记》，至今还为人广为乐道。他们两人全都才高八斗，学富五车，为人又都很正直，早就看不惯和珅的胡作非为，经常想办法捉弄和珅，打击一下他的嚣张气焰。和珅对他们的百般戏弄装聋作哑，逐渐学会了相安无事，有时也会不甘心，同他们较量一下，却每每因为智不如人，落得个狼狈的下场。

野史中，关于刘墉与和珅斗智的故事很多，而且全都妙趣横生，令人读来莞尔。

传说，有一年大年初一，朝臣们依照惯例要进宫向皇帝恭贺新禧，和珅每年这个时候总是穿着崭新华贵的朝服第一个进宫。刘墉有心要捉弄他一下，就命人找来一套破旧不堪又上面沾满油渍的衣服，早早地在和珅进宫的必经之路上等他。远远地看到和珅的官轿来了，刘墉就命手下人喊：刘墉在此恭候和大人。和珅闻听，只好下轿来与刘墉寒暄几句，谁知他刚步出轿门，还没等说话，刘墉就噗嗵一声跪在地上，口中还念叨着给和大人拜年。按清朝制度，官员同级之间要以平等的礼节相

待，和珅也必须跪下来还礼。那天刚好是天降瑞雪，道路上的雪水和着尘土早已变成了泥泞，和珅只得眼睁睁看着自己的新袍在泥水中弄得脏兮兮的，污秽满身，心中早就咬牙切齿地咒骂起刘墉来。刘墉装做浑然不觉，行完礼后，随便说了几句话就打道回府了。和珅不得不穿着一身满是泥点、污渍的朝服，去上殿面见皇上，看见的人无不掩口而笑，和珅丢尽了面子，可是最终也不能把刘墉怎么样。

和珅也曾经试过戏弄刘墉，最有名的一次，大概就是激刘墉去参皇上了。那时刘墉刚出巡办案归来，回朝述职，早朝前与诸位大臣呆在朝房里等待，有几个官员便趁机过来拍刘墉的马屁，说他办案精审，明察秋毫，一路上早就听说百姓们都尊称他为刘青天。和珅在一旁听了极不自在，觉得刘墉俨然在自己之上了，就不冷不热的说道："抓几个小小的贪官，谁还不会，不知道若是遇上大官，刘大人又会如何。"刘墉哪受得了和珅的讥讽，接着说，不论官有多大，只要是犯了法，他刘墉一样敢参奏他。这话，刘墉是说给和珅听的，试想满朝之中，官最大的也许就算是和珅了。和珅眉头一皱，计上心来，有心要刘墉难堪，就说："我说出一个人来，你就未必敢参，你我可以打个赌，你若敢参他，我就给你磕三个响头，你若是不敢参，就当着各位大臣的面给我磕三个响头，你看如何。"刘墉被和珅激得性起，立刻击掌为誓，"只要和大人能说出他是谁，我就敢参他。"和珅见刘墉已经入了自己的圈套，就一脸诡异地笑着说："当今圣上，你敢参吗?"一语既出，在座的满朝文武全都惊呆了，刘墉心里也是一沉，知道这是和珅设下的陷井，然而今天无论如何不能输给和珅，当下把心一横说："我当是谁，原来是皇上，我正要有本参奏，我若果真参奏下来，你可不要食言。"和珅于是与刘墉再击三掌，一言为定。

稍顷，王公大臣们一起上殿面君，刘墉等其他大臣的本章奏完，站出朝班说："臣有一本要奏一人，只是不敢上奏。"众大臣一听，不禁都倒吸一口冷气，刘墉果然要奏了。乾隆还迷惑不解，说道："恕你无罪，快快奏来。"刘墉还是说："臣不敢冒奏。"乾隆不耐烦了："不是恕你无罪了吗，要奏快奏，不奏退朝。"刘墉这才说道："臣要参奏的，是当今万岁。"乾隆听了一震："什么，你要参奏朕。你要参奏朕什么罪名。""偷坟掘墓，罪在流放。"乾隆怒道："朕……朕偷坟掘墓，这从何说起。"刘墉道："万岁不记得了，前几年乾清宫失火，修葺急需木材，无奈，您只好下令将明陵的殿宇拆下，运来木材救急，这不是偷坟掘墓吗?”“啊，这……，这……，”乾隆被刘墉说的一时语塞，不知该说什么。刘墉接着说：“这件事皇上并未亲自动手，乃臣下所为，只是难逃其咎，臣想万岁需受流放之间右之罚，臣此次由江南归来，带回了一个戏班，声音清丽婉转，冠绝天下，臣恭请万岁至臣家中看戏，可当流放之罚。”刘墉说到这，乾隆转怒为喜，原来，乾隆素喜看戏，听刘墉这么一说，早就动心了，赶着要去刘墉府里一观。于是说：“刘墉所奏，确为实情，朕自当受过，移驾刘墉府。”

和珅静静立在旁边将整个过程尽收眼底，心里越来越气，生气之余不禁也暗暗佩服刘墉的机智，这么困难的局面，竟被他三言两语应付过去，看来自己是不及他呀，日后还是小心为上。再说乾隆兴高采烈地到刘墉府中看戏，料定这件事必有隐情，不然，刘墉何必费这么多周折，刘墉就把事情的来龙去脉，一五一十地向乾隆言明。乾隆听罢，有些气恼和珅，开玩笑开到朕头上来了，回宫之后又把和珅好一通训斥，和珅陷害刘墉不成，反给自己惹了一身麻烦。

纪晓岚像

纪晓岚，即纪昀，此人的机智不在刘墉之下，也留下了许多戏弄和珅之作。

有一次，和珅的新府第落成，这是和珅费了很多的心血才营造好的安乐窝，建造的极其精巧、华美。尤其是后花园，采江南园林的布局，回廊曲水，舞台歌榭，令人赏心悦目，乾隆听说和珅的府第建成，便率着身边的近臣到和珅府观赏，其中就有纪晓岚，和珅毕恭毕敬地跟在后边，每到一处，和珅不无得意地向乾隆讲述建筑的构思之妙，说得乾隆频频点头，非常满意。忽然来到一处竹林中，茂密的竹林一片翠绿，让人看了顿觉神清气爽，生世外之感。乾隆连声道好，林中有一亭，在竹叶的环抱中，幽静清雅，和珅便趁机请乾隆为此亭题字，乾隆回身望了望一直跟在身后不言不语的纪晓岚说："纪爱卿素有诗才，又写得一笔好字，不如由纪爱卿为此亭题名如何？"

和珅听了也非常高兴，谁不知道纪晓岚是有名的才子，他的题名定会让自己的府第蓬荜生辉，锦上添花，忙命手下人等预备好笔墨，笑盈盈的请纪晓岚题名，纪晓岚也不推辞，略一沉吟，提笔写下了两个苍劲的大字："竹苞"，跟在一旁的群臣，连声称赞这一名字合乎竹林的景致，又极典雅，实在妙不可言，和珅也听得喜不自禁，脸上堆满了笑容。纪晓岚也不言语，写完就束手站在一边，微笑地看着和珅，倒是乾隆率先看出了个中端倪，大笑道：

"和珅，纪晓岚在取笑你，难道你还没看出来吗？哈哈。"

和珅不解，乾隆说："你且把那'竹苞'二字拆开一看是什么。""拆开来，……'竹苞'，……"和珅还没想到，早有心思快的大臣喊了出来，"个个草包"，"哈哈……"，众人顿时爆出大笑，和珅知道自己又被纪晓岚戏弄了，一张脸气得通红，闷在一边生气。虽然，这样的事情还有很多，和珅也深为忌恨纪晓岚，可和珅还是能与他相安无事，共同合作。和珅在担任四库馆正总裁时，纪晓岚为副总裁，事实上《四库全书》的编纂、定夺大部分是由纪晓岚完成的，和珅知道自己才学不济，尽可能地采纳纪昀的意见，不乱发议论，两人通力合作，才完成了《四库全书》的最后定本。

俗话说："十年修得同船渡"，能够同朝为官，无疑也是一种缘份，和珅同刘墉、纪晓岚等人之间，既相互争斗，也许还不无一丝相互钦佩存在其中，有些"棋逢对手，将遇良才"的感觉，不然和珅一人横行天下，是不是也会感到些寂寞呢？

9. 总揽大权，独霸军机处

和珅对权力的欲望像他对金钱的欲望一样，不可遏制，他不但不能容忍同僚中有人地位超过自己，而且总想把所有的权力都拢到自己手中。经过多年经营，到了乾隆后期，和珅几乎掌握了军机处所有重要的权力，形成了独霸的局面。

军机处是雍正六年开始设立的机构，当时清政府正在平定新疆、准噶尔的叛乱，为了更加及时有效地调用军需物资，成立了“军需房”，这就是军机处的前身。后来，叛乱平定，军需房也就保留下来，成了军机处。这其实也是中国历史传统的趋势，历代的封建帝王，为了更好地集中权力，把统治权由以宰相为首的官僚系统手中争夺过来，总会在靠近内宫的地方设立一个直接隶属于自己的机构，处理国家大事，而这一机构逐渐成形，又会逐渐过渡成官僚系统中的一部分，封建帝王又要重新建立新的机构。雍正设立的军机处就是这种性质的机构。清制废除了宰相制度，权归六部，然而军机处实际上行使了宰相的职责，掌管几乎国家的全部重大事务，由此可见军机处在清朝的行政体系中的重要地位。

和珅在乾隆四十年到嘉庆四年，二十四年的时间里，担任军机大臣长达二十三年之久，以军机大臣兼步军统领达二十二年，以军机大臣、步军统领兼户部尚书达十五年之久，再加上如嘉庆所说：“和珅揽权专政……盖由和珅以军机大臣兼御前大臣，事权过重，内外官员，畏其声势不敢违拗。”军机处几乎完全控制在和珅一人手中。偶有敢违背他的意图的人，和珅就不遗余力地加以打击排挤。同时任军机大臣的王杰，就是被和珅排挤的一例。

王杰，字伟人，陕西韩城人，乾隆二十六年（1761 年）中进士。后得乾隆赏识，一生中历任内阁学士、户部侍郎、左都御吏、兵部尚书、军机大臣等要职。王杰在军机处任职期间，正是和珅专权的十几年。《清史稿》中记载，当时，和珅“事多擅决，同列隐忍不言，杰遇有不可辄力争”。和珅总想独霸整个军机处，却因为乾隆喜爱王杰，总是不能得逞，情急之下，他竟然想出了一招无耻至极的计策。

一天王杰正在军机处内值班，和珅特意来到军机处，见王杰独自一个人坐在炕边，就色迷迷地凑过去，拿起王杰的手，一边抚弄一边说一些王大人的手好娇嫩呀等等不堪入耳的话，最后竟然欲行非礼，王杰拼命挣扎，方才躲过，逃出军机处。受了这等奇耻大辱，王杰满腔愤恨，几乎要气晕过去，可是这样的事又怎能拿出来跟别人说。王杰在军机处再也呆不下去了，终于在嘉庆元年（1796 年），以自己的脚伤未愈为借口，称病辞官回乡了。直到嘉庆四年（1799 年）嘉庆帝亲政，和珅已被查抄问罪之后，王杰才重新出任首辅，入主军机处。

排挤掉王杰，和珅在军机处内更是翻云覆雨无所顾忌了，甚至愚蠢到同已然登基称帝的嘉庆帝争权夺利。

中国封建社会的行政体系中，长久以来，形成了一套较为完善的选

军机处内景

拔考察官员的制度，由吏部下属的“考功司”主持，分为“京察”和“大计”两种，“京察”针对在京为官的官员，而“大计”则是针对地方官员设立的考查制度。考查选拔官员向来是行政权力中最重要的权力，可以通过官员的任免培植自己的势力，打击异已。这一权力在和珅任吏部尚书时是由和珅牢牢把持的，然而，嘉庆登基后，刘墉出任吏部尚书，而刘墉对嘉庆忠心耿耿，为官正直，选官权落到他手中对和珅来说无疑不是个好兆头，于是和珅就想把选官权从吏部转移到自己操纵的军机处，也就是由嘉庆、刘墉那里抢过来。和珅给乾隆上了一道奏折说：“自太上皇禅位，皇上亲政以来，天下安定，未有什么大的变局，值此之际，更应该肃清吏治，加强对官吏的考察，国家政策的体现，法令的申张严明，全系于官员身上，所以，对官员的考察选拔实是重中之重的大事，奴才认为，单是考功司已不足以担此重任，这样的大事应该交给军机处，由众位大臣共同办理，吏部可以行辅助军机处之责。”嘉庆立刻明白和珅的意图，无奈自己现在还是有名无实的傀儡皇帝，军国大权还被乾隆控制着，他能做的只有据理力争，试图说服乾隆：“按照大清的体制，铨选官吏一向由吏部考功司主持，大学士同察，朕以为考功司多年经办此事，对官员状态清楚了解且经验丰富，而且吏部尚书大学士刘墉办事干练、清正廉明，定能禀公而断，不至于出什么纰露。”乾隆一时难以决断，决定考虑一下再做决定。和珅等嘉庆走后，居心叵测地对乾隆说：“太上皇，皇上此举是为了能掌握铨选天下官员的权力，好选择任用对他忠诚的官员，扩大自己的权势。”这几句话恰好说到了乾隆的痛处，乾隆担心的就是自己退位归政后大权旁落，听和珅这么一说，立刻决定选官权交由军机处处理，吏部只是从旁协助。

和珅在这场与嘉庆帝的争斗中，竟然战胜了皇帝，心里飘飘然起来，他并不知道，当他越来越紧地把权力收拢过来的时候，离自己的覆灭之期也越来越近了。

第七章　帮忙奴才与帮闲文人

学识和才能不仅是人们日常生活的重要组成部分，也是人们事业成功的先决条件。一个人如果学识不足，不仅会被人低估他的能力，还会被人扭曲形象，成功的机遇就要少很多。和珅在乾隆后期的朝廷里，文武皆通，不仅对国家用兵大事，谋划大计，还兼通满、汉，对蒙、藏文字也颇识大意，承旨书谕，办理俱佳，他还知书达礼，嗜好诗词书法，与乾隆在诗词歌赋上颇能应付。乾隆正是喜欢“巧与迎合、工于显勤”的干练之才。

1. 军国大事谋略家

和珅在乾隆朝后期，当政长达二十多年，深得乾隆帝重用和赏识，要知道乾隆帝毕竟是开创了“康乾盛世”的一代明君，而不是一个昏君。所以，和珅当政期间不可能是一个只知贪污受贿，不识军国大事的人；否则，不用等到嘉庆当政，乾隆早让和珅人头落地了。

但由于嘉庆赐死和珅后，官方关于和珅的档案资料可能多被毁坏，所以，我们能看到的官方及民间的记载，大都是和珅负面的形象。但从仅存的官方资料中，我们也可看出乾隆朝的数次重大用兵，和珅要么亲临前线作为督军，要么负责整个用兵的后勤供应，要么给乾隆帝出谋划策，都立下了一定的功劳。在处理少数民族与中央政府的关系上，在处理外交事务上也都有些政绩可言。

和珅在一些经济事务上，也作出了一定的贡献。例如《清史列传》记载，乾隆五十二年（1787 年），“京师米价昂贵，各铺户囤积居奇。”竞相涨价，市民特别是贫民叫苦连天。和珅看到这种情况，便上奏：“请嗣后饬禁，毋得过五十石。”即请乾隆下旨，各粮商存货不得超过五十石，否则问罪。和珅还主张把查出的六万多石粮食或减价出售，或设粥厂赈济百姓，因此曾引起商人和王公大臣的群起反对，据说只有刘墉支持和珅，而京城百姓则拍手称快，称和珅为“和青天”。

和珅当政的二十多年中，在乾隆的同意下，对清朝前期制定的所有政治、经济、文化等方面的制度，做了一系列的变更革新，具有一定的历史意义，在这一点上，和珅可谓是一位军国大事的谋略家。当然，更多的是他为了方便自己独断专权而做的调整，为清朝以后的统治留下了弊端。

和珅长期在军机处任职，利用职权对军机处做了大量的调整，而且等到后来和珅倒台后，已经分辨不清哪些是原有的体制，哪些是出自和珅的手笔了。

清代学者洪亮吉曾说：“十余年来，其更变成例，汲行一已私人，犹未尝平心而论，内阁、六部各衙门，何为国家之成法，何为和珅所更张，谁为国家自用之人，谁为和珅所引进，以及随同受贿舞弊之人，皇上纵极仁慈，纵欲宽胁从，又因人数其广，不能一切屏除。”嘉庆上台后，即使想要彻底清除和珅党羽，也因人数过多，忠奸难辨只好作罢了。和珅能做到这一步，首先因为他改变了过去军机处章京人数均有定额的做法，而是规定：“其挑补俱由军机大臣自取，并不带领引见”，这样一来，军机处就成了脱离皇帝管理之外的独立衙门，和珅完全掌握了军机处的人事任免权，可以不经过皇帝就决定人选，任人被排挤出去。和珅利用这一机会，将军机处中绝大部分与已不和、不依附于他的人撤职或调出，肆意利用党羽，使偌大一个军机处完全成了和氏的天下。

另外，和珅还对传统的台谏制度做了变更。中国传统的官僚体制，因为制度建设的松散和不健全，主要还是由官员进行“人治”，与此同时又缺乏有效的约束官员的体制，为了弥补这一缺陷，才设立了所谓的“谏官”制度。谏官起源于汉朝的“御史台”，所以又称“台谏”之官。谏官的任务就是“风闻言事”，负责监督各级官员的行为和操守，有权利直接向皇帝上书弹劾官员，而且可以仅凭“风闻”，即不一定需要具备充实确凿的证据，就可以加以参奏。历代的谏官，都为封建君主重视，大多选用清正耿直之士来担任。到了和珅那里，他以年青官员办事不如老年官员持重，多非无稽之谈为由，规定谏官只能任用六十岁以上的官员。试想人到老年，锐气大减，又离告老还乡时日不远了，谁还肯为了参劾官员毁掉自己的晚年。所以，自此以后，台谏之官大多缄口无言，形同虚设，而且和珅还规定，以后凡是呈递给皇上的奏折，都必须同时向军机处递交一份副本，这就是《清史稿》中所说的：“同有奏折，令具副本，关会军机处。”这样一来，和珅便把朝臣上书言事的渠道给封住了，谁会胆敢把弹劾和珅的奏折送到他手中。和珅从此可以高枕无忧了，不用再担心有人会告他的状了。

在军事方面，和珅也手握重权，他除了担任正蓝旗、镶黄旗、正黄旗、正白旗、镶蓝旗的副都统、都统之外，还曾兼任过兵部尚书，掌握过整个国家的兵权。乾隆后期，甘肃农民起义，和珅曾做为钦差大臣前去督军，后来台湾起义，又是和珅向乾隆举荐福康安任主帅征讨台湾，而且整个用兵的粮饷、后勤也多是由和珅安排的。

和珅在制度上变更最为重要的是议罪银制度的设立。这项制度由乾隆四十五年（1780 年）左右开始设立，一直延续到乾隆逝世才告终止，其间大约经历了二十年。议罪银由和珅在军机处内部设立的密记处加以管理，收取的银两绝大部分不归入国库，如果官员犯了过失尚非法所难宥，是以酌量议罪，用示薄惩。也就是官员交纳银两以代罪的制度。然而，实际操作过程中，正所谓“欲加之罪何患无辞”，只要皇帝需要银两了，可以很容易地寻找原由，叫官员出钱。因为议罪银采取的是“自愿”交纳的形式，有一些贪赃枉法的官员，为了表明自己的忠心，也为了日后减少麻烦，未雨绸缪，常常不等怪罪就先交上银两，而且从重交纳，以博取皇上欢心，据记载只议罪银一项，乾隆每年的收入就可达三十万两左右。

和珅在制度上所做的一系列变革，在嘉庆亲政后随着他的倒台大多被废除，但是，毕竟对乾隆统治后期的社会发生了巨大的影响，造成了各地农民纷纷起义、官员贪污成性等等社会的混乱局面。

2. 皇帝的理财高手

乾隆之所以特别宠信和珅，很重要的一个原因就是因为和珅善于敛财。他总是运用各种方式，为乾隆聚敛到不可计数的财富供他挥霍，正因为这样，乾隆才感到自己的生活中无论如何离不开和珅。

乾隆统治时期，整个社会经过了康熙、雍正两朝的励精图治，表现出一派欣欣向荣的景象，社会生产力得到了较大的提高，人民的生活也开始变得富足，国库也较为充裕。这些无疑使得乾隆有些沾沾自喜，对自己的政绩颇为得意；这就好像一个殷实之家的主人，看到自己的财富日多，就会变得喜好讲究气派，追求排场，乾隆也渐渐成为了中国历史上不多的最为好大喜功的皇帝之一。然而再大的家业，也架不住整日的挥霍，乾隆一生中曾六下江南，多次拜谒泰山、三孔等古迹，还修建了多处宫室，再加上他性喜收藏，对各种诗词碑帖、古玩玉器无所不爱。就连当时的朝鲜使者都感觉到乾隆的奢侈无度，他说："皇帝穷奢极侈，故赋重役烦，生民困苦，不自聊活矣。"这样，到了乾隆中年的时候，大清帝国的国库已然有些不支了，而正所谓"由俭入奢易，由奢入俭难"，过惯了富贵日子的乾隆，很难一下子改变自己的生活，所以他迫切需要一个善于理财又能广开财路的人。和珅的出现恰逢其时，立即就成为乾隆的心腹，被乾隆视做国之栋梁。

和珅是一个只知道敛财不会考虑社会生产发展与否的人。所以，他的广开财路，说白了只不过是巧立名目，把各地官员和商人的财富搜刮过来而已；而且，这些钱又必须来得名正言顺，让乾隆用得理直气壮。为此，他广泛号召官员，为了感激皇恩浩荡，自愿进行贡献，以示忠心。他这么一说，谁敢不听，如果不贡献财物，岂不成了对皇上不忠心了。当时，无论是朝中的官员，还是各地的地方官都争先恐后、不遗余力地把搜刮来的财物贡献出来。乾隆的第五、第六次南巡，靠的差不多全是江南一带官吏和富商的贡献，内务府几乎没有什么支出。还有每年到了皇上、皇太后寿诞或是年节之际，各地的礼物也会源源不断地涌入京城，让乾隆十分高兴，对和珅的理财才能赞不绝口，好像这些财富全是和珅一人的功劳，他就忘了"羊毛出在羊身上"的道理，和珅为他聚敛的财富还不是出自天下的百姓。

和珅除此之外，确实也对政府财政的管理费了不少脑筋。他在身为崇文门税务总监期间，像管理自己的家产一样精打细算，绞尽脑汁。京城中自明朝起就设有收税的关卡，原本有九道，即在九座城门分别向进出京城的客商官员收税。到了清朝全部集中在一处，在崇文门统一收税，设正副监督各一人。因为这是一个实实在在的肥缺，皇上一般会任命自己最喜爱的大臣掌管，以示恩宠，因此和珅在长达十几年的时间里一直担任这一职务，捞尽油水。崇文门的关税在和珅的掌管之下，越来越重，恨不得雁过也要拔毛；不仅过往商旅不堪重负，就连朝廷官员也是难以应付。据传说，京城周围的百姓入城时，都会在帽沿上插上两文制钱，让把守的税吏自行摘取，已经成了习惯。这种苛刻的税收，使崇文门以每年 17.32 万两的收入位居全国三十个税关的第四位，远远高于其他的关口。

和珅除了任崇文门税关总监督以外，还长期担任内务府大臣，内务府是皇室的财政机构，主管包括皇室的日常用度在内的一切开销。经过乾隆多年的奢侈生活，内务府早已是捉襟见肘，府库空虚，难以为继了。据史料记载，和珅担任内务府大臣前，“本府进项不敷用时，檄取户部库银以为接济”。可是和珅出任内务府大臣之后，不出几年，状况就大为改观，内务府不但可以自给自足，而且还有多出的银两可以接济外府了，整个局面来了个彻底的扭转。每年乾隆的寿诞，都是内务府的一笔巨大的开支，和珅没有接手之前，历任大臣每逢皇上寿诞都会百般无奈，既不能寒酸，又确实是苦于银两不足，常常到了最后只能勉强应付，很难令乾隆满意。到了和珅手中，皇上的寿诞成了求之不得的好事，他不但能操持得排场隆重，自己还能从中大捞一笔。乾隆五十五年(1790 年)，乾隆八十大寿，他像往年一样下御旨，要求务求节俭，不可铺张，剩下的一切都放心地交给和珅去办了。经过和珅的细心筹备，庆典办的异常隆重、盛大，史书记载：“皇帝虽立节省，而群下奉行，务极侈大，内外宫殿，大小仪物，无不新办，自燕京至圆明园，楼台饰以金珠翡翠。假山亦设寺院人物，动其机括，则门窗开阖，人物活动。营办之资无虑屡万，而一毫不费官帑，外而列省三品以上大员，俱有进献，内而各院部堂悉捐米俸，又以两淮盐院所纳四百万金助之，方自南京营运，及其输致云。”

乾隆无疑将和珅看成了一个聚敛有方的精明强干之人，只要有和珅在，他就不必担心钱财的问题。和珅凭借这一点，在乾隆心中打下了坚实的基础，牢牢站稳了脚跟。

3. 出色的“民族事务家”和翻译家

和珅除了善于理财之外，还是一个出色的民族事务家和翻译家。

有清一朝同国内各少数民族以及周边国家的交往日益频繁，国家对外交人材的需求也日益加大。而中国传统化的训练对这方面人材的培养，无疑存在着一定的欠缺。和珅凭借着他在咸安宫官学中熟练掌握的满、汉、蒙、藏四种语言，脱颖而出，成为乾隆时期最为出色的民族事务家。

西藏自唐朝文成公主嫁给吐蕃首领松赞干布之后，就和中央政府保持着密切的联系。元朝时，中央政府开始正式在西藏派驻行政机构管理地方事务，西藏地区佛教鼎盛，藏民都信奉佛教的分支喇嘛教。所以，宗教领袖同时也是西藏的政治领袖。明朝万历年间，喇嘛教领袖南嘉措被尊称为达赖喇嘛，成为被中央政府承认的第一位西藏本土的首领，另外还有班禅额尔德尼，西藏就处在达赖喇嘛和班禅的统治之下。雍正年间，准噶尔部的头目策旺阿拉布坦趁西藏内部为争夺统治权的斗争而出现了两个达赖六世之机，攻入拉萨，囚禁了达赖六世，清政府派兵前往救援，经过艰苦的征战，驱逐了准噶尔兵，重新拥立青海所立的达赖六世登上宝座，举行了隆重的宝床大典。从此，西藏在清政府的管理下，安定了二十多年。

乾隆四十五年，时值乾隆七十寿诞之期，西藏六世班禅飞骑送来一封书信，信用藏文写成，朝中无人能识。和珅来到后，拿起书信朗声念道：“小僧自幼仰承文殊菩萨大皇帝豢养之恩，不胜尽数，非他人所能比。小僧乃一出家之人，无以极称，虽然每日祝祷文殊菩萨大皇帝金莲座亿万年牢固，并让众喇嘛等唪经祈祷，但仍时时企望觐见文殊菩萨大皇帝。庚子年为大皇帝七旬万万寿，欲往称祝，特致书大皇帝膝前，以达敝意。”读罢，垂手肃立一旁，举目四望，越发感到自己的不可替代。

乾隆听罢大喜，于是命和珅拟诏，和珅用满、藏、汉三种文字拟定了诏书。诏书中说：“昔据章加呼图克图奏称：‘班禅额尔德尼因庚子年为大皇帝七十万寿，欲来称祝’，朕本欲见班禅额尔德尼，因道路遥远，或身子尚生，不便令活佛远涉。今活佛亲自修书，致达尊愿，实属吉祥之事，特允所请，是年朕万寿月，即驰热河，外藩毕集，班禅额尔德尼及若于彼时到热河，最为便宜。”

诏书拟好后，乾隆为了显示自己对班禅此行的重视，同时也为了展现清帝国的强大，特命在热河为班禅择地建庙，这倒不是乾隆有意奢侈、别出心裁的主意。早在康熙年间，五世达赖进京陛见的时候，康熙就曾在热河特意为他建造黄寺，以供停驻下榻之用。所以乾隆此举也是有先例可循的。因为和珅这一次表现得极为出色，乾隆就把为班禅建造庙宇的事交给他全权处理。

和珅不敢怠慢，自康熙年间五世达赖进京面圣之后，迄今为止，还没有哪一位西藏的领袖走出过雪域高原；这次六世班禅进京，皇上一定极为重视，为班禅建造的庙宇一定要富丽堂皇，体现出皇恩浩荡。于是他亲往热河，勘测地形，细心监督图样设计，特意强调体现出西藏喇嘛教黄庙的风格。不久，和珅就把设计好的图样呈进到北京，请乾隆御览，庙按原有名称称为“须弥福寿之庙”。在普陀东乘三庙东侧建造，计划共占地三万七千九百平方米。整个建筑采用了日喀则扎什伦布寺的风格，建造在山麓之上，在寺正中建大红台一座，以此为中心，把寺院分为前中后三个组成部分，前部建有碑亭，后部建琉璃万寿塔，依循山势，逐次升高，庙的前部建筑由五孔石桥、石狮子、山门、碑亭、琉璃牌坊组成。周围建有围墙环绕，左右建有东西掖门，上面按照中式宫城的格局建有楼台。这座庙坐北面南，正中的大红台与东红台、吉祥法喜殿相毗连，交相辉映、相得益彰，给人造成一种辉煌庄严的感觉。乾隆细细看过后，连连称赞，命和珅加紧督造，财力、人才悉听他调用。历时不到一年，“须弥福寿之庙”建成开光，和珅因督造有功，被乾隆封赏。同时，通过这件事，和珅展示出了他出色的外交才能，被乾隆任命为理藩院尚书，管理蒙、疆、藏事务及外交上的一切事宜。

4. 智慧的“外交家”，语言魅力大师

随着十六世纪地理大发现的完成，整个世界越来越成为一个统一的整体，世界各国之间建立起了联系，一个国家的进展再也不可能脱离世界独立发展了，人类历史上第一次出现了真正意义上的世界史。

到了乾隆一朝，各国的使节纷纷进入京城，希望同中国建立良好的关系。和珅于乾隆四十五年（1780 年）出任理藩院尚书，总理清政府的外交事宜。他曾先后接待过朝鲜、英国、安南、逻罗、缅甸、琉球和南掌等国的使臣，尤其乾隆时英国同清政府之间的外交事务，几乎是交由和珅全权处理的，他凭借机智与语言天赋，出色地完成了外交事务。

早在乾隆四十三年（1728 年），当时还是吏部侍郎的和珅就在朝鲜使者的心中留下了鲜明的印象。据朝鲜使者记载：“皇帝乘马执鞭过臣等所望处，间不过五六步。顾谓侍臣曰：彼是朝鲜使臣乎？有一黄衣者对曰：‘然矣’，衣黄者闻是吏部侍郎和珅云。皇帝遽曰：‘通官前来’。则衣黄侍臣谓通官曰：‘使臣何为起对?’皇帝笑曰：‘朝鲜礼法。例如此矣。’”此次后，和珅与朝鲜使者接触频繁，以至于我们在朝鲜使者的多种记述中经常可以看到和珅的名字，成为我们现在了解和珅的很重要的历史资料。

在历史上显然更具意义的是乾隆五十八年（1793 年）英国政府正式派出以乔治·马戛尔尼勋爵为正使，乔治·斯当东为副使的使团访华。由英吉利海峡的朴茨茅斯港出发，分乘军舰“狮子号”和“印度斯坦号”前往中国。他们此行的目的，是希望能同中国建立贸易通商关系，打开中国的大门，开拓新的巨大的市场。因为中国一直以来实行的是闭关自守的锁国政策，早在乾隆二十二年（1751 年），朝廷就下令关闭了宁波、漳州等几处通商口岸，只留下广州一处与外国通商，极大地限制了中外之间的商品贸易，英国的产品迟迟不能大面积进入中国市场，所以英国政府希望能通过这一次大规模出使与中国建立外交关系，打开新局面。

马戛尔尼一行八百余人在天津大沽口登陆后，受到了清政府的热情接待。和珅身为理藩院尚书全权负责接待事务。

万国来朝

中英双方刚开始接触，就遇到了难题，中方坚持要马戛尔尼及其所有随从在面见乾隆时要按照中方的礼仪行跪拜大礼。而马戛尔尼则认为自己是代表大英帝国前来的“钦使”，不同意行这么重的礼节。中国政府中的多位官员同英使交涉都无功而返，反而闹得不怎么愉快，和珅只好亲自出面。英使见了和珅，同和珅有过一定的接触后，就感到这个中国官员不简单，态度也不再如先前一样蛮横。在和珅的建议下，采取了折衷的方式，在农历八月初十乾隆万寿节庆典之前，先举行非正式会见，这时，英国公使可以按照英国礼节，行单膝跪拜礼；但等到乾隆万寿节庆典之际，他们必须按中国规矩，三拜九叩。为此和珅专门制定了一份详细缜密的礼仪程序表呈递给乾隆御览。

“臣和珅谨奏：窃照英吉利国贡使到时，是日寅刻，丽正门内陈设卤薄等大驾，王公、大臣、九卿等俱穿蟒袍褂齐集。其应行入座之王公大臣等，各带本人座褥至澹泊敬诚殿铺设毕，仍退出，卯初，请皇帝御龙袍褂升宝座，御前大臣、蒙古额附、侍卫仍照例在殿内内翼侍立，乾

乾隆皇帝接见英使马戛尔尼

清门行走、蒙古王公、侍卫亦照例在殿外分两翼，侍卫内大臣带领豹尾枪长靶刀，侍卫亦分两班站立，其随从三五大臣、九卿、讲官照例于院内站班，臣和珅同礼部堂宫率钦天监副索德超，带领英吉利国正副使等恭逢表文，由避暑山庄宫门右边门进呈殿前阶下，向上跪捧恭递。御前大臣福长安恭接，转呈御览，臣等即令该贡使此向上行三跪九叩头号礼，毕。其应入座五三公大臣以次入座，带领该贡使于西边二排三米，领其叩头入座，俟令侍卫照例赐茶，毕。各于本座站立，恭候皇上出殿、升舆。臣等将该贡使领出，于清间阁外边伺候，所有初次应行例尝该国王及贡使各物，预先设于清音阁前院内，候皇上传旨毕，臣等带领贡使，再行瞻觐。颁尝后，令其向上行谢恩礼毕，再令随班入座，谨奏。”

我们之所以不厌其繁地把和珅的奏章全部抄录在这里，是因为当时接见英使的全过程完全是按照和珅的设计进行的，这几乎是接见过程的一幅全景素描，从中我们可以看出，和珅在气势汹汹的英使面前，最大可能地保障了大清帝国的尊严。

接见仪式就这样顺利结束了，随之而来的谈判过程中，更显示出了和珅的机智和巧言善辩。英国使节在晋见乾隆之后，就向乾隆提出了开放通商口岸，两国进行贸易的要求，乾隆对此不屑一顾，觉得对英使已经仁至义尽了，就派和珅打发他们回去。和珅得到报告说英国人因远涉重洋，水土不服，已经死了三人，就以此为借口，对马戛尔尼说：“公使先生，听闻贵国使团中不幸故去了几位随员，我代表万岁表示哀悼。我国与你国气候差异甚大，尤其入冬以后，天寒地冻，你们远道而来，本应多留你们住些时间，然而皇上体谅你们，鉴于这种情况只好让你们早些回国了。”原本是打发别人走的话，到了和珅口里，反而成了处处为对方着想了。马戛尔尼来华的目的还没有达到，怎能轻易回国，他说了几句表示谢意的话之后，就拿出了早已拟好的条约，共有六条：

一、准许英人在舟山、宁波、天津三处贸易；

二、准许英人在北京设立一个货栈，以便买卖货物；

三、在舟山附近给英人一个小岛，以供他们停泊船只，存放货物；

四、同时，在广州附近也设立这样一个小岛。

五、免除或减少英国由澳门贩入中国货物的关税。

六、中国海关公布税则，以便英国商人照章纳税。

和珅接过英使的文书后，不卑不亢地说："足下不是想在我中国国土中建立一个国中之国吧？"马戛尔尼连忙说："不是，如果贵国有不同意见，我们还可以商量。"和珅接着说："贵国要求使用中国的土地又不许我们设防，这样的事怎么可以拿来商量呢？"一句话，说得马戛尔尼一时语塞无言以对了。和珅见气氛有些僵化，便立刻命人拿来乾隆赐与英使的礼物，一件件向马戛尔尼说明妙处，这些难得一见的珍贵礼物，再加上和珅的巧舌如簧，把马戛尔尼乐得不知所以，早把刚才的不愉快忘记了，将条约的事搁到一边，暂且不提。

和珅等离开英国公使驻地后，马上把他们的要求呈报给乾隆，乾隆对这些要求一概拒绝，下了一道谕旨说："我天朝物产丰富，无所不有，本不需外夷货物，因为茶叶、瓷器、丝绸乃西洋各国必需的东西，朕体谅西洋各国的难处，所以准许在澳门开设洋行，满足夷人所需。至于额外贸易之事，与天朝法度不合，不准进行，天朝法制森严，每一寸土地都开于版图，不容分制，英人请求赏给土地一事，断不可行，至于英商免税、减税一节，西洋各国均属相同，亦不便将英国上税之例独为减少，公布准则一节，粤海关向有定例，毋庸另行晓谕，尔国王惟当善体朕意，益励款诚，永矢恭顺，以保全尔有邦，共享太平之福。"和珅领会了乾隆的意思，对英使也不再像以前那样客气。第二天，和珅召见了马戛尔尼，把乾隆回复英国的国书交给他，示意他马上率团回国。马戛尔尼无奈，只好带领着庞大的使团回英国向女王复命去了。

通观这次和珅接待英使的活动，他忠实地执行了乾隆的外交方针，即热情又不失原则，使马戛尔尼一行受到了最礼貌的接待，最严密的监视和最文明的驱逐；不卑不亢，有理有节，出色完成了这次外交任务。

5. 御前奉和诗人

乾隆皇帝一向喜好夸耀自己的文采，平日里极为喜欢吟诗作赋，觉得自己的诗作上可比李杜下不让温韦。每到一处，总忍不住显示一下自己的才华，题名赐字之余，还要赋诗一首，以志心志。和珅为了能同乾隆有共同语言，也刻意留心学习做诗，尤其是泛览乾隆的诗作，令他的诗风与乾隆极为相似，深为乾隆所爱。

历史上常有这样一些御用文人，用手中的笔墨粉饰太平，给朝廷妆点门面，为皇帝歌功颂德。就连才华横溢、放浪不羁如李白者不也曾为唐玄宗写过“云想衣裳花想容”之类的诗作吗？这样写出来的诗，往往词藻华丽，空洞无物，只会渲染气氛，却毫无真情实感。所以通观历史上留下来的千古不朽的诗作，几乎没有几首是出自御用文人之手。和珅在此道中还算是较为优秀的一个，他的诗还曾受到过钱泳的称赞，说他的诗有佳句可采。因为他写诗风格酷似乾隆，所以，有时乾隆就命和珅代为题诗，和珅的诗集中留下了不少奉“敕”而做的作品，如《奉敕敬题射鹿图·御宝戊申》：

木兰较猎乘秋令，平野合围呦鹿竞。
霜叶平铺青嶂红，角弓晓挟寒风劲。
图来制匣宝装成，贮就天章玉彩莹。
文修武备双含美，犹日孜孜体健行。

古人云：“诗必穷而后工”。诗只有真正发自内心，才会有感人的力量。我们要探究和珅的诗才，决不能只看他的御前唱和之作，更应该关注那些他真正情郁于中不得不发的作品，从中才能更好地看出和珅的才华。

和珅的妻子冯氏在嘉庆三年（1798 年）病故，和珅悲痛欲绝，做悼亡诗六首：

其一：

结缡三十载，所愿白头老。
何期中道别，入室音容杳。
屏纬尚仿佛，经卷徒潦倒。
泪枯挽莫众，共穴伤怀抱。
游川分比鳞，归林叹支鸟。
追思病时言，尚祝余足好。（时余足疾复作）
犹忆含殓前，不瞑心未了。
自此退食余，谁与伴昏晓。
抚棺一长痛，哑彼蒙藏娇。

其二：

修短各有期，生死同别离。
场此一坯土，泉址会相随。
今日我哭伊，他年谁送我。
凄凉寿椿楼，证得涅盘果。

其三：

夫妻辅车倚，唇亡则齿寒。
春来一齿落，便知非吉端。
哀哉亡子逝，可怜形影单。
记得去春日，携手凭栏杆。
玉蕊花正好，海棠秀可餐。
今春花依旧，寂寞无人看。
折取三两枝，供作灵前观。
如何风雨妒，红紫同摧残。

这几首诗没有用他常用的七言体，而全部采用了五言古风，让人很容易想起两汉时期的《古诗十九首》。和珅的这几首诗写的也确如《古诗十九首》一样质朴无华，直指人心，落地有声，欲哭无泪，将他悲痛的心情描画得淋漓尽致。

类似的佳作在和珅的诗集中还可以找到。他陪同乾隆在热河避暑时，接到了次子夭折的消息，这对于爱子如命的和珅不啻晴天霹雳，提笔写下了《忆悼亡儿绝句十首，以当挽词》：

河汉盈之两泪倾，都关离别恨难平。

双星既有夫妻爱，应识人间父子情。

老来惜子俗皆然，半百生男溺爱偏。

今竟无情抛我去，几回搔首问青天。

襁褓即知爱文章，（是儿生而颖异，每逢啼哭乳母抱赴屏壁间，指点字画，即转啼为笑）痴心望尔继书香。

归家不忍看题壁，短幅长条一律藏。

学语先知父母呼，每逢退食足娱吾。

秋来归去无聊甚，触处伤情痛切肤。

寄语老妻莫过伤，好将遗物细收藏。

归时昏眼如经见，竹马玫瑰总断肠。

“双星既有夫妻爱，应识人间父子情”，也许就是钱泳所谓的诗中佳句了，正是“不能有此事，不可无此语”，和珅的这一句诗，将痛失幼子的彻骨之痛写的令人不忍卒读。

所以，和珅尽管仍是一个名符其实的御前奉和诗人，但是他的诗作中还是有不少佳品的，他的诗都收录在《嘉乐堂诗集》中，流传至今。

6. 插手多种文化事业

和珅不仅长期掌握着乾隆朝的军事、行政、财政大权，在文化方面，他也操纵着诸多重要的权力。和珅历任许多官书的正总裁、经筵讲习、教习庶吉士、殿试卷官、翰林院掌院学士和平日起居住官等职务，控制了书籍的出版与查禁及考试、经选、教育等一切事务。

乾隆一朝在文化事业上最大的举动是《四库全书》的修纂。由乾隆三十八年（1773 年）开始直至乾隆四十七年（1782 年）才告初步完成，其间共历时达十年之久。《四库全书》的总裁也几经易人，在乾隆四十五年（1780 年）十月，落到了和珅的头上。和珅因为学识不足，仅负责一些总体策划、安排之类的事务，具体的选本、校定，则由纪晓岚、陆锡熊、陆费墀等人负责。后来乾隆四十七年《四库全书》修成后，共抄录了四套，分别藏于避暑山庄的文津阁、圆明园内的文源阁、皇宫中的文渊阁和沈阳故宫中的文溯阁。一日，和珅闲来无事，在文渊阁中翻看《四库全书》，却发现了很多抄录有错的地方，这么好的一个打击纪晓岚的机会，和珅怎能放过。他细心地把书中的错误抄录下来，交给乾隆，并且说："《四库全书》呈现我朝文法之盛，可纪昀等人竟如此漠视，校对草草了事，致使书中多有谬误，实在罪无可恕。"乾隆看罢和珅指出的错误之处，大为恼火，他向来对自己下令修纂《四库》期望颇高，将这当成他流芳百世的重要绩业，现在竟然出现了这样的问题，岂不是给后人留下笑柄。当下命纪晓岚率人重新全面校正文渊阁的藏书，陆锡熊率人前往沈阳校正文溯阁藏书，所有一应费用，全由他们自己支付。要知道《四库全书》共收书总计 3479 种，79016 卷，36078 册，如此浩如大海的藏书，不是经年历月怎能校完。和珅总算找到机会，报复了纪晓岚；陆锡熊到了沈阳，愁苦交加，不久就病死在沈阳了。另一位《四库》总校官陆费墀也没能幸免，和珅不仅免去了他所有职务，还命他自己出钱为《四库全书》每一本都装裱封面，制作四地所需的书匣，陆费墀没过多久也步陆锡熊之后尘，命丧黄泉了。

和珅除了任《四库》正总裁外，还历任过许多官书的总裁，如《开国方略》总裁、国史馆总裁、清字经馆总裁等，他在任各种官书总裁期

文渊阁

间也没有闲着，总是寻找机会，施加影响。在他负责国子监石经的过程中，属下校勘官彭元瑞校勘之余，撰写了一部《石经考文提要》，献给皇上。乾隆对这本书大加赞扬，这下可气坏了和珅，就向乾隆进言说："不是天子无权考校经文。"谁知乾隆不加理睬，说彭元瑞乃是奉旨考证，有何不妥。和珅见这一办法没有奏效，一计不成，又生一计，他说彭元瑞的书中错误甚多，他愿重写一本，对彭的书再加以修正。得到乾隆首肯后，他马上召集了几个学问高深的翰林，对彭书和经文细加研究，写成了《提要举正》一书，献给皇上，要求皇上把彭元瑞的书弃置不用，乾隆仍不许。和珅就命人将自己主编的《提要举正》抄写三部分别放在懋勤殿、翰林院和国子监，同时把彭元瑞书中涉及的字在石经上乱加篡改，使彭元瑞的《石经考文提要》失去了存在的意义，被人弃置不用了，和珅这才心满意足。

和珅插手文化事业，不是为了能对文化有所贡献，而是为了聚敛更多的权力，显示自己的才干。所以，他才百般挑剔，吹毛求疵，刻意寻找同僚工作中的疏漏，很多人就像前面提到的陆锡熊一样被他弄得倾家荡产，家破人亡。

7. 慧眼识《红楼》，美文传天下

和珅一生中，最让人意想不到的是千古奇书《红楼梦》的完成、出版、流传竟然与他有着莫大的关系。可以这样说，如果没有和珅的发现，我们实在有理由担心《红楼梦》能否流传至今，成为中国文学史上的一朵奇葩，永远放射着夺目的光华。

乾隆四十五年（1780年）十月，和珅出任《四库全书》正总裁之后，多次鼓动乾隆发布上谕，进一步催促各地“将违碍字句的书籍，着力查缴”，少有的严格。而据红学家们研究，《红楼梦》就是在这个时候，逐渐广为流传，为人所知的。其过程几乎与《四库全书》的修纂相始终。早些时候，虽然坊间也可以见到《红楼梦》的刻本，但是作为禁书，是由少数为了牟利的书商冒险刊行的。然而到了乾隆五十四年以后，江南各地已可以随处见到《红楼梦》的刻本了，这究竟是为什么呢？

《红楼梦》由曹雪芹在乾隆中期著成。曹雪芹是康熙时江宁织造曹寅的孙子，自小家中豪富，过着锦衣玉食的生活。后来，突发变故，因为在康熙帝诸皇子争夺皇位的斗争中，曹家支持皇八子胤禩，皇四子胤禛即位后即查抄曹家。曹雪芹当时只有十三岁，一下子被抛入了贫寒交加的境遇中。生活上的巨变，令他痛苦不堪，到了成年后家境更加穷困，竟然达到了“举家食粥酒常赊”的地步，遂看破世情，于悼红轩中，批阅十载，开始写作《石头记》一书。

曹雪芹像

到了乾隆三十八年，曹雪芹唯一的儿子因无钱延医买药不治身亡，曹雪芹不堪丧子之痛，撒手人寰，留下了《石头记》前八十回的书稿和后四十回零散之回目及片断。不久，《石头记》被人辗转抄录传开。

据说，和珅的党羽苏凌阿花费巨资买到了《石头记》的原抄本，珍藏家中。和珅早就听说了《石头记》，但是苦于无处可寻。倘若他真要有心命人查找，原也不难，可是他身为朝廷负责审查书籍的官员，怎能公开命人查找这部禁书呢？所以，当他偶然从苏凌阿那里看到《石头记》时，欣喜之情就可想而知了，他很快读完了书的前八十回，不由倾心折服，认定这是天下第一的小说。于是打起了如意算盘，这样一本书，皇上一定喜欢，只要我像删削修改《四库全书》一样对它做一番处理，不就可以把它献给皇上，以讨皇上欢心，进而刊行天下，落得个好名声吗？而且这部书缺少后四十回，正可以命人在续写时对书中主旨做些修正，使它合乎礼法。

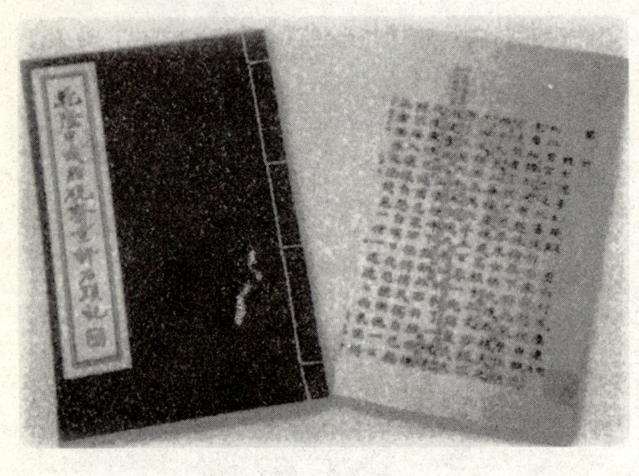

石头记书影

和珅命人找来了当时的著名文人高鹗，命他续写完成《石头记》一书。高鹗与他的朋友程伟元恰好早就在为《石头记》续卷成篇，听完和珅的话，喜不自禁，就将他们续写的书稿交与和珅。和珅拿来细读一番之后，认为写得过于绝望悲凉，就让高鹗重新安排一个略为圆满的结局，同时对前八十回中厌世的文字也做些修改。高鹗虽然心中不忍，却也无可奈何，只好按和珅的意图重新修改了《石头记》并更名为《红楼梦》，和珅看过新稿后，非常满意，就呈递进宫，请乾隆御览。乾隆一见果然非常喜爱，整日里手不释卷，一气读完，在和珅面前赞不绝口。和珅于是请求乾隆解除对《红楼梦》的禁令，刊行天下，乾隆允诺，由当时全国最好的出版机构武英殿刊刻一套聚珍版，从此《红楼梦》一书，流遍全国，风靡一时。

和珅一生，虽然毁坏书籍无数，但仅凭襄助《红楼梦》出版一事，已可以说是善莫大焉，于中国文学史有功了。

第八章　和珅的家庭生活

在茫茫人海之中，一个人与另一个人相遇的可能性很小，成为朋友的可能性就更小，成为夫妻的可能性却几近渺茫，夫妻结合竟是千年等一回的缘分。最平常的却是最易被忽略的；最平凡的却又是最神秘的。因此，对爱妻——情深似海，对爱子——舔犊情深，这就是和珅的处世之道。和珅是一个十分重感情的人，贪婪无度又吝啬无比的他竟拥有一个温柔的港湾。

1. 执子之手，与子偕老

“黄金有价，情义无价”。在夫人冯氏生病之后，在朝廷左右逢源的和珅终于明白了黄金不是万能的了。人往往在自己或自己心爱的人的生命攸关的时候才会恍然大悟：原来世界上健康最重要，身体最重要，活下去是最重要的。然而，在绝大部分时间，人们追求的是金钱和享受。

和珅也是一样，自从儿子夭折后，夫人冯氏一病不起，和珅动用他的权力延请天下名医，可惜都治不好冯氏的丧子之痛。和珅忧急万分，因为冯氏是他心灵中的港湾，冯氏要倒下的话，他真不知道自己会怎么办。所以他发誓如果有人能治好夫人的病，他愿意舍弃一切家财。

嘉庆三年，冯氏病情日渐严重，和珅眼睁睁地看着爱妻形消肌损却无能为力；有时自己独自一人看着库房里堆满的奇珍异宝、黄金白银，他不由得发出一声苦笑，这些都有什么用啊？能换回我的妻子吗？

人们在无能为力的时候，只有向神求助，神是生活中的最后一根稻草。和珅也在心中祈求上苍可怜夫人冯氏。为了讨个彩头，他在七夕这天安排了一个盛大的祈祷活动。在他的指挥下，豪华的和府中搭起了彩棚，青案供着“牵牛河鼓天贵星君”和“天孙织女福德星君”的牌位，和珅和病中的冯氏一起向“牛郎织女”诚心祈祷，希望自己对爱妻的疼爱能感动这对恋人、神仙。但他们诚心的祈祷并没有让牛郎织女动心，冯氏依然咳嗽不止，还常伴有血丝。但和珅不死心，他似乎相信神明也会给自己几分薄面的。

过了几天，就是传统的鬼节了，古老相传，这一天似乎对病人考验更大，尤其是冯氏这样的病人，因为这天幽冥地府的群鬼都要出动，和珅一想到传说便不由得打了个冷颤，今夜冯氏该不会……。他不敢再想下去了，只有又用出他用惯的贿赂大法，不过这次贿赂的对象是鬼神了。或许俗话说的好“有钱能使鬼推磨”，在和珅的大把银子的庇护下，牛头马面暂时放过了冯氏，冯氏熬过了鬼节。和珅欣喜若狂，自己的银子总算派上了用场；因为一过鬼节，天气转阴，而女人阴气盛，所以夫人的病应该会慢慢好转的。

这段时间，和珅也懒得上朝，乾隆也知道和珅对夫人情深义重，也没有怪罪于他。和珅几乎每天都陪夫人，他怕病中的夫人寂寞、苦闷，不断想出小招数来博夫人一笑。他终于明白周幽王为何为了褒姒的一笑而愿意烽火戏诸候了，如果冯氏病能好，他甚至敢冒犯他曲意奉承的乾隆。

中秋节到了，团圆的日子，和府上下的丰绅殷德、公主等人齐齐到病房向冯氏跪拜，冯氏由于节日的冲喜，也是有说有笑，脸上甚至泛着平时难得一见的红晕。和珅一看难得夫人精神如此好，便大赏奴仆，让他们吃上平时难得吃到的肉食。

冯氏看和珅为她四处奔波，求医问药，也是心中泛起无限柔情，她轻轻地唤过和珅，把手中的一小块月饼喂进和珅嘴里，和珅也赶紧喂夫人吃月饼，他们似乎又回到了新婚时喝交杯酒的情景，两人互相握着手，四目相投，心里都想着同一句话“执子之手，与子偕老”。两人沉浸在两情相悦的幸福之中，心中都没有任何防备，冯氏慢慢闭上了眼睛，嘴角带着笑意，和珅却忍住眼泪，因为他心中的伤痛不是眼泪就能表达的，他再也不能唤着冯氏的小名将她叫醒了。他抬头看了看天，月亮还是方才那么圆，月光依然那么柔和。冯氏是否已经到了月亮上去与嫦娥话衷肠了？

古人讲“贤内助”，套用今天的话来说就是“一个成功的男人背后总有一个女人”。和珅的发迹与冯氏是分不开的，冯氏对他的支持正如唐时长孙皇后对太宗李世民的支持，请原谅这里把唐太宗与和珅混为一谈，虽然一为明君帝王，一为奸臣巨贪，但他们的感情是别无二致的。

和珅敬重冯氏，当然有冯氏娘家于他有恩的缘故，但更重要的是，冯氏给了他无微不至的关怀，甚至在她病重期间，她还念念不忘和珅的腰腿疼病；千叮咛万嘱咐他保养好身体。最关键的是，和珅从冯氏身上看到了自己人性的一面。在外边尔虞我诈已变成习惯的和珅只有在冯氏面前才能坦坦荡荡，是冯氏让他体验到做人的快乐。从某种意义上说，冯氏是他的一面镜子，照出自身美好的一面镜子。现在，自己心灵中的一小块镜子业已破碎，和珅就迷失了方向。

冯氏在和珅心中永远占据了最重的份量，安葬完冯氏后，冯氏所居寿椿楼中的一切都接原样摆设，永远不让人居住。和珅和丰绅殷德时常去凭吊、怀念殁人。

2. 极尽能事，力讨小妾欢心

在中国封建社会几千年的传统中，由于人们广受儒家思想的影响，男尊女卑的观念一直深入人心。在古代不但男子地位崇高，女子也甘于作为男人的附庸，所以才有了“女子无才便是德”的说法，也才有了封建的三妻四妾的婚姻制度。在封建社会中，女子最高的理想是遇到一个好丈夫，然后安心在家相夫教子，做一个贤妻良母。和珅的妻子冯氏就是一个很好的贤妻良母的典型。可是除了冯氏外，和珅还有其他一些小妾。据史料记载，和珅不仅疼爱正房冯氏，而且非常宠爱自己的几个小妾。

权力、金钱、美色在几千年来一直是交织在一起的，可以说这三种东西代表了封建社会男人的最高追求。和珅从二十六岁受宠于乾隆开始，也逐渐在追逐这三种东西，权力他首先得到了，做了“一人之下，万人之上”的相爷；金钱他也得到了，他的家产数以亿计；作为一位成功的官僚，现在缺的就是美色了。和珅于乾隆三十二年与大学士英廉孙女冯氏结婚，婚后两人互敬互爱，但冯氏知道，自己不可能拥有一个完整的和珅，与其让他像其他八旗子弟那样到处厮混，还不如让他多娶几个小妾，稳住他的心。和珅在冯氏的劝告下，先后纳了好几个小妾。

和珅是当时有名的美男子，风度翩翩，精明能干，在当时英国使者马戛尔尼《乾隆英使觐见记》中记述：和珅“容貌端重，长于语言，谈吐隽快纯熟”，又说和珅“为人狡黠，善于逢迎”。这种人服侍皇上，皇上满意，服侍女人，女人也会喜欢的。而且当时和珅少年得志，虽年方而立可已经飞黄腾达了。因此和珅也就很受女子的欢迎。

不仅如此，和珅对自己的小妾百般宠爱，为了小妾的一笑，甚至不惜一抛千金。为了讨小妾的喜欢，和珅动用皇室土地，建了一座小楼，名曰“迷楼”，装修得金碧辉煌，极尽奢华之能事，后来，和珅就经常与小妾在此楼厮混。

后来和珅扶摇直上，更注重生活的享受，他童仆成群，姬妾众多。清人陈悼在《归云室见闻杂记》中记载：和珅“后方姬妾无数”。虽然如此，和珅仍不满足，甚至打起了乾隆后宫佳丽的主意。乾隆在南巡时，

沿途各地进贡不少美女佳人，和珅也看中了其中一个从江宁府进贡的女子名叫黑玫瑰，可被乾隆捷足先登，不过和珅还是有办法。由于乾隆年事已高，每年春季都会遣散一批宫女，和珅略施小计，吩咐太监总管借机把黑玫瑰也遣出宫，黑玫瑰就顺理成章地从皇宫转移到和珅的别墅淑春园，两人共赴巫山云雨。不过和珅也为他的风流付出了代价，后来这也成了和珅的一大罪状，在嘉庆的上谕中有一条："将出宫女子娶为次妻，罔顾廉耻，其大罪四。"

和珅讨好小妾很有一套，很有生活情趣，古时有千金难买一笑的说法，和珅为了讨小妾的欢心，也不惜使出浑身解数，甚至把讨好乾隆的手段都用上了。比如说其中一个爱妾爱吃荔枝，生性吝啬的和珅为了讨好小妾，不惜叫下属用快马把荔枝从广东运到京城来。依稀有唐时明皇讨好杨贵妃之遗风。几个小妾在和珅的蓄意讨好之下，对他更加依赖了，因此在和珅被嘉庆赐死之后，好几个小妾都为他自杀殉身了。

不仅如此，和珅还不顾自己朝中重臣的身份，经常把别人遗留下来的美貌小妾纳为己有，如原浙江巡抚王某的爱妾卿怜就被他硬生生地霸占了。和珅还有一个宠妾，名叫豆蔻，是他的内管家，家人称为“二夫人”，可见此女在和珅心中的地位仅次于夫人冯氏。这两个小妾也嫁鸡随鸡，嫁狗随狗，在和珅被赐死的时候，纷纷自杀殉夫。

嘉庆五年正月十八日，在和珅吊死的当天，豆蔻得知消息，赋七律二章挽之：

谁道今皇恩遇殊，法宽难为罪臣舒。
坠楼空有偕亡志，望阙难陈替死书。
白练一条君自了，愁肠万缕妾何如。
可怜最是黄昏后，梦里相逢醒也无。

掩面登车涕泪潸，便知残叶下秋山。
笼中鹦鹉归秦塞，马上琵琶出汉关。
自古桃花怜命薄，者番萍梗恨缘艰。
伤心一派芦沟水，直向东流竟不还。

豆蔻纵身跳楼身亡。

卿怜也于正月二十日午刻，自缢身亡。做诗十首。

晓立惊落玉搔头，宛在湖边十二楼。
魂定暗伤楼外景，湖边无水不自流。

香稻入唇惊吐早，海珍到鼎厌尝时。
蛾眉屈指年多少，到处沧桑知不知。

缓歌慢舞画难图，月下楼台冷绣襦。
终夜相公看不足，朝天懒去倩人扶。

莲开并蒂岂前因，虚掷莺梭廿九春。
回首可怜歌舞池，两番俱是个中人。

最不分明月夜魂，何曾芳草怨王孙。
梁间燕子来还去，害杀儿家是戟门。

白云深处老亲存，十五年前笑语温。
梦里轻盘无边近，一声欸乃到吴门。

村姬欢笑不知贫，长袖轻裙带翠颦。
三十六年秦女恨，卿怜犹是浅尝人。

冷夜痴儿掩泪题，他年应变杜鹃啼。
啼时休向漳河畔，铜爵春深燕子栖。

钦封冠盖列星辰，幽时传闻近贵臣。
今日门前何寂寂，方知人语世难真。

一朝能悔郎君才，强项雄心愧夜台。
流水落花春去也，伊周事业空徘徊。

3. 兄弟手足，守望相助

“一人得道，鸡犬升天”，和珅得到乾隆的宠爱，其家族成员也就在浩大的皇恩的庇护下，得以羽翼丰满。在和珅的家庭成员中，最重要的一枚棋子就是和琳。和琳与和珅的关系较为特殊，史家历来重视和琳与和珅的“共生”和相互利用的关系，即二人之间的政治同党关系。实际上，和珅虽然利用和琳作自己的党羽，但是人非草木，孰能无情，二人之间还是有相当深厚的骨肉情谊的。

和珅出身贫寒，“低微”，史家甚至据此断言，和珅不配作宰相。英国特使马戛尔尼回忆录中写道：“皇帝之首相，即和中堂，其人乃是一鞑靼，出身颇微，然具有才具。”《清史稿》和《清史列传》也记载：“少贫无籍为生员。”由以上文献我们可以得出结论：和珅自幼家贫，他和弟弟和琳仅靠祖上积荫获得了一个三等轻车都尉的世职，此时和家已是家道中落，后来两人一起在私塾接受启蒙。伴随着二人的成长，由于天资聪颖，双双被选入咸安宫官学就读。

咸安宫官学乃是一官员后备学院，在乾隆年间，招收八旗官员子弟入学。在这里，和珅和琳兄弟二人一起度过了他们的求学时光。其时，满清已入关多年，八旗子弟已成为统治势力中的核心力量，因此，官学的学员备受重视。在官学学员中，非名门显贵之后，便是达官子弟，像和珅和琳两兄弟这种“穷”人就很少。正如昭梿在《啸亭杂录》中记载：“雍正中，设入八旗官学，凡三品。设有咸安宫官学在西华门内，择入八旗子弟之尤俊秀者，充补学弟子，……其教习皆用进士，或参用举人，非旧制也。其次曰景山官学，在景山内，皆内务府子弟补充。”

而此时的八旗子弟既不用服兵役，又不事生产，过着饱食终日，无所事事的生活。在官学中攻读的生员由于家庭背景的关系，大多数有权有势，平日里就知道游手好闲，在学校里表现得更加明目张胆。因此在官学的学习生涯中，和珅就开始与和琳守望相助，共同学习文化礼仪，有时纨绔子弟欺负他们家贫，经常捉弄他俩；而且，由于二人潜心苦读，同学都讥两人为“书蠹”。但官学的老师却非常欣赏这对刻苦好学的兄弟，和珅也非常感激老师的点播和关心，故后来他也刻意提拔这些老师，其中包括后来为嘉庆侍读的吴省兰及其兄弟吴省钦。

虽然环境如此恶劣，可和琳与和珅没有自暴自弃，也没有与一般公子哥儿同流合污，随波逐流。他们依旧刻苦好学，这为以后为官打下了良好的基础。

经过咸安宫官学的厚积薄发，和珅兄弟在等待时机，机会终于降临了，和珅首先被吏部录用，正式踏上了仕途，和琳也以满洲文生员笔贴式开始自己的官宦生涯（相当于今天的秘书工作），后来因为两兄弟在同一部门任职行事不方便，而且不合祖法，和琳身为弟弟，便主动为和珅挪了位置，他奉调前往工部续任笔帖式。由于政绩卓著，累迁郎中、巡漕御史等职。

此时，和珅已是乾隆身边的第一红人了，俗话说："朝里有人好做官"，和琳在和珅的帮助下更显得如鱼得水了。乾隆五十一年五月（1786 年），受乾隆帝派遣，和琳随军机大臣阿桂赴浙江查询杭州织造盛住贪污案。盛住乃乾隆小舅子，在进京朝见皇上时携带大量贵重财物，被御史窦光鼐发现，向乾隆帝参了一本。乾隆当然想包庇自己的小舅子，可又不能做得太过火。和珅深解圣意，向乾隆启奏派自己弟弟的和琳一同去处理。果然，一年之后，乾隆让盛住官复原职，为了表彰和琳办事妥贴，乾隆于三月迁升和琳为湖广御史，仍兼管巡视山东漕运与造漕船诸事。

乾隆五十四年（1789 年），湖北按察使李天培假公济私，用官船运送私人木料给福康安，此事本来是小事一件，但和珅想抓住这次机会来打击政敌福康安，于是他授意和琳向乾隆弹劾李天培。乾隆正想整顿吏治，于是派大学士、军机大臣阿桂前往调查，处理此事。而此时，和琳已经通过严刑逼供让李天培之子李洵招供家人曾用官家运粮船给当时的两广总督福康安送植木八百件，给长芦盐政穆腾额送四百件。李天培为了贪运输费这点小便宜被乾隆处以"褫职遣戎"，被流放到边疆了。福康安也因纵容部下被乾隆指责。通过和珅的巧妙安排，和琳在这桩案子中显示出卓越的办事才能，使乾隆看到和家人才辈出，他"嘉和琳伉直，下部议叙，由是遂见擢用"。有了皇上的好感，再加上和珅随时的美言，和琳也像兄长和珅那样创造了仕途飞升的奇迹。

和琳虽然也深感兄长的辅佐是万分必需的，但他还是保持自己独立的处事方式，在与大臣同僚们相处中显得更游刃有余。就如他与福康安来说吧，虽然和琳可以说是踩着福康安的肩膀上去的，而且胞兄和珅与福康安一直不合，可和琳却能化解福康安心中的怨闷，在与福康安的共事中，两人不仅相互配合，甚至好到彼此称兄道弟的地步，让福康安认为“有其兄未必有其弟”。与其他官员的共事，和琳也完全显露出与兄长完全不同的处事方式。同僚均感和琳乃性情中人。那么，和琳是否是故意与兄长做对呢？非也。在任何时候，两兄弟的心意是一致的。两人不过采取不同的方式罢了。和珅采取威胁、恐吓等高压手段，而和琳则委婉待人，以安抚为主，这样一来，两兄弟如唱京剧那样一个演红脸，一个演白脸，一唱一和，互相扶持，把持着朝政。

福康安与和琳攻克兰草坪滚牛坡图（《平苗图册》）

乾隆五十六年二月，和琳被擢升为内阁学士。同年十一月，又兼署工部左侍郎。乾隆五十七年正月，和琳又任正蓝旗汉军副都统。在这一年，满清历史上发生了一件大事。当年二月，廓尔喀兵犯西藏，和琳身为汉军副都统，自然被派往西藏，与大将军福康安共事。按乾隆的旨意，和琳主要负责“理藏库督前藏以东台站乌拉等事”。在西藏的几年，和琳战功赫赫，也更得乾隆信赖，为了彰显和琳的功绩，乾隆先后授予他镶白旗汉军都统、工部尚书，并授予云骑尉世职。总之，有胞兄和珅在朝中，和琳步步高升自不在话下。

乾隆五十八年，乾隆颁发谕旨，表彰和琳处理西藏事务“已有端绪，仍宜趁此斟酌尽善，永远可遵”。第二年七月，又任四川总督。此时国内形势大变，在乾隆六十年二月，贵州湖南爆发了历史上著名的苗民起义，此时，和琳正从西藏凯旋而归，在路过邛州时，得知义军已经攻打到秀山，和琳不顾风尘仆仆，马上投入战场，击败义军。又与老同僚福康安通力合作，连下义军七十余寨，镇压苗民起义和琳有很大作用，后来，他身先士卒，率兵攻击了岩碧山，生擒义军领袖吴半生。乾隆“龙颜大悦”，赏和琳双眼翎，任命其为“参赞军事。”并晋封一等宣勇伯，“赏上服貂褂”，“赏黄带”。在乾隆六十年十月，和琳连战连捷，乾隆“赏上用黄里元孤端罩”，且加封太子太保。通过数场征战，和琳确立了自己在军中的地位。

嘉庆元年五月，主帅大将军福康安积劳成疾，在军中病逝。和琳知道，这是自己掌握军权的好时机，忙给和珅修书一封，和珅与弟弟也是心意相通，于是向太上皇乾隆启奏，容和琳暂代军务。乾隆本就信赖和琳，当下提笔下圣谕令和琳督办军务。有了和珅的撑腰和太上皇的支持，和琳作战愈加勇猛。同年六月，和琳挥师攻克乾州，俘虏义军领袖石三保，乾隆又赏之三眼翎。这样一来，和氏兄弟一边把握朝政，一边控制军权，一将一相，一文一武，好不威风。

可惜正应了一句古话：“天有不测风云，人有旦夕祸福。”嘉庆元年八月，和琳继续挥师北上，率兵围攻平陇，受瘴气患病而亡，其宠妾殷云卿为之殉身，临终道：“虽修短有数，亦可以生死无憾矣。”和琳病逝时正值盛年，而且身兼数职，譬如光禄大夫、兵部尚书、都察院古都御史、四川总督等。可见当时和琳权重一时，乾隆赐白银五千两，并赐陀罗经被，赐祭葬，命配飨太庙。并允许其家建专祠祭奠。晋赠一等宣勇公，谥忠壮，其子丰绅宜绵袭爵，可谓身后亦有万千宠爱。

和琳一死，和珅顿时少了左膀右臂，因为和珅控制军权全靠和琳在军中的威信，更重要的是，和琳是和珅的胞弟，和珅精心培植和提拔和琳，可正值盛年而早逝。和珅伤心万分，曾做诗（悼亡诗）十五首悼念胞弟。和珅在诗序中写道：“希斋（和琳字希斋）弟督军苗疆受瘴而卒，痛悼之余为挽词十五首。言不成声，泪随笔落，聊以当歌。”言词中情深意切，从诗中可见：

看汝成人瞻汝贫，子婚女嫁任劳顿。
如何又为营丧葬，谁是将来送我人。

吾弟功成名，遂惜年不永。
既邀九重异，数殊荣复有。

同胞较我三年少，幼共诗书长共居。
宦海分飞五载别，至今音问藉鸣鱼。

4. 爱子情深

和珅是个非常重感情的人，对妻子，对兄弟，对子嗣，和珅都异常宠爱。人们可能会感到奇怪，一个贪官、大奸臣怎么会如此儿女情长呢？是的，虽然这看似矛盾，可是人就是一个复杂的统一体，对别人的残忍与对自己亲人的关怀在和珅身上相辅相成，完整地统一在一起。

不仅如此，在漫漫数千年的封建社会中，儒家思想占据统治地位。“不孝有三，无后为大。”在封建社会中，人丁兴旺，传宗接代乃第一要务，和珅幼蒙私塾先生教诲，少入官学习得儒家伦理道德，当然更注重后代的兴旺了。而且，和珅潜心经营数十年的权力、财富众多，他不愿自己驾鹤西去之时，所有的繁华富贵瞬间化为乌有，他希望世世代代保持自己的地位。

其次，还有一个鲜为人知的原因，就是和珅幼年父母早亡。由于自己幼年缺乏关爱，尝尽了人间一切酸甜苦辣，所以，他不希望让自己的孩子吃苦，重蹈自己少年时代的覆辙，故百般宠爱之。

和珅妻妾成群，生养无数，可有史可考的只有两个男孩：一是长子丰绅殷德，乃嫡妻冯氏所生；一为次子，姓名不可考，但据史料显示，应生于乾隆五十九年（1794 年），中年得子，和珅更是异常宠爱，正应了一句俗话：“皇帝爱长子，百姓爱幺儿。”次子与长子丰绅殷德整整差了十九岁，和家上下都非常疼爱。不知是什么原因，这个全家上下疼爱异常的和家二公子在嘉庆元年的七月初七早夭。

此时，和珅正在热河避暑山庄与乾隆帝消暑，正在与乾隆花天酒地，载歌载舞。噩耗传来，和珅心痛不已，写下了十首诗来悼念幼子。人生三大痛苦“少年丧父，中年丧妻，老年丧子”。和珅差不多全经历遍了，看来天理循环，报应不爽。

幼子夭亡后，和珅写下了《忆悼亡儿绝句十首，以当挽词》中道：“七夕节得家信，闻幼儿病势增剧，不意竟以是日夭折，悼惜之余感而成诗。”

由和珅的几首悼亡诗看来，和珅既如凡夫俗子一般疼爱老来所得之子，而且还对此儿寄予了更大希望，“痴心望尔继书香。”但他万万没有想到，幼子居然先己而去，自己白发人送黑发人。之后他经常无缘无故怨天尤人，甚而怪罪同僚为其老来得子而举行的庆典吓坏了孩子，他甚至认为这是同僚故意陷害于他。和珅已经崩溃了，但他还是坚持挺了过来直到嘉庆赐给他一条白练。

幼子聪明可爱，长子丰绅殷德也很喜爱这个比自己差不多小一代的弟弟，经常逗玩弟弟，弟弟夭亡时殷德正奉圣谕在湖广、贵州一带视察清军镇压苗民起义的情况，在泸溪时知其弟早夭，丰绅殷德也异常痛苦，赋诗吊之：

忆得临行见汝时，曾将果饵笑相嬉。
何期一月零三日，遂使千秋永别离。

记否亲承言笑时，曾云长幼太参差。
并期他日攻书侯，皆谓吾堪做汝师。

尔我同生锦绣丛，吾亲恩育极难穷。
似兹富贵遭夭折，岂若贫穷得寿终。

两载弟兄今永别，人间泉下路寞寞。
泪盈沧海千秋水，恨压蛮山万叠青。

惟有断肠歌当哭，不堪回首泪如波。
弟兄情义当乃尔，父母之心应若何。

痛语岂能计工拙，泣书全不辨歌斜。
聊将向汝灵前吊，知走知兮空恸嗟。

幼儿早夭，和家上下恸哭声一片。

对于长子丰绅殷德，和珅更是宠爱有加，因为和珅家的延续，血脉的保存，所有希望全在丰绅殷德一人身上。丰绅殷德生于乾隆四十年，在丰绅殷德五岁的时候（乾隆四十五年），和珅带殷德去内宫玩耍，乾隆见其灵巧聪明，赐名“丰绅殷德（丰绅是满语，即有福泽之意）”乾隆之口果然是金口，赐完名字，丰绅殷德的福泽就到了，因为随后乾隆就把自己最疼爱的小女儿固伦和孝公主许配给他，待年行婚礼。其堂兄丰绅宜绵在《延禧堂诗钞》中记载了这件事，道："恩蒙尚主，入趋禁廷，退东钟鼓恩义，顾名爱号润圃。"

在和珅的教育下，长子丰绅殷德性格温良，但有一个缺点，少言寡语，完全没有乃父能言善辨之风。和珅尽管多次教导，循循诱之，可丰绅殷德依然如故，和珅对此亦毫无办法。只希望丰绅殷德在官场厮混一些时日后能自己改变过来。

丰绅殷德没有令和珅失望，在官场的磨练中，他逐渐领悟到了能言善辩的重要性，而且，其妻固伦和孝公主也鼓励他努力和同僚打成一片，同僚们哪敢不给和珅大公子、驸马爷几分面子，而且，丰绅殷德本人又平易近人，很好相处，完全不像其父和珅那样玩弄机巧，盛气凌人。因此，他很快就和同僚们变得异常熟识，在身为散轶大臣的短短几年内，丰绅殷德就理解了官场上的各种关窍，乾隆见他成长迅速，也大加赏赐，感叹自己没有选错人，自己最疼爱的小女儿应该会过上幸福日子。丰绅殷德也想摆脱同僚们认为他只能靠父亲和皇上的庇护才能有所成就的眼光，自己努力完成本职工作，证明自己不愧为和珅的长子。

不过，丰绅殷德在家学渊源的影响下，也对诗词歌赋很感兴趣，他的诗作在其去世后由其堂兄搜集整理，结成《延禧堂诗钞》。在丰绅殷德的诗中，多反映出一丝恬淡无为的道家精神，他后来还曾自号"天爵道人"。

即使如此，和珅不会让自己唯一的儿子去炼丹修道的，他一定要儿子在仕途中继承自己的一切权力。在乾隆五十五年，当丰绅殷德年仅十五岁的时候，和珅推荐他任散轶大臣，后来，丰绅殷德还陆续受到乾隆帝的册封。嘉庆元年，和珅为了让他去军中磨炼，请求太上皇乾隆恩准丰绅殷德到湘黔清军中视察，把握军中兵士动态，积累资历，以备将来提拔之需。和珅如意算盘是打得好，可惜两三年之后，一条白练带走了自己的性命，丰绅殷德的政治生命也就完结了。

和珅疼爱丰绅殷德还有另外一个原因，那就是因为固伦和孝公主，固伦和孝公主是乾隆最疼爱的小女儿，乾隆曾对她说；"若汝为男子，吾必将立汝为储"。由此可见乾隆对她的宠爱程度。和珅知道应如何把握主子乾隆的心思，他知道，讨好公主比讨好乾隆更让乾隆本人高兴。因此，他对公主曲意讨好，也更宠爱丰绅殷德，正因为丰绅殷德才把他与乾隆的关系拉得更近，也才有了更稳固的关系。与皇家联姻是最好的办法，丰绅殷德成了联系和珅与乾隆的一个重要桥梁。另外，丰绅殷德是嫡妻冯氏所生，在封建社会，长子的身份是很尊贵的，正如皇家一般要立长子为太子，将来继承皇位一样，和珅是把丰绅殷德当成自己的太子来培养的。

丰绅殷德与固伦和孝公主婚后育有一子，可惜在嘉庆二年这个孩子也夭折了。丰绅殷德在刚经历过丧幼弟之痛后，又不得不承受丧幼子之痛。从此以后，固伦和孝公主也就没有再生过小孩。和珅也恼忿异常，因为和家唯一的香火就此断了。可是他也没法向公主发泄怒火，后来，公主收养了一个孩子。

由此可见，和珅并非如传统观点所认为的那样不近人情。和珅是贪官，可是和珅同时也是人，他有父有妻有子，有人性。我们也很有必要纠正我们以前对贪官的一些很偏颇和不实际的看法。

5. 大兴土木，宅第显豪华

乾隆四十一年十二月，和珅从正红旗抬入正黄旗，成为上三旗满洲人。随之乾隆乃赐德胜门内什刹海畔的一块地给和珅，恩许他另建住宅，同时又把圆明园附近的淑春园当作别墅赏赐给他。淑春园乃颐和园的组成部分，在今北京大学校内。淑春园几经和珅修葺，成了西郊名闻一时的私人园林。不仅如此，和珅开始着手建造自己的陵墓，经过多方考察，和珅在蓟州境内选好了一块坟地，经过几年的营建，逐步建造出规模庞大的“和陵”，可惜和珅后来没有享用到“和陵”，他倒台后，嘉庆认为“和陵逾制”，规格比皇陵还高，所以令强行拆毁，和珅长子丰绅殷德只好将和珅在刘庄草草埋葬了事。

和珅完全是自己建造宅第，因为其老宅在西四附近的驴肉胡同，是清初论功行赏时分配给尚属于正红旗的和珅家的。后来和珅步步高升，由御前侍卫兼都统一路升到户部侍郎、军机大臣兼内务府大臣，而且和珅还被抬入正黄旗。此时，再与弟弟和琳住一起便显得不合时宜了。所以，他在今什刹海畔着手修建他的新居。该居极尽豪奢，时《宸垣识略》中记载：“大学士之筹忠襄伯和第，在三座桥西北”。和宅不仅豪华，而且和珅倒台后这都成了他的罪状。嘉庆四年嘉庆帝曾发布上谕：“所盖楠木房屋，僭侈逾制及其多宝阁（隔断式样），仿照宁寿宫制作，其园寓点缀竟与圆明园蓬岛、瑶台无异，不知是何肺肠。”又“据呼什图供和珅盖造楠木房屋时，曾令伊入宁寿宫照烫式样。查呼什图入禁内烫样，该总管太监并不阻止，辄行放入，应交总管内务大臣查议”等。“因奏准抄出到臣衙门，臣等查得萧得禄等均系总管太监，当呼什图擅入宁寿宫烫样时并不阻止，辄行放入殊不合，请将总管太监萧得禄，阎进喜各罚钱粮二年。首领太监董世玉、李进孝、高进喜、邓世忠罚钱粮一年。”和珅建宅时，派呼什图潜入内宫“烫样”，所以，现存的“锡晋斋”依稀有宁寿宫的影子。宁寿宫乃为太上皇乾隆而建，故和珅做法显然违禁。乾隆五十一年，御吏曹锡宝弹劾和珅管家刘全僭侈逾制建宅，实际上就是借弹劾刘全来弹劾和珅本人，不过，当时和珅正风光无限，乾隆不但对此事不了了之，而且还斥责曹锡宝诬陷和珅，反而使曹锡宝丢官弃职。

事实上，和珅新建住宅本来就是符合祖法的，据清制："国家定鼎燕京，以内城房屋分给八旗，诸王各随旗分居住。"同时规定，随满清入关的功臣之后如"旧勋，下逮甲士，皆给屋宇，以宁干止。额数价值各有定制。……凡旗分房屋，顺治十一年议准，八旗官兵兵丁俱照分官地方居住，若遇调旗更地，仍准原处居住。有情愿买房搬移者，听从其便，都统、副都统不许强令迁移。如欲自盖房者，听都统、副都统查给本旗空地，准其自盖。"和珅在什刹海畔建新居，属"调旗"后之正常行为。当然和珅本人借机极尽奢华之能事，逾制修建自己的房屋，则又是另外一回事了。

和珅宅第东至毡子房胡同，南至今前海西街南侧，西至李广桥，北至大翔凤胡同，后辗转于亲王永璘和恭亲王奕䜣之手，又多次改建，但仍含嘉乐堂、天香庭院、锡晋斋、寿椿楼等和珅所建的基本建筑。从规模上来看，当然不能与亲王贝勒王府相比，但单从内部结构与装饰的精致来看，和府绝对可以称得上一流，而且有很多装饰物"皆亲王所不应有之物，而和珅有之，且铜路灯较大内所有尤为精致。今分设于景运、隆宗二门外"。

正因为和宅如此精巧的布局，所以与京城众多达官显贵的住宅相比，它也毫不逊色，甚至数一数二。庆亲王永璘曾道："使皇帝多如雨落，亦不能滴吾顶上，惟求诸兄见怜，将和珅邸第赐居，则吾愿矣。"嘉庆帝果然满足了他的心愿，赐了和珅邸宅的一半由他居住，永璘"喜极而泣"。

淑春园在历史上早已有名。《大清会典事例》中记载："乾隆二十八年内务府奏准圆明园所交淑春并北楼门外等处花园……"，和珅在乾隆把淑春园赏给他后，更进行了大肆的扩建，并更名为"十笏园"。规模也极大，据资料显示：园内仅房屋就有1003间，游廊楼亭357间。园内有山有水，存一湖泊（即今北京大学未名湖），湖中有小岛（湖心岛），石舫，现在依然完好无损地保存于今北京大学内，环境安静，美丽，故有人赞曰：

"一径四山合，上相旧园亭，绕山十二、三里，烟草为谁青。昔日花堆锦绣，今日龛余晋火（园有花神庙），忏悔付园丁。绿野一弹指（绿野亭亦存），宾客久飘零。坏墙下是绮阁，是云屏，朱楼半卸，晓钟催不起娉婷（园中有楼，向贮一自鸣钟，极巨，是鸣则群姬理妆）。谁弄扁舟一笛（园池为渔人利，适有荡舟横笛者），斗把卅余年外，绮梦总吹醒。悟彻人间世，渔唱合长所。”

斌良在《游故相园有感题》中写道：“铜铺尘幂径苔侵，策马荒园寄慨深。爱蓄名花歌玉树，曾移奇石等黄金（闻园中有太湖石系鹾商某甲物，以千金运至）。缤纷珂 驰中禁，壮丽楼台拟上林（园中楼阁均仿圆明园规模建造），犹胜荒地秀蒲牌，澹烟废绿远阳沉。”由此可见，和珅极尽奢侈，不惜千金把太湖石从外地远方运到园中。

后来光绪帝生父醇贤亲王游览淑春园后作诗几首。其中《中秋后游舒（即淑之谐音）春园四律》写道：“是园乾隆年间归和珅，籍没后入官。传闻禁园工作，每取材于兹，足证之亭台之侈之巨。后转变为睿邸园寓，虽栋宇仅存，山水之秀美固自若也。余园近在比邻，曾未获游览。迨庚申变后，遂就荒芜。奇当匆匆一涉。辄为俗沉所扰，未得从容吟咏。兹赴差之使，更续旧游，逐物成诗四章：

归风待月楼

相业负林永，登临怅惜年，高楼悲去鹤，孤冢咽啼鹃；果仅耽风月，何由汙简编；主人迭零落，一倒幼云烟。

石舫

余概横糊辨，轩楹慨劫灰；竟成填海物，不是济川材；渭水曾推毂，严陵尚钓台；临流一凭吊，蛩语动蒿莱。

巨石

（临风待月楼前太湖石一座，高约二丈，奇形不可名状。夹以老松二株，传系和珅时种。）

辇运千钧苦传邮，穷奢岂可倒风流；相公空慕封松笼，闲阁非缘拜石留；移此补天原有用，学他反璞自无尤；即今屹立峥嵘势，似向沙河暗点头。（和相墓俗称沙舍身，识者以地名为恶讦。）

可见和珅住宅的奢华程度。

除了什刹海畔的宅第和海淀淑春园外，和珅在北京城内尚有多处住宅，如坐落在北长街路西会计司胡同中的住房，因这儿离西华门极近，和珅为了早朝的方便在此建造一个临时住所，供早朝时住用。

而为了巴结乾隆，也因为与乾隆的亲密关系，凡乾隆常去的地方都有和珅的住处，这样，和珅既能了解乾隆的生活习性，又可及时地服侍乾隆，譬如避暑山庄、盘山等地均有和珅的住宅。乾隆五十八年（1793年），和珅就曾在热河避暑山庄自己的住宅里接见了英国特使马戛尔尼。和珅被处死后，此房由和孝公主丰绅殷德与成亲王永瑆分开居住。

不仅如此，和珅的陵墓，也十分宏伟，有史记载："外围墙有二百丈，内围墙一百三十丈，内有古门楼一座，石门二座，并开隧道，正屋五间，僭称享殿；东西厢房各五间，僭称配殿；大门一座，僭称宫门，其门扇一梁一檩均系红油飞金彩画，门用金包钉，梁柁五彩，描画中有金游龙。"虽然如此，和珅死后被强行拆除，自己享受不到，又是他始料未及的了。

6. 奢侈生活

大凡贪官都很讲究享受生活，很追求生活情调。因为他们敛财的目的就是为了享受，仅仅执着于金钱本身而贪污者极少，故“吝啬”与“贪官”本来就是一个悖论。

而历史上有人却道和珅“赋性吝啬”，惜金如命，或许由于少时家境贫寒，生性可能节俭了一点，但身为当时的“天下首富”，没有理由过分吝啬的——尤其是对自己和自己身边的亲人。从他大兴土木，修建邸第、陵墓都可见一斑。当然，“吝啬”存在一个对内和对外的问题。对待属下，对待家奴，和珅是能省则省，不肯多花一分钱，如果不是这样锱铢必较的话，和珅也不可能这样迅速积敛起巨额财富。而对自己家人，和珅的宠妻爱妾、疼子疼媳是当时远近闻名的。为了讨取家人的欢心，和珅不惜搜罗天下奇珍。

古老相传，新鲜珍珠可以增强记忆力，所以和珅一家经常以珍珠粉佐餐。和珅爱用珍珠，珍珠商人就大受欢迎，尤其手中有奇“珍”的便奇货可居了。据焦循《忆书》记载：江南吴县有一珍珠商人石远梅（一说名石钧善）。他每年都出海一段时间，捞回珍珠后在扬州一带贩卖，起初生意都不太好，自从扬州官吏知道和中堂喜好珍珠后，石远梅一跃而成了红人。据说每次他采完珍珠回扬州时，在离扬州城二十多里开外的地方，就有扬州的富商大贾、达官贵人派人将他迎回家中，“极珍味美馔以享之，优伶歌舞以娱之，名人诗酒以系之。远梅扮一琴师，画工萧然寂处。回以吟诗写字为事，而盐贾候其门，远梅出一小匣，锦囊温裹，以赤金作丸，破之则大珠在焉，重者一粒价二万，轻者或一万，至轻者亦八千，争买之，惟恐不可得。”

石远梅亦洋洋自得，他说这些珍珠是盐商和贵人们买去“献和中堂也，中堂每日清晨以珠作食，服此珠则心窍灵目，过目即记。一日之内，诸务纷沓，其胸中了然不忘。虽百手记，不能如是也。珠之旧者与已穿孔者不及用。故海上采珠之人，不惧怕风涛，虽死不恤，今日之货，无如此物之奇也”。石远梅大大地吹嘘了一番自己的珍珠，并号称自己所采集的珍珠“天下无双，并世第一”。嘉庆四年，石远梅又获一特大珍珠，形状颇似葫芦，观之者皆谓“异宝”，石远梅则兴冲冲地想卖个好价钱，可当他回扬州时，巨商达官对其不闻不问，这一年，和珅刚好倒台。至此，石远梅才幡然醒悟，不是因为他的珍珠值钱，而是因为和大人的喜好使其值钱罢了。

和珅生活奢华，非但平民百姓望尘莫及，就是皇亲国戚达官贵人也不敢望其项背。据当时来华访问的朝鲜使者记载：和珅家“家奢富丽，拟于皇室，有口皆言，举世侧目”。而且据外国使者所见，和珅是权倾一时的“二皇帝。”其权势为其享受提供了可能。“白玉为堂金作马”，用这句诗来形容和珅一家的奢侈生活尚不为过，和珅利用手中的职权让各地为皇上“进贡”各种物品、珍珠、奇石、各种时令水果，所有的贡品都要先经过和珅这一关，这也使得和珅家过得比皇室还要好。

和珅自幼家贫，父母早亡，在学校又经常受同学欺负，而且吃不饱饭，甚至没衣服穿，在冬天的时候依然衣衫单薄。幼时家境贫穷的人到后来越容易奢侈腐化——如果他们有条件的话。熬过苦日子的和珅更注重自己享受，也不愿自己的家人受苦受累，这种心情自古以来的贪官皆有之，不过和珅表现得更突出罢了。

每天早上，当淑春园的自鸣钟敲响之后，和珅的妻妾开始起床对镜梳妆，此时奴仆们已经开始准备早点了。和珅对早餐很有讲究，因为平时过度劳累，而且整日思虑如何对付人，因此脑力消耗很大，与其交好的一位大臣向他建议，可服食珍珠等物，珍珠可以美容养颜，又可恢复增加记忆力。一日，和珅服食了该大臣送去的两颗珍珠，果然觉得精神清爽。于是，从此往后，和珅的每日早点都会进食珍珠，尤其是他敬爱的妻子和几个他宠爱的小妾，美容养颜好让自己享乐。

如果说早点只是小打小闹的话，那么中午的正餐则极尽奢华之能事。午餐必摆满汉全席，而且以和珅家中的几个人，吃饭时用满汉全席绝对浪费，可和珅不管这么多，他干什么都要讲排场，自己是位极人臣的皇帝心腹，饮食当然也要体现出自己的权势，所以，即使浪费也在所不惜。

和珅一家的锦衣玉食也与属下的巴结有关，和珅的爱妾卿怜爱好吃荔枝，与唐朝的杨贵妃一样，据史料记载，杨贵妃吃荔枝是用上报军情的快马马不停蹄地送来的，而卿怜由于是和珅的宠妾，各地纷纷讨好，在荔枝熟了的季节，荔枝产地广东的大员也派快马送到京城。荔枝是个好东西，苏轼曾有“日啖荔枝三百颗，不辞长作岭南人”的说法。与进献荔枝一样，当有其他时令水果成熟之时，各地也纷纷孝敬和中堂。

和珅不但讲究饮食，而且极其注重衣着。衣服是一个人的门面。起初，和珅是出于装饰才穿着好衣服，尤其是参见皇上乾隆的时候。本来和珅一表人才，从小就羡慕其他同学锦衣玉食，无奈自己家贫，不说是自己买好衣服，就是冬天连御寒的衣服都没有，冯氏看见和珅衣衫单薄而可怜于他。可到了和珅本人得宠的时候，和中堂的穿衣是引领当时时代潮流的。据说，他有一件衣服上的纽扣全是西洋小闹钟做成的，而在当时，小闹钟的价钱是极其昂贵的，所以，和珅的一件衣服就能够养活当时的好几户人家。和珅对闹钟情有独钟，因此，不但身上经常挂着闹钟，在未名湖畔也挂了一只大的自鸣钟。

7. 丰绅殷德与和孝公主

要想取得皇帝的信任，要想直接与皇帝发生关系，最直接取巧的办法莫过于与皇室联姻，和珅更是深谙此道，而且更是运用自如。

乾隆一生共有十个女儿，其中有五个早亡，没有册封，当然更谈不上婚嫁了，其中最小的女儿固伦和孝公主是乾隆最宠爱的。和孝公主生性活泼伶俐，长相也跟乾隆颇像，而且乾隆老来得女，自是更加疼爱。在《清史稿·公主表》中记载："主，高宗少女，素所钟爱，未嫁赐金顶轿。"因此在和孝公主十三岁时，便被破格册封为固伦公主，这也充分说明了乾隆对她的宠爱，因为按清朝法制所定：皇后所生之女才能被封为"固伦公主"，品级与亲王相当。而妃、嫔所生或者由皇后收养的其他皇亲宗室之女，则只能封为"和硕公主"，品级只相当于郡王。而固伦和孝公主是一个妃子所生，乾隆帝因为疼爱她，才破格封其为固伦公主。

乾隆帝的其他四个女儿，分别为：第三女和敬固伦公主，乃孝贤纯皇后所生，于乾隆十二年三月下嫁色布腾巴尔珠尔额驸；第四个女儿和嘉和硕公主，纯惠贵妃苏氏所生，乾隆二十年正月下嫁傅恒子福隆安额附；第七女和静固伦公主，孝仪纯皇后所生，乾隆三十五年下嫁拉旺多尔济额附，第九女和属和硕公主，也是孝仪纯皇后所生，乾隆三十七年下嫁札兰泰额附。

在五个已存的公主中，固伦和孝公主最受娇惯宠爱，而固伦和孝公主"性刚毅，能弯刀弓，少尝男装随上校猎，射鹿丽黾，上大喜，赏赐优厚。"公主极富英武之气，这在以后的生活中表现得更加充分，即使后来嫁入和府后，公主依然不爱红装爱武装，还经常与丈夫丰绅殷德一同出去打猎，而且随侍侍从皆以劲装打扮。

丰绅殷德与公主同年所生，生于乾隆四十年（1775 年）正月十九日，比固伦和孝公主小半个月。丰绅殷德也与其父一样英俊美貌，乾隆也非常喜爱丰绅殷德。而且，丰绅殷德的名字就是乾隆帝所赐的。丰绅在满语中是福裕的意思，乾隆希望丰绅殷德能福裕长驻，好为自己最宠爱的小女儿带来好运。

在和孝公主十六岁那年，乾隆便把她许配给丰绅殷德为妻。从此，丰绅殷德与固伦和孝公主两个人的命运紧紧地连在一起了。

他们的婚姻无疑是一场政治婚姻。在中国古代，很多政治婚姻都是以失败告终，因为他们之间没有爱情。但从另一方面来讲，政治婚姻是最符合实际，也是最稳定的婚姻结合形式，因为政治婚姻首先强调的是门当户对，夫妻双方肯定同属于相同或相近的阶层，由是推之，两人的志向，兴趣爱好大都是相同的，这样一来，夫妻在一起生活就有了共同的话题和追求。所以相对于封建社会其他童养媳、指腹为婚来说，政治婚姻不能不说是相对可取的，虽然其中充斥了大量的权钱交易。

丰绅殷德与固伦和孝公主无疑是幸运的一对。不错，他们之间是一笔政治交易，尤其是在和珅看来，和珅可不会管他们之间有无感情，他就是要依赖公主的关系来巩固乾隆帝对自己的宠爱。但是两人却异常般配，男的潇洒俊朗，女的美丽大方，在以后的数十年间，两人相濡以沫，相互扶持，共同渡过一个又一个难关。

皇室中良好的教育使固伦和孝公主非常能干，见识长远，所以乾隆的溺爱并没有使公主养成骄娇二气，反而愈见其才。

婚后，她也很关心丈夫丰绅殷德的前途。因为她知道，男子汉大丈夫必须要有事业为依靠，她不希望丈夫整日处在皇上与和珅的阴影下无所事事，希望丈夫靠自己的能力而不是依赖父亲。

婚后，她发现和珅贪赃枉法，预感到和珅这样贪财好货不会有好下场。昭梿《啸亭续录》记载："公主尝对丰绅殷德言：'汝翁受皇父厚德，毫无报称，惟贿日彰，吾代为汝忧。他日恐身家不保，吾必遭汝累矣。'"固伦和孝公主果然高瞻远瞩，没过几年，和珅事败，固伦公主多次向嘉庆求情，为和珅求得全尸。可叹和珅，居然连和孝公主的智识都不如！

固伦和孝公主与丰绅殷德婚后的生活甚笃，而且，因为公主比丰绅殷德大半个月，又受乾隆宠爱，所以，在家中固伦和孝公主占了事实上的主导地位。据昭梿《啸亭续录》记载：某个冬天的一个早晨，天上飘着鹅毛大雪，童心未泯的丰绅殷德不由得童心大盛，想起童年与伙伴及堂兄丰绅宜绵一起玩雪的情景，于是情不自禁"偶弄奋激作拔雪戏"。和孝公主看到很生气，立刻责备他说："汝年已逾冠，尚作痴童戏耶?"可见公主对丰绅殷德要求十分严格。丰绅殷德见公主生气，连忙跪下求饶，请求公主原谅，公主含笑扶起丰绅殷德，并为其拭汗，道："汝勿作童戏，与吾共读诗书!”

和孝公主以儒家礼仪来要求自己的丈夫丰绅殷德，丰绅殷德也不负公主所望，努力修习四书五经，深受皇上重用。

固伦和孝公主尚骑射着男装，经常和丰绅殷德出外打猎，起初和珅为了讨好公主，常与两人同出游猎，后见小两口情深意切，心想自己就不用亲自出马了，自己已经位极人臣，现在要培养的是长子丰绅殷德，如果他与和孝公主的感情浓厚，那么，乾隆必定更宠丰绅殷德，到时，和家父子都会受尽公主宠爱。故和珅经常教训丰绅殷德多陪和孝公主出猎或游山玩水，丰绅殷德也很机敏，又喜欢公主，所以每次公主出猎，必偕同前往。

但两人亦有不谐的时候，丰绅殷德“持重老成，不苟言笑”，而公主生性外向，能干练达，两人在相处的时候经常出现公主一人“独领风骚”，而殷德一言不发的场面。

二人婚后有一子，公主全部身心投入到幼子身上，而丰绅殷德常常去外地视察苗民起义的军情。故两人之间出现过裂缝。不过幸好丰绅殷德也喜欢自己的幼子，三口之家也其乐融融。可惜好景不长，不知是什么原因，二人的幼子早夭，和珅闻之伤心欲绝，和孝公主与丰绅殷德更是悲痛不已。此后，公主未再生育，为了和家不致绝后，公主多次劝说丰绅殷德讨几房小妾。丰绅殷德起初以为公主乃是试探，后来公主多次恳请，方知公主情深意切，虽然他不想伤害公主的感情，但由于和家无其他子嗣，为了接续香火，他也不得不讨了几房小妾。至于后来和珅倒台后丰绅殷德“饮醇酒，近女色”，则又另当别论了。

和珅倒台后，家中一切事宜全靠公主打理，她治家有方，昭梿说她：“内外严肃，赖以小康。”丰绅殷德与公主之间感情深厚，但受和珅倒台的打击，丰绅殷德日渐消沉，是固伦和孝公主几次援手搭救，表现了封建时代妇女的良好德行。

8. 和珅的后世

旧时王谢堂前燕，飞入寻常百姓家。凡天下官宦之家，多只一代享用便尽，能延至二代者鲜矣。在一个激烈竞争的时代，更是很少有人能常盛不衰。

和珅倒下了，但他仍有后人。按封建社会的习俗，只要有后人，那么这个人还算孝顺，如果没有子嗣的话，无论他如何孝敬父母，他也会被扣上不孝的罪名。因此有“不孝有三，无后为大”的说法。“后人”就涉及到一个范围问题，有的人只把直系亲属算作后人，只包括儿子、女儿，有的人认为应该算所有的后人，我们同意后一种看法。我们认为，如果只算直接的亲属的话，和珅的后人就太少了。因此我们把固伦和孝公主等与和珅有关的家属亦当作后人。

和珅长子丰绅殷德。和珅死后，在固伦和孝公主几度恳求下，嘉庆允许其夫丰绅殷德“暂行出城，料理丧事”，堂兄丰绅宜绵也被暂时解禁。

和珅生前建造的比皇陵还豪华的和陵，因逾制被嘉庆帝强行拆毁，丰绅殷德与堂兄丰绅宜绵只好在刘村另立新坟，把和珅草草掩埋，并把冯氏、和琳等人的坟地也迁到此地，让冯氏与和珅这对夫妻能在阴世团聚。和珅在修筑和陵的时候万万没有想到，自己竟然没有机会享受和陵，只有静静地躺在刘村坟地内。

和珅倒台后，丰绅殷德相继被革去一等公、贝勒伯爵等爵位。幸好嘉庆七年（1802年），嘉庆因镇压白莲教成功，龙颜大悦，大赏天下，也赏了丰绅殷德，他下谕道：“固伦和孝公主下嫁固伦额驸丰绅殷德，其品秩原与贝子相等，嗣因伊父和珅获重谴，是以将丰绅殷德一并革职，旋经朕格外加恩，授为散秩大臣，今当大功勘定，恩逮亲藩，因念固伦和孝公主亦应一体赐予恩施，著将丰绅殷德，赏给民公品级，仍在散秩大臣上行走，俾公主同深欢感，以示朕笃念推恩之至意。”

即使如此，丰绅殷德也明白，只要嘉庆当政，自己的政治生命就已经完结了。他是不可能讨得嘉庆的信任和重用的，而且从他自身来说，因为他的“持重老成，不苟言笑”的性格，也不适合从政，因此自父亲倒台后，丰绅殷德每天也就吟诗作赋，风花雪月一番。没有了政治上的追求，他逐步向一个隐士滑去，正如他的《自咏》诗所写：

朝亦随群动，暮亦随群动，
荣华瞬息间，求得将何用。
形骸与冠盖，假合相戏弄，
何异睡着人，不知梦是梦。

经历了从荣华富贵到一无所有，丰绅殷德也深深理解到了人生如梦，荣华富贵不过是过眼云烟。正如《红楼梦》的作者曹雪芹一样，他看破世相，认为"世事洞明皆学问，人情练达即文章"。可惜，丰绅殷德没有曹雪芹那样的才华，也没有曹雪芹那样的苦功，所以，他只留下了一些三流的小诗，后来被其堂兄丰绅宜绵整理成册，也算是流传后世了。因此丰绅殷德整天纵情声色犬马。他希望这样的无所作为能逃避官方对自己的陷害。

可是如此还是犯了忌讳。嘉庆八年（1803 年）固伦和孝公主府长史奎福向内务大臣温布控告丰绅殷德"演习武艺，谋为不轨，并欲害公主，将妾带至坟园于国服内生女各款。"嘉庆一审发现纯属诬告，不过丰绅殷德国服内生女确有其事，丰绅殷德也供认不讳。故嘉庆帝谕示道："……实系奎福因革去长史心怀怨恨，捏词诬控，今受书已定，丰绅殷德并尢谋为不轨之事。其罪状在将侍妾带至坟园，于国服一年内生女，实属丧心无耻，令其闭门思过，如此惩办已是敬幸，其他俱属轻罪不议。"

按大清律例，皇帝大丧期间，守制者不得悬挂门符，张灯结彩，不得婚嫁，不得同房生育等等，丰绅殷德身为额驸，在乾隆丧期内，当然应守禁忌了，从此丰绅殷德生活中最后的一根稻草也没有了。"饮醇酒近妇人"这些平时里的行为也成了奢望，生活中什么自由都没有了。丰绅殷德哀叹："功名事业俱泡影，埋骨何劳墓志铭。"

他也只好求神问道了，人在这时候才会想到神，可惜神已远去，帮不了人了。时人昭梿在《啸亭杂录》中记载："中年慕道，与方士辈讲养生术"，还自号"天爵道人"，整日出入寺院道观，与和尚道士打的火热，其思想更几近消极颓废，有诗为证：

《安稳眠》

家虽日渐贫，犹未苦饥冻，
身体日就衰，幸无疾病痛。
眼逢闹处合，心向闲时用。
既得安稳眠，亦无颠倒梦。

《赠丽斋姐夫》

姐夫名鋆，乃康熙得孙，丽斋是永鋆的号

莫厌山居太寂寥，绝起城市因暄嚣。
自由自在神俱爽，无事无非梦亦调。
茅舍竹篱偏得趣，清风明月不须邀。
布衣蔬食吾犹愿，次有花时洒一飘。

诗中充满了失望、无助的心情，他也终于明白了《红楼梦》中贾宝玉的处境和心情，往日里跟父亲一起看的时候，一直不懂，经历过了风风雨雨，终于知道人情世相的残酷。

嘉庆十一年（1806 年）嘉庆又授予他“头等侍卫，擢副都统，赐伯爵衔”。不久，嘉庆派他到乌里雅苏台任职，丰绅殷德“星驰瀚海，日近斗魁，秉公执法”。在边疆地区供职，与其说是嘉庆在提拔他还不如说是在流放他，嘉庆讨厌与和珅有关的一切，当然自己的妹子固伦和孝公主除外，所以就来个眼不见为净，让丰绅殷德长期在边疆做官。而此时，丰绅殷德的身体由于过度放纵和自暴自弃的心境，已经是百病缠身了，在这种蛮荒之地无异于慢性自杀，他自己早死晚死都不太计较了，公主可不能眼睁睁地看着自己的丈夫奔赴黄泉，于是多次向皇兄求情，希望他放自己的丈夫回来养病。嘉庆十五年（1810 年）二月，应公主所请，嘉庆许可丰绅殷德回京疗伤，还派人看望他。由于旅途劳顿，当年五月，丰绅殷德去世，年仅三十六岁。嘉庆“念其平日小心供职，赏给公爵衔”，又“派英和带同侍卫十人前往奠醊，并赏赐陀罗经被，赏给和孝公主银五千两，俾资料理丧务，仍照公爵衔给与恤典。”其堂兄丰绅宜绵闻讯，万分悲痛，写诗悼之：

书香嗣续重承祧，祖德宗功今闻昭。
谁料孑然唯我在，两肩负荷一肩挑。

插架牙签罗万卷，青箱莫继叹无儿；
可怜二女犹娇小，一尚垂髫一尚嬉。

随后，丰绅宜绵护送丰绅殷德灵柩到刘村和氏新坟，与和珅、冯氏团聚。丰绅殷德有一个儿子，可是早夭，故身后仅留有两女，死时长女十一岁，幼女五岁，“一尚垂髫一尚嬉”。后来固伦和孝公主过继一个儿子叫福恩，世袭了轻车都尉，嘉庆对丰绅殷德的后人还很照顾。

固伦和孝公主出身显赫，与丰绅殷德同年生，逝于道光三年（1823年）九月初十日，终年四十九岁。虽然和珅倒台，但她还是受尽了三朝皇帝（乾隆、嘉庆、道光）的宠爱。

和珅倒台，其已经去世的弟弟和琳及侄子丰绅宜绵当然受到株连，嘉庆帝斥责和琳“牵制福康安，师无功。命撤出太庙，毁专祠，夺其子丰绅宜绵公爵，改袭三等轻车都尉”。后来又“斥退了侍卫，不准在乾清门行走”。丰绅宜绵也就一直赋闲在家。

丰绅宜绵又名良辅，号存谷，“善堪舆，贵家争延致之，间有验者。”丰绅殷德病逝后，他一手操办丧事，并整理和珅、父亲和堂弟的诗作为《嘉乐堂诗集》、《芸香堂诗集》和《延禧堂诗抄》，他自己也做过《挽弟诗十首》表达自己哀悼之情。

同样的处境，使丰绅宜绵也走上了丰绅殷德的老路，昭梿在《啸亭续录》中记载："以抑郁故，饮醇酒近妇人，卒以劳瘵终，去其弟没未数年也。"丰绅宜绵还有一子一女，他死时，儿子仅有四岁，袭三等轻车都尉世职。

和珅还有几个女儿，但有史可考的只有一个嫁给了贝勒永鋆。永鋆属于皇族，生息繁衍，一直到清末其后代还活跃在历史舞台上。

和琳有一女儿嫁给质恪郡王绵庆。绵庆于嘉庆九年病逝，时年二十有六。

故和珅并没有断了"香火"。虽然长子丰绅殷德无子，但公主过继了一个孩子，丰绅宜绵有子生息繁衍。据传曾任天津道台的承霖就是和琳的孙婿，更有甚者，在"文化大革命"中，有人还抄出了和氏家谱。

总之，由于与皇族千丝万缕的联系，和珅后世并没受多少亏待，过着小康生活。

第九章　人生的变局

《菜根谭》讲："人在苦心之中，常得悦心之趣；得意之时，便生失意之悲。"人生在世，时空在变，时局也在变，人们需要追逐时宜，以求与时宜相合。聪明的和珅何尝不懂得逐时的道理。怎奈权力与金钱遮住和珅的双眼，临将覆灭尚不自知，权力与金钱的惯性把和珅推上了绝境。

1. 花未全开酒将微醉，实乃人生最佳境界

洪应明在《菜根谭》中说：“花看半开，酒饮微醉，此中大有佳趣。若至烂漫酕醄，便成恶性境矣。履盈满者，宜思之。”月盈则亏，物极必反，这些都是天理循环的规则，也是为人处世的道理。所以权势地位达到一定程度、事业达到颠峰阶段的人，最好能深思一下这段话的真义。

能够取得事业的成功需要智慧，能够取得人生的满足更需要智慧。因此，只有智慧之人才会做到“盛时常作衰时想，上场当念下场时。”

在历史上，兔死狗烹的故事发生了一回又一回，真正能从中吸取教训的人却是少之又少。识时务者为俊杰，英雄、人才从古至今数不胜数，但真正可以称得上俊杰的则少之又少。在帝王天子那里，有难同当是肯定的，但是有福同享则不那么现实了。比较明智的有春秋末期的范蠡，范蠡是一代名臣，在帮助越王勾践灭吴之后主动引退，从而保存了自己的一世威名和性命。张良也是一个很好的例子，在辅佐汉高祖打败项羽之后，自己也隐居起来，避免了与功臣韩信一样的可悲下场。明智、头脑清醒的人总是极少数的。历史上虽然有不少英雄豪杰叱咤疆场、人敌阵如入无人之境，或者过五关斩六将，但最后难逃自己主子的致命一击。

当上了宰相后，和珅真的是呼风唤雨了。“一人之下，万人之上”，和珅完全实现了他童年时的梦想，权、钱、女人，这些男人梦寐以求的东西和珅都拥有了，此时的他还有什么追求呢？这个时候，和珅面前有两条路供他选择，一条是就此罢手，因为江山毕竟还是爱新觉罗氏的，外姓人无论如何飞黄腾达，不过是帮爱新觉罗氏看门的一条狗罢了；所以，和珅应该选择原地踏步，只要保持自己的声望和财产就对了，至少可以做到不与嘉庆帝作对。第二条路就是和珅更加显赫，但是，走这条路无疑要承担更大的风险，须臾之差便会人头落地。和珅选择了第二条路，他不会随便收手的。

中庸之道是中国人最崇尚的，孔夫子早就劝告人们说：“过犹不及”，而且，从古至今几千年来的教训汇成一句话就是“物极必反”，做

什么事都有个度，超过了这个度，再好的事情也会向坏的方面转化了。和珅绝顶聪明，当然能了解这些道理，可是，很多时候能认识到做人处事的道理未必就能够做得到。和珅也是如此，因为此时他的眼睛已经被自己营造的网所遮蔽。

在和珅位极人臣之时，实际上就埋下了他失败的祸根。这种情况和珅周围的人也是已经看出来了。嫁入和家的十公主固伦和孝公主就曾劝诫丰绅殷德。

丰绅殷德也是天资聪颖，如何要公主提醒才知道啊？他和其母冯氏早就看到了和珅这样贪财爱货是不会有好下场的，因此他们经常在日常聊天中假装无意地提到范蠡、张良等人功成身退的例子来暗示和珅。熟读史书的和珅怎么会不了解这些陈年旧事呢？而且这里面的寓意他比谁都清楚，可是此时他却不愿意就此罢手；在他看来，自己就是上天降下来辅佐大清的，因此，除了给乾隆几分薄面之外，谁也不会被自己放在眼里，即使是已经要成为皇帝的嘉庆也不例外。

当和珅不听从丰绅殷德和夫人冯氏的劝告之时，结果就已经注定了。他只能步鳌拜、年羹尧之流的后尘，虽然和珅认为嘉庆奈何他不得。但翻翻史书，哪有权臣有好下场的？即使在满清王朝，这样的例子也不在少数。在清初康熙年间，鳌拜身为顾命大臣之首，自然也不把幼帝康熙放在眼里，于是独断专行，甚至挟康熙以令群臣；结果，在康熙的精心安排之下，鳌拜被一帮小太监擒获。雍正年间，大臣年羹尧自认有功，跟雍正对抗，后来身败名裂，被雍正处死。等待和珅的会是什么结果呢？

和珅有个死党叫汪如龙，他也意识到和珅的家业不会久长，他通过观察嘉庆和和珅发现：嘉庆喜怒哀乐不行于色、心胸宽广、气定神闲；而和珅则眉飞色舞、又说又笑、洋洋自得。两相对比，汪如龙知道和珅无论如何也斗不过嘉庆，虽然可能两人的个人条件有差距，可是现在和珅已经不知道自己是谁了，所以和珅必败无疑。他感念和珅对自己提拔和知遇之恩，想要劝劝和珅应收手时就收手。他先辞官归隐，希望自己能逃脱和珅的株连之罪。然后他借古喻今，劝和珅及时收手，毕竟，能得到的和珅已经得到了。

汪如龙知道凭空说自己的打算，和珅肯定会付之一笑的，他要劝说，必须取一种巧妙的方法。汪如龙想到了《红楼梦》，和珅不是最喜欢读《红楼梦》吗？就以此为切入点来劝说和珅。于是他对和珅说：

"先生曾觅人将《石头记》改写为《红楼梦》，先生可曾想到，这《红楼梦》三字有何意蕴啊?"和珅如何能不明白汪如龙的话中之话啊，红楼梦，红楼一梦，梦醒之后一切成空。汪如龙是想说自己所追求的是个梦境，那怎么会啊？自己的追求是实实在在的，不是什么镜花水月。他要用事实让汪如龙相信，自己和以前的草莽英雄是有区别的。

晴空朗月，何处不可自由飞翔？而飞蛾却独投夜晚的灯火；清泉绿果，何物不可饮啄？而鸱鸮却偏偏喜欢吃腐烂的老鼠。在现实生活中，人间不做飞蛾鸱鸮傻事的人，究竟能有几个呢？

和珅毕竟是和珅，他与以往的人实际上是没有区别的。如果他在众人的劝说之下，能及时罢手的话，那也许又是另一番境地。但是他太自信了，以为自己能改变整个世界，但到头来改变的只是他自己。正如一只螳螂推着车的后沿，看着马车滚滚向前，还以为是自己在推动呢。汪如龙从此刺瞎了双目，不敢留任和珅推荐的两淮盐政之职了。

只能说是人的贪欲蒙蔽了人的理智，人们对权力的追求是无止境的，当一个人站在高处的时候，他会失去往日的敏锐和判断力，因为这个时候其他人都会对他巴结讨好，让他只能看到自己的长处而看不到自己的缺点，长此以往，就会造成此人的欲望膨胀，感觉自己不再是以往的普通人，而是可以改变整个世界的灵魂人物，在这个时候，自己高兴还来不及呢，怎么会考虑到自己的后路，怎么会想到自己是在为他人作嫁衣裳呢？更为关键的是，他们此时都存在着一种侥幸心理，他们会认为历史人物的失利是因为没有处理好一些自己能够处理好的事情。因此，一个英雄死了，另一人又接着踏上他的覆辙。鳌拜、年羹尧被皇帝处死了，和珅仍然不会吸取教训，因为他自认自己比前两位英明多了，自己不可能重蹈他们的覆辙的。但后来呢？

人生如同一场宴席，宾朋满座欢聚一堂，大家痛饮狂欢真是畅快之至，可转眼之间就是夜深人静，酒尽烛残，人去楼空，香销茶冷，再回想起那狂欢豪饮便令人索然无味。天下事大多如此，人们奈何不早回头？

避免恶果，当然是最佳境界。该收手时就收手，既能达到人生的目的——不论是求钱、权还是色，又能避免自己走向毁灭。何乐而不为呢？

2. 人不可能一辈子聪明

纵容自己就是毁灭自己。人一旦纵容自己，外面的险诈就会有了入侵之机。满足欲望是人的本性，但无论有无满足欲望的条件，纵容自己的欲望都不是一件好事，因为这将使你失去清醒，模糊你的视线，于是险诈至矣。纵容自己的情绪亦是如此，放纵自己的喜怒情绪，不仅影响别人的情绪，也会使你的人际关系产生变化，别人不愿冒犯你，也不愿给你提供可靠的情况，使你对周围环境认识产生扭曲，失去对事物判断的准确性。

成功的人之所以成功，就在于他们不会纵容自己，他们总是不断地反省自己，永远地自律；所以，他们往往是胜利者，因为他们最终战胜了自己。

也许是以为一切都在自己的掌握之中，也许岁月催人老是一个不争的事实，和珅这个聪明人在“四十不惑”之后屡屡干出糊涂事，而且，一件接着一件。或许，这也预示了这几年是和珅生命的最后几年？还是和珅已经江郎才尽了，再也玩不出什么花样了？

这首先要从乾隆立太子说起。由于有康熙立太子时的纷争为前车之鉴，乾隆处理这事显得格外小心翼翼，从一开始就不立储，大臣们体察圣意，没人敢出来说话。直到乾隆四十三年九月，锦县有不怕死的生员金从羲呈上“建储”“立后”奏折，结果乾隆果然龙颜大怒，将金处以极刑。有此为记，群臣更不敢再提此事了。然而到了乾隆五十九年，乾隆自己却不能等下去了。因为他登基时曾许诺不能超过祖上康熙的六十一年帝王生活，而且，十月初一日，按照惯例要颁发下一年的《时宪书》，上面必须有新皇帝的年号。所以，乾隆不得不“谕示天下”，确定新皇帝了。

这么一来和珅可就着急了，因为乾隆是他的靠山，他跟乾隆是一种共生的关系，如果少了乾隆的撑腰，新皇帝又不宠信他，那自己几十年的苦心经营就付之东流了。于是他力劝乾隆暂缓归政，尽管和珅谀词如潮，列举了乾隆在位的种种好处，又大赞乾隆的英明神武，换作以往的话，肯定会百试百灵，可这次还是在乾隆那里碰了软钉子。精明的和珅于是马上转变风向，他想在乾隆与新皇帝——永琰（即后来的嘉庆）两人之间找一个最佳结合点，既能讨好乾隆，又能得到新皇帝的宠爱，让自己成为“两朝股肱之臣”。乾隆的宠爱是没有问题了，但是如何向永琰表达自己的心意呢？

和珅选择了送玉如意给永琰，对永琰进行试探。永琰当然知道自己的尴尬境地，即使自己是太子，但废立还不是父王的一句话？即使做了皇帝，有乾隆这个实权派的太上皇在，自己还必须俯首贴耳。所以，永琰为了稳住和珅，对和珅一味恭维，解除其思想的警惕。精明的和珅在黄毛小儿面前栽了跟头，心中还洋洋自得：“此等孺子必可玩于股掌之上。”

事实上，和珅送玉如意本身就犯了大清律例，自康熙诸皇子竞植私党，酿成数起狱案后，清制规定皇子不许与诸大臣有任何往来，皇子不得擅离宫中。和珅却敢冒天下之大不韪，其用心永琰如何会不知呢？仅凭此事就放弃了对永琰的戒心，平日机敏的和珅其智慧不知道飞到哪里去了。

正是因为对永琰放弃了戒心这一招之差，埋下了以后覆灭的祸根。和珅却蒙在鼓里，以为新皇帝已简单地被自己摘掂了，浑不知，此时的他正应了一句古话：“猪羊前往屠宰家，一步一步寻死来。”

比起献玉如意来说，诬陷洪亮吉则显得更愚蠢了。乾隆五十九年至

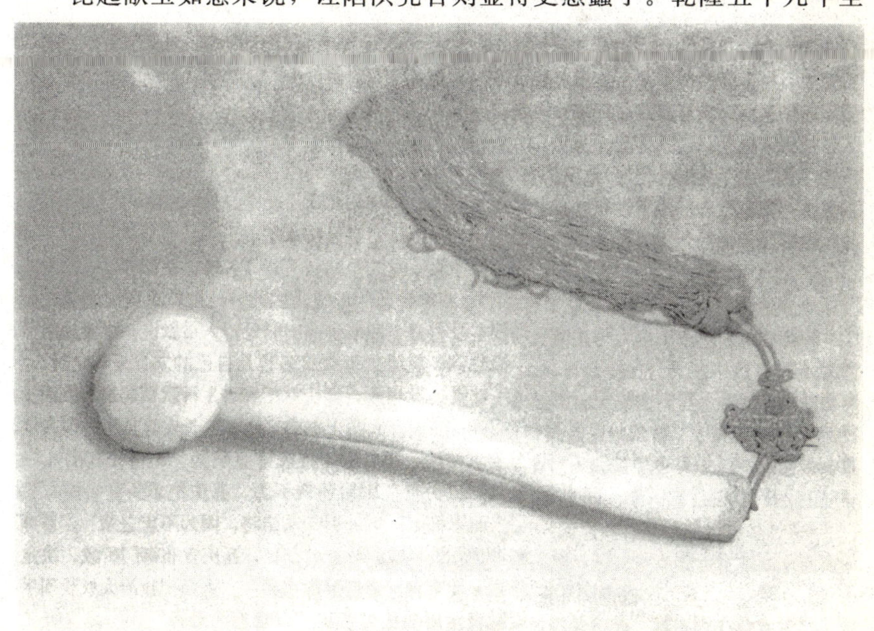

玉如意

嘉庆二年，连续三年应试会试。今科会试主考官居然是窦光鼐而非和珅，副主考是咸安官官学的正总裁洪亮吉。和珅本以为主考官铁定非己莫属而收取了大量贿赂，这下出乎自己预料，主考官被别人顶替了，只好去找洪亮吉，希望能收买洪亮吉，为自己服务。但仔细一调查，发现洪亮吉居然是自己政敌王杰的幕僚，而且，洪亮吉已写了很多讥讽时政的诗，什么：

早闻内禅光唐宋，欣喜元年值丙辰。
全楚正欣秋再稔，史官应奏日重轮。
尧阶未在追陪列，尚愧西清侍从臣。

竟敢讥讽天子的禅位！这还了得！生气之中，和珅灵机一动，倘若向圣上奏一本洪亮吉，说不定可以扳倒窦光鼐，自己又能如愿当上主考官。于是，他在早朝时参奏："奴才见一诗集，其中诗作多有诬我官府，影射攻击我大清之意……"并念洪亮吉的诗：

六王虽毕閒左空，男行筑城女入宫；
长城东西万余里，永巷迢迢亦无麻。
宫中永巷边长城，内外结成怨苦声；
入宫讵识君王面，三十六年曾不见。
……

乾隆皇帝才高八斗。明明是写秦始皇的他怎么看不出来呢？刚好王杰也在，他对洪亮吉的诗很熟悉，当然也知道和珅诬陷洪亮吉的意图。他知道洪亮吉曾写过一首《万寿乐歌》，他从和珅手中抢过诗集，呈给乾隆。《万寿乐歌》写道："免钱粮、免漕粮，四次两次看誊黄。今年诏下龙恩厚，普免正供由万寿。三分减一，十减三。前史盛事何庸谈，大农钱粟虽频散。耕九余三积、储粮，户部银仍八千万。"乾隆一看，这不是在歌颂自己吗？再往下看，更是在歌颂自己勤于政事："夜未央，乾清宫中烛蜡煌。日将出，勤政殿前传警跸，机廷文阁三两贤，日或一再瞻天颜。万机当昼皆周遍，七品宰官多引见。"下面又有"四部书，帙万万……"赞自己的文治，"贡及犀兕兼猞猁……"赞自己的武功。此时乾隆龙颜大悦，哪会再对洪亮吉说什么？相反，当着群臣的面责备了和珅一顿。不仅如此，身在早朝的永琰（此时已改名颙琰）心道：和珅这不是明明冲着自己来吗？洪亮吉是自己亲点的副主考，今诬陷洪亮吉，不也就是责我失察，用人不明吗？心里更加对和珅怀恨在心。和珅这次又倒霉了，也真是偷鸡不成反蚀把米，左右都不讨好。

虽然如此，和珅对嘉庆还是有所提防，虽然嘉庆表面上唯唯诺诺，依附于太上皇，但心中真是如此吗？和珅不敢肯定，他打算试探试探，如何试探呢？

古语有云“诗言志”，“言为心声”。只要派人收集齐嘉庆的诗集，不难从他字里行间读懂他的心思，如果他真有“反意”的话，到时，不难借太上皇之手废掉这个皇帝。经过深思熟虑，和珅想出了三个方法：

首先，派吴省兰为嘉庆帝侍读，以为嘉庆整理诗文稿件之名，行监视之实。

其次，借太上皇乾隆的权力之手，剪除嘉庆的羽翼和心腹，放手培植自己的骨干，提拔自己的骨干，形成以自己为中心的一个权力网络。

再次，控制朱珪、王杰、董诰，控制并摒除一切接近嘉庆帝的人，尽最大限度地孤立嘉庆，让嘉庆孤掌难鸣。

次日，和珅便奏请太上皇和皇上，开始着手实施自己的计划，并且，又让福长安随时随地监视嘉庆。嘉庆还没意识到自己的一举一动会被和珅安上莫须有的罪名，还去军机处察看奏折，福长安身为军机大臣，急忙飞报和珅，和珅即向太上皇启奏，嘉庆不但受到太上皇指责，更得到了一句“你若下诏，须奏朕知晓，不得擅专”。

虽然受了一次训斥，可嘉庆还没认识到事情的严重性，他见军队毫无战斗力，就又下了一道谕旨，要冬季举行大阅兵典礼。和珅怎能不知晓他的所作所为，又奏上太上皇，太上皇降旨：

“今川东、川北教匪虽将次剿灭完竣，但健锐营、火器营官兵尚未撤回，本年大阅兵暂行停止。”

至此，和珅已经完全孤立嘉庆，嘉庆则有说不出的孤独。按清制，在他尚未登基时，他只有和上书房的师傅接触，可是他的三个师傅中两人已死，只剩下唯一一个老师——朱珪还在外地担任两广总督。朱珪也了解嘉庆的心境，他为了回京面圣，把乾隆诗作四万余首编辑成册，分为五集，并详加注解评述，太上皇自然闻之高兴，准备补授朱珪为大学士，进京随侍帝王左右，嘉庆可说是盼星星、盼月亮，才盼来自己的老师朱珪——自己现在唯一可以信赖的人，于是即兴赋诗表达对老师的思念之情和急盼老师赴京的感受。殊不知，这样一来不但害了朱珪，还差点丢了自己的帝位和小命。因为和珅是绝对不能让朱珪回到京城来壮大嘉庆的羽翼的，正愁没有借口的和珅把嘉庆这首诗呈给了太上皇道："嗣皇帝欲示恩于师傅"，太上皇一想，这不是勾结私党吗？忙召董诰询问按大清律例该如何惩处嘉庆，幸好是找董诰，董诰在这时对太上皇晓之以情，动之以理，救了嘉庆和朱珪一命，这大概也是嘉庆亲政后首先想到重用董诰的原因吧。此是后话，暂且不表。

即便如此，和珅心里仍然不满，乾隆也总有心病，于是找了个借口，谪朱珪为安徽巡抚。

至此，嘉庆才真正明白了有太上皇一天，自己就不过是个傀儡，是聋子的耳朵——摆设。心里更对和珅满腹怨气。但他知道自己现在撼不动和珅这株大树，因为和珅太善于揣摩上意了——太上皇的心意。

3. 一朝天子一朝臣

在中国历史上，三朝元老总是少数。一方面固然是因为每个皇帝用人的喜好不同，造成“冯唐易老，李广难封”；一方面也是因为皇帝多能享高寿，比如康熙、乾隆当政六十余年，臣子如果连任几朝的话显然不太现实；更为关键的是，在中国几千年的儒家传统中，忠义是排在第一位的。所以，新帝上任总会找对自己最忠心的臣子来任用，先帝托孤的当然很少能堪大用，不是说“忠臣不事二主”吗？所以，君主在潜意识中有排斥前朝老臣的趋向，前朝老臣要么老朽难堪大用，要么拥功自重，这是最让帝王忌讳的。因此，帝王重用的是前朝有才华而又郁郁不得志之人。这样，既能发挥才华又对上死心塌地的臣子才是君主最需要的。

和珅是有才华的，但在乾隆那里他更多的是奴才而不是大臣，虽然他位居极品，当上了一人之下，万上之上的宰相，可是，乾隆只把他看作懂自己心意的奴才，甚至据传说还掺杂着同性之间的暧昧关系。也就是说，乾隆虽然极度宠幸和珅，但他无疑压抑了和珅的才华，而这种人一旦得到了释放，当然不甘久居人下了。这种人君主如何敢用呢？尤其是受其压抑很久的嘉庆如何敢用呢？

古语云：“伴君如伴虎”。君主的宠爱如同小孩的脸，说变就变。历朝历代的众多事例要列举的话，我们这本书的长度就不够了。别说是一朝君主一朝臣，就是同一君主，对大臣的宠爱也是朝三暮四，能像和珅这样得到君主固宠的也为数极少。乾隆不是治过刘统勋的罪吗？不是曾经两次把刘墉关进监狱吗？一想到这一节，和珅不由得恨起乾隆来，他为乾隆奉献了一切，乾隆要钱，要军费，要女人，要快乐，和珅都会毫不犹豫地满足；可是，乾隆还有阿桂、福康安、刘墉、纪昀、朱珪，还有王杰、董诰等一大帮臣子；和珅顿感时世的悲凉，深感自己的一片忠心被要弄。

和珅正深感前程悲惶之时，乾隆朝首席军机大臣阿桂病逝，他不禁眉开眼笑，认为自己这个次相也该“扶正”了，首席军机大臣非己莫属了。也许是老天爷也如乾隆一般宠爱和珅，乾隆时期的权臣、和珅的政敌如福康安、阿桂等人相继去世，少去许多掣肘。天下除了太上皇乾隆，均不能入和珅法眼，嘉庆小儿也不能。和珅匆忙赶往乾清宫，准备接受首席军机大臣职位。可乾隆一席话让他心凉了半截，乾隆说：

“阿桂宣力年久，并且功勋卓著，尔随同列衔，事尚可行。今阿桂身故，单挂汝衔，外省无知，必以为每事皆由尔发，甚至称尔为相帅，尔揣摸揣摸，汝配否?”

和珅总算明白了，乾隆宠幸自己不是因为自己的才华，而是因为自己善体上意罢了。阿桂才是股肱之臣！既然如此，自己对乾隆的忠心还有什么用呢?

和珅一时被权力蒙住了眼睛，恍然觉得大清帝国所有政务、政事都出自己手，仿佛坐在皇帝宝座上的不是乾隆皇帝弘历，而是他和珅自己。事实上，他还是乾隆的一个奴才，嘉庆登基，他应摇身变成嘉庆的奴才。可他没有认识到这种情况，他只承认自己是乾隆的奴才，不愿意承认自己是嘉庆的奴才，所以，他做什么事都很自然地站在乾隆一边；他忘了，乾隆已经是八十多岁的老人了，没有几年可活了，嘉庆才是真正的皇权的代表，他自己并不是什么权力的代表，他始终只是工具，是在乾隆、嘉庆的皇权体系之外的。可怜的是，和珅到死都还以为自己已经进入了权力内部，而事实上，他不过在外面兜圈子，屋内的人偶尔跟他说说话罢了。他终于没有进屋——一个名叫权力的房间。本来两朝元老就不易了，和珅却还得罪了未来的皇上，那就更不用想做什么“两朝股肱之臣”了。而即使能做到“两朝股肱之臣”、“三朝元老”又有什么用呢？不过是换了一个主子的奴才罢了。

和珅果然是和珅，认识到自己的尴尬处境后，他没有黯然神伤，他在思索自己日后的出路。他不能让自己的万贯家产，自己的一切成为镜花水月，他不奢望万世永佳，但希望只要自己一息尚存，这些都不应是梦境，所有都是现实的。

历代的宠臣在改朝换代后都会身首异处，有的甚至在尚未换代时就被主子无情地抛弃了。和珅明白自己可能会步这些人的后尘，但他也要着力避免。但形势看来是不可避免的了，太上皇是和珅赖以安身立命之所在，太上皇又恰好是和珅的毁灭的根源。有了太上皇撑腰，和珅才敢对满朝文武指手划脚，甚至敢对嘉庆指手划脚，实际上，他的平步青云不过是说明了他正好代表了太上皇的意愿而已，他自己还是什么都没有。而正因为太上皇的专权，所以和珅不可能做一个“两朝股肱之臣”，因为他代表太上皇，必定与皇帝嘉庆造成利益冲突，皇帝不敢动太上皇，只好拿他和珅下手小试牛刀了。也就是说，乾隆把所有的好处全揽到自己头上，什么名誉、声望、功绩都是自己的，而所有的政治风险、坏处则全让自己的宠臣和珅一人承受了。乾隆得到的越多，和珅失去的也就越多。所以，当乾隆号称“十全老人”的时候，和珅实际上什么都没有了。因为，嘉庆要把他失去在乾隆那里的东西全从和珅身上捞回来。正如童谣所唱：“和珅跌倒，嘉庆吃饱”。故从根本上来说，和珅与嘉庆是不能同处一个地方的，“一山不容二虎”，和珅也就永远不可能当上“两朝股肱之臣”，难逃一朝天子一朝臣的宿命。

权臣们的共同特点是权倾一时，而当权臣的权力到达顶峰的时候，此时可供权臣选择的道路只有两条。一是继续向上发展，取皇帝之位而代之，此法风险系数绝不比任何事小，是真正的不成功便成仁，不仅如此，如果失败除了小命不保外，还会落下“反贼”“逆匪”等千秋骂名；一是坐吃山空，静候下一个皇上来宰割自己，如果下一个皇帝为了收买人心，或者运气好，正好遇见一位百世难逢的明君，自己不但性命可保，还能继续发挥余热，为国效力；倘若遇见一个本来就痛恨自己的君主，那出路只有一条，任人宰割吧。不幸的是，和珅刚好属于第二种情况，可是和珅当然不希望坐以待毙，任人宰割，他有自己的如意算盘：他希望在得到乾隆困宠的同时，继续培植他的力量——无论在地方还是朝中大内，无论是军权还是政权，他都要牢牢地抓在手里，让这些变成他的势力范围，使自己立丁不败之地。如果自己把持大权，嘉庆小儿还不是被玩于股掌之中！

太上皇乾隆要是一驾崩，自己的地位肯定会受到威胁，趁乾隆在世，自己一定要捞足够的权力资本与嘉庆抗衡，如果嘉庆真的对我存异心异意或者对我怀恨在心，绝不能有妇人之仁，该剪除的一定要剪除，管你是皇帝还是太子，有太上皇这个金字招牌行事方便多了。

和珅还做着“两朝股肱之臣”的美梦，他想巴结嘉庆，于是干出了送玉如意的蠢事，可是任他机关算尽，以后还是着了嘉庆的道。原因只有一个，他不是皇帝，他只是臣子、奴才。

4. 挟太上皇以令皇上

满清人多喜欢读《三国演义》，和珅也是，不过他读出了些味道，他常常有意把自己和曹操相比。这一方面是欣赏曹操的雄心壮志和文治武功；一方面也是因为曹操与自己一样，都是从底层一步步爬上来的。所以，两人的做事方式和心理有异曲同工之处，曹操挟天子以令诸侯，和珅更发展了一步，他来了个“挟太上皇以令皇上”。

这当然也与乾隆这个太上皇有关。“太上皇”称谓始自汉高祖刘邦，刘邦打败项羽，夺得天下，登基做上高祖后，衣锦还乡，老父还要向他跪拜。只因为他是天子，老父也不得不跪拜，而这显然是违背人伦和亲孝的，于是，刘邦灵机一动，册封自己的父亲为太上皇，见自己便不用跪拜了。太上皇也优哉游哉地享受天伦之乐。以后，太上皇时有出现。南北朝时，魏献文帝禅位于魏孝文帝；至唐秦王李世民发动“玄武门之变”，李渊不得不传位于李世民（唐太宗），自己躲在家里享清福。李隆基在登基成为玄宗后，其父唐睿宗不得不退位；而安史之乱后，玄宗尝到了当初的滋味，太子在灵武登基成为肃宗后，远在蜀地的自己不得不成了“太上皇”。此后数代，在发生国难或突然变化之际，总会有皇帝被逼成为太上皇的，如明朝土木堡之变后，明德宗登基，英宗只好退位。要不是形势所迫，在有皇帝可做的时候谁会去做太上皇呢？当然有例外，宋徽宗传位于宋钦宗是自愿的，但实际上，当时金兵压境，徽宗不过想推卸肩头的责任罢了。所以，主动禅位成太上皇自乾隆始。这就不得不从乾隆的性格说起了。乾隆是至孝之人，不但尊重母后，更尊重祖先，所以他在二十五岁登基之时，曾对天发誓，若在位六十年，就当传位嗣子，不敢同皇祖（即康熙）六十有一的年数。这当然是一个重要原因，皇上金口玉言，贵为天子，对天发誓当然要遵守了。还有一个原因就是乾隆自称是文治盖世、武功超绝的十全老人，常常自比尧舜，自己当然也希望上演一出禅位的好戏来与尧舜媲美，隐隐有超过康熙之嫌，这从《清史稿》中记载可见一斑：

“今明足授受，为千古第一全人，不特三代以下所未有，以示尧舜，不啻过之。”

更明显把自己与尧舜相提并论。

而且，乾隆好大喜功，希望通过禅位来证明自己的英明神武，同时获取名声。因此，当和珅劝他暂缓归政时，乾隆道：“今蒙天佑，甲子已周，初愿正偿，何敢再生奢望？皇子琏又不幸早逝，惟皇十五子永琰克尚朕躬，朕已遵守家法，书名密缄，藏在正大光明匾额后面，明日朕宣布永琰为太子，命他嗣位。”

至此，乾隆可算是得偿所愿，又为自己捞一个好名声。永琰嗣位，是名嘉庆，嘉庆是皇上，而乾隆是太上皇，那么，乾隆这个太上皇是虚是实？一定是实实在在的，乾隆一生对权力极度渴求，像他这样的人在掌权六十年后再放权显然也不太可能。

归政丙辰天佑荷，改元嘉庆宪书观。
祖孙两世百廿纪，绳继千秋比似难。
弗事虚各收实益，唯循家法肃朝端。
古今惇史诚希见，愧以为欣敬染翰。

和珅跟随乾隆数年，乾隆的心思他可说是拿捏得一清二楚。他知道只要乾隆在一日，自己就可作威作福一日。而且他还要把握这个时机向二帝同时示好，而且又要向新帝示威。于是，他派和硕礼亲王永恩率王公内外文武大臣及蒙古王公等合词奏请太上皇俯贤亿兆人之心，久履天位。和珅希望借此举让嘉庆知道：满朝文武都是心系乾隆这个太上皇的，他嘉庆不过是个傀儡而已。同时，也讨好乾隆：自己依然对他忠心耿耿，乾隆当然龙颜大悦，但还是假意推辞：

“若因群情依恋，免遂所请，则朕初心焚香之语，转为不诚，汝等毋庸再行奏请。”马上话锋一转，“若恐他（嘉庆）初登大宝，或致照脞，此时朕身尚在，自应随时训政，不劳你等忧虑。”

故禅位后，每遇军国大事，乾隆事必躬亲。

这时，和珅成了更重要的一枚棋子，普天之下只有他一人了解太上皇的心意。他成了连接太上皇和皇上的枢纽。和珅如何对付嘉庆就耐人寻味了，与对待所有人一样，和珅也对嘉庆采取了两面手法，一方面他拉拢、讨好嘉庆，另一方面，又藐视、提防嘉庆。这一招要是用在其他大臣身上，当然没什么问题。和珅以前试用数次，也是屡试不爽。可是这次的对象却是皇帝，虽然是一个无实权的皇帝。和珅已经为自己的将来埋下了祸根，犯下了在朝为官大忌。

从知道乾隆欲嗣位永琰后，和珅急忙送上玉如意讨好，又在其他方面讨好嘉庆。但是，和珅终究还是乾隆的和珅，事事要为乾隆考虑。事事为自己考虑，嘉庆事实上是在他们的利益集团之外，是他与乾隆之间的"第三者"，乾隆不愿大权旁落，和珅不愿自己的财富、地位、皇上的宠爱一古脑消失，两人无意中结成了利益集团，成了嘉庆的对立面。因为嘉庆一亲政，他们的既得利益会不可避免地受到伤害。所以，和珅在讨好嘉庆的同时，又不得不对嘉庆提防，甚至藐视嘉庆，不把他放在眼里，嘉庆算什么，自己的一句话可以令他被废。如此一来，和珅与嘉庆的积怨只会越来越深，一旦嘉庆亲政，他欲除的第一人必然是和珅。

和珅并没有意识到这一点，他试探过几次嘉庆后，认为嘉庆是"竖子，不足与谋也"。嘉庆不过是黄毛小儿。可是和珅忘了，嘉庆即使是黄毛小儿，也终究会茁壮成长的，最关键的是，嘉庆不是和珅的黄毛小儿，只要一成长，他的地位当然难保了。

但和珅不怕，他想凭皇家的权力，太上皇的势力来巩固自己的地位，他希望凭借太上皇的权力捞取比皇上更大的权力，待到皇上亲政的那一天，自己毕竟手拥可以要挟皇上的军政大权。

上天似乎也在垂怜和珅，此时他的心腹大患，大将军福康安在征苗时身染重疾而死。于是，他指使福康安的弟弟福长安向太上皇奏曰："国不可一日无君，军不可一日无帅，请圣上让和琳挂帅。"

嘉庆元年五月，太上皇、皇上在热河避暑山庄拜和琳为大将军，接福康安之职，留在湘黔继续征战。于是，七省的军队统由和琳指挥，至此，和珅兄弟一相一将，天下侧目，太上皇之天下，实乃和珅之天下。

控制军权之后，和珅把手伸向了政权，这次是和嘉庆皇帝争夺选官权了，和珅自为大学士兼军机大臣，可以同察官吏。考察官吏乃是铲除异己、培植私党的好机会，和珅要让自己的党羽满天下，可惜吏部尚书却是死对头刘墉，刘墉同为大学士，自己也就无法干涉刘墉对官吏的选择，可是没关系，自己没办法，太上皇自会有办法的。于是他又参上一本："太上皇，皇上，值此内祥盛典，皇上亲政之际，正应肃整吏治，以彰太上皇，皇上的恩威，张国法、明纲纪，故考察文武官吏之事至为重要，奴才以为，此等重大事宜应悉归内阁与军机处署理，吏部辅助参考，以杜绝循私舞弊。”

嘉庆帝

这样一来，别人肯定不会循私舞弊了，自己可就能完全控制官吏选拔了，嘉庆如何能不知道和珅的心思呢？他说：“依祖法，考察官吏由吏部考功司主持，大学士同察，朕以为吏部熟悉各级官吏、档案明了，熟知官吏种种隐晦手段，吏部尚书刘墉又清正廉明，天下共知，必不循私舞弊，且有大学士同察，太上皇鉴察，朕以为此等事情依祖法仍交吏部、都察院处理为好。”这段话说得在情在理，和珅也挑不出任何毛病，可是嘉庆毕竟正是忘了太上皇，他触动了太上皇最敏感的神经，太上皇最怕的就是嘉庆自作主张，为什么他不用一句“请太上皇定夺”呢？

太上皇不温不火地道：“此事交王公大臣、内阁军机处再议。”

和珅马上明白太上皇的意思，待嘉庆悻悻而走后，和珅道：“太上皇，皇上是要掌握铨选降调天下官吏之权，皇上向示恩于刘墉，如此，天上的官吏尽入皇上案前了。”乾隆受此刺激，岂会任由嘉庆掌权？遂颁旨调体仁阁大学士刘墉为工部尚书，福长安为吏部尚书。和珅趁机提拔纪昀为礼部尚书，正好在太上皇面前显示自己的正直无私。

于是乎，考核官吏的权力由祖法所定的吏部转到内阁和军机处，吏部仅仅提供考选材料，官员选拔的权力被和珅牢牢抓住，太上皇也丝毫没感到大权旁落。

每次巨大的变故之际，和珅总能因势利导，让事物向自己有利的方向转化，白莲教起义同样也成了和珅排除异己，巩固自己权力的良机。

首先，他推荐苏凌阿做了大学士，又奏请太上皇、皇上免去宜绵军机章京的职位，封为大将军，前往前线，于是一帮统兵剿匪的大员，转瞬间都成了和珅的党羽。这样的军队当然没什么战斗力，所以，当太上皇要撤去几个前方战将时，和珅也不反对，因为换来换去还是自己人，谁上谁下都一样。而且，还可借机向太上皇再表忠心，何乐而不为呢？

但白莲教却是一定要镇压的，否则，自己、太上皇、皇上要被他们一锅端了，所以，和珅依据前线发回来的情报，虽然对上报喜不报忧，对下却穷心竭力，努力对付白莲教。就这样，和珅通过镇压白莲教，数省的大员及战将都控制在他手里，成了他的党徒。

和珅以为自己这样大树根须已布满全国，必定根繁叶茂，即使到了太上皇百年之后，嘉庆岂能撼动了他？

嘉庆二年，他赋诗一首：

旧雨情殷阅岁更，喜群莅止体舆情。
随车甘澍天心愿，载道讴思众志明。

勉励风载征吏隋，倍饶清介厚民生。

闻赓佳作无多嘱，愿听齐东起公声。

可惜，他只做错了一件事，就是低估了嘉庆，而这件事恰恰是致命的。

5. 钓鱼者被钓

嘉庆与和珅的几次斗争中失败后，终于明白了他的一国之君的地位不过是个摆设，太上皇只要一息尚存，和珅专权就会一日不止，自己的地位也会依然如故。和珅不仅在太上皇心中占据独特的地位，而且，他们两人心意好像完全相通，以致于太上皇念咒语他都能听懂，因此，和珅是最得罪不起的人。因此当和珅送来玉如意时，嘉庆对和珅一意恭维，解除了和珅的警惕，更让和珅以为他不过是“竖子”而已。

如何对付和珅呢?

嘉庆想起了老师朱珪的教导：养心、敬身、勤业、虚己、至诚。在这险恶形势下，只有涵养身心，虚己以待，谋定而后动，要“静如处子，动如脱兔”，先不暴露自己的弱点和真面目，全神贯注地寻找敌人的破绽，然后俟机而动，静候瓜熟蒂落，水到渠成。正如老子所说：“为天下谷”，身为君主就应虚怀若谷，即保护自己又容纳万物。“知人者智，自知者明，胜人者有力，自胜者强。”嘉庆知道自己需要做的是克制自己，不动声色，如老子所说的“婴儿,”“稚子”，让和珅对自己不加丝毫提防；然后出其不意给以致命一击。想当初康熙帝也是不动声色地杀了鳌拜一个措手不及，自己已经人近中年，而康熙帝当年尚幼，祖上能做到，自己为什么不能呢?于是，嘉庆决心把自己所有感情藏于心底，实行老子所谓的“无为而治”。整日服侍在太上皇左右。如何让和珅放松警惕呢?嘉庆进行了详细的谋划。

嘉庆深知，自己身边没有一个人是可以信赖的，所有事情必须事必躬亲，而且要小心翼翼，不露出任何马脚。自己的侍读吴省兰肯定也是和珅派来以伴读之名行监视之实的。自己在被宣布为储君前，和珅不是送玉如意来示好吗?何不就此入手，通过吴省兰无意中向和珅示好。于是嘉庆写下数首《咏玉如意》道：

序：上皇诏宣朕为皇储前日，和相持玉如意一柄奉朕，拥戴朕之耿耿忠心可见矣。今日登基，不忘所自，以诗记之。

其一 美玉产天西，良土琢成器。温润而坚贞，命名曰如意。

其二 妙选昆冈百谷精，指挥如意应心成。书祥伊始三登兆，嘉慰皇衷万宝盈。

序：辞旧迎新，又见如意，想此玉所自。朕已登基一载，想和相拥戴之德可表，勘乱治民之绩亦可嘉焉，和相真股肱之臣也。

其一 和阗嘉玉质精良，义取吉徽如意彰。农愿丰收继昨年，民歌击壤乐尧天。

其二 洁白质精粹，比德象温纯，不为暇疵累，常置黼座旁。

还有其他很多咏玉如意的，在此不一一列举。这些诗如嘉庆所愿源源不断地流向和珅那里，和珅本来就是让吴省兰监视嘉庆，看嘉庆对自己如此感恩戴德，怎能不高兴呢？而且，吴省兰还不时送回《静坐》（静坐萧斋度小年，梨清茶熟最怡然。瑶琴挂壁难成曲，漫引南薰插五弦。）、《宋徽宗临古》等诸多嘉庆皇帝“颓废”的诗句来，和珅看在眼里，美在心里。他分析：嘉庆能当上皇上已经心满意足，怡然自得了，也就是说，嘉庆对政权没有更大的奢望和野心。

嘉庆还怕光拍和珅的马屁会引起和珅的怀疑，故偶尔也写写小诗给和珅来个善意的讥讽，如说和珅整日抽食大烟，弄得满身烟味不说，还弄得手和牙齿都变得焦黄了。最后竟说不知和珅的妻妾是不是反感他抽西洋烟，和珅看到这些诗句，愈发感到嘉庆不足为虑，认为嘉庆无所事事，胸无城府，最多写几首诗自娱自乐罢了。可以说，嘉庆的第一步走的是几近完美，也为和珅的死开始掘墓了。

嘉庆二年九月初八日，嘉庆发妻皇后喜塔腊氏因病逝世，留下一子旻宁，是为后来的道光帝。嘉庆异常悲痛，压抑许久的感情有了个总爆发，全写在诗中：

琴琵和鸣忽断弦，冬宵夏昼廿三年。
云烟缥渺旧冲漠，儿女伶仃忍弃捐。
心绪萦牵情不断，泪珠错落酒同浇。
寂寞椒房谁是伴，独听莲漏耐永宵。
观帨摇风魂欲返，垂髫合卺岂忘情。
自叹痴情真说梦，镜花水月片时浓。

爱妻死了，嘉庆表示哀悼本来乃人之常情；况且，以嘉庆的处境来说，他与皇后是相濡以沫的，所以表达的难免更伤痛，如“泪珠错落酒同浇”等字句。可是太上皇却不高兴。嘉庆正好犯下太上皇怕老惧死的忌讳，因此，太上皇下旨：“虽处大丧只辍朝五日，嘉庆可素服七日，遇奠祭时，方可摘缨，各衙门章疏及引见折，照常递呈。……”

和珅不会错过观察和中伤嘉庆的机会，他马上派福长安严加监视嘉庆，若见其有“不孝”之事，立即禀报太上皇，太上皇也让和珅观察皇上是否“重情爱而忘孝义”。

嘉庆受到的委屈多了，也习惯了太上皇和和珅对他的监视和刁难，他虽然心痛欲裂，可还是不得不对内阁下达诏谕来迎合太上皇心意，谕道：

“朕日侍圣上，昕夕承欢，诸取吉祥。礼以义起，宫中之礼亦得遵义而行。故王公大臣等，奏事如常，服饰如常。天下臣民等，自当若喻朕崇奉上皇孝恩，敬谨遵行，副朕专降尊养至意。”

颁完圣谕，嘉庆一如继往地服侍太上皇，不见丝毫情绪变化，七天守孝期过，总算又逃过了一劫，对和珅的憎恨又多了一层，因为嘉庆把对太上皇的憎恨也转移到了和珅身上。

但和珅还是不太放心，据《清史稿》记载，一日，和珅携宜绵报来的前线奏折，奏见帝时故意长跪不起，五体投地，嘉庆忙道：“相爷请起，以后见朕，不是公开场合，绝不要为此大礼。”和珅本来也是试探嘉庆的，自然也不再坚持了，于是奉上奏折曰：“请皇上御览圣批。”嘉庆一想，这又来试探我了，忙道：“朕何能与焉，此等军政大事，惟皇爷处置，朕于政事不谙，于军事更不熟悉，诸事都要请教太上皇，仰赖相公，相公今后当不吝教辅才是。”和珅满意而去。

嘉庆拭出额头的冷汗，总算把和珅应付走了，自己这场戏在父王驾崩之前一定要做到底。于是，以后凡事启奏太上皇的时候，嘉庆总不忘请和珅转奏。嘉庆知道自己身边的侍卫、伴读、仆役等人，无不是和珅派来的，他正好借这些侍卫来巩固和珅的信任，因此他道：“尔等有所不知，朕方依靠相公治理国家，哪能慢转相待呢？朕正要厚待尊重于他，以使其尽力辅弼朕。如果相公对朕略有松懈，朕如何治国？朕靠谁治国？”

和珅闻言，心里更加无防备了，他以为嘉庆只不过一介书生，而且惧怕以他为中心的权力网络，便对嘉庆放松警惕，携妻带妾去踏青了。

嘉庆见自己按朱珪教导的“不喜不怒，沉默持重，唯唯是听，以示亲信”的战略果然令和珅放松戒备，心中长舒一口气，现在对付和珅是万事俱备，只欠东风——只等自己亲政，和珅那厮一定马上人头落地，嘉庆做梦也这么想。

时间终于到了，嘉庆四年（1799 年）二月七日，太上皇乾隆驾崩于乾清宫，庙号“高宗”。嘉庆的梦也快实现了。复仇的快感不由地从嘉庆心中泛起，但此时不可轻举妄动，打草惊蛇，首先要办好父王的丧事，稳住和珅让他做“两朝股肱之臣”的好梦。于是，嘉庆的第一封诏书几乎是重复了乾隆的遗诏，并在诏书中多次声明，一切沿革太上皇之制，并令和珅为首席治丧大臣，而和珅亲信福长安也名列其中。和珅一见，知道自己的两朝宠臣是做定了，也就毫无防备，嘉庆趁机以治丧借口暂时免除他的军机大臣、步兵统领等军职，以冠冕的借口将和珅等人软禁于乾隆灵前，又任命自己人担任各种要职。在部署的同时，嘉庆帝还不忘天天哭灵。到第五日，嘉庆下旨迅雷不及掩耳地逮捕了和珅。

和珅其实可以避免这一天的，可是权力与金钱蒙住了他的眼睛。

6. 螳螂捕蝉，黄雀在后

如果能有一次选择的话，没有谁愿意做螳螂，自己辛辛苦苦敛财一辈子，机关算尽，却被黄雀轻而易举地取走。这种感受比失去财物更可怕，不幸的是，和珅——而且不但是和珅，前有鳌拜等等都是为他人作嫁衣裳，自己所敛的财富被一收而光，到头来一无所有。

和珅是一个聪明人，从众多史料我们可以看到，如果他愿意避免成为“螳螂”的话，也是能够做到的。可惜的是他不愿意那样做，为什么呢？只有一句话，人为财死，权令智昏。一个人处在权力的巅峰太久了不是好事，因为这样的话他天天听的是谀词如潮，手下对他的尊崇会使他觉得即使孔颜复生，也不过尔尔，自己才是最大的圣贤。和珅虽然够奸、够贪，却绝非圣贤，“人非圣贤，孰能无过”呢？有“过”没什么，犯错后首要之务是要能改，“知错能改，善莫大焉”，可是和珅如果犯了错误，他是不会有机会改正的。因为他官居极品，他的错误也会被他的权力扭曲为正确，可惜他的权势日隆，必然日益威胁嘉庆的统治，嘉庆也是别无选择，只有做和珅背后的黄雀——从和珅放松对他警惕的那一刻开始。

一般人做错什么事，大家不过一笑置之，权臣若犯错，因其本身的巨大影响，其结果往往是致命的。故才有所谓的“伴君如伴虎”，权臣行事是不容得丝毫闪失的。和珅做其他事由于乾隆的包庇，可谓万无一失，但他做错了一件事，就是低估了嘉庆，轻信了嘉庆，结果，他不得不做那悲惨的“螳螂”——虽然他极不情愿。

和珅家产之丰，虽绝对不至于达到时人的小说笔记等野史中所说的九亿两白银之巨，根据官方的记载也达数千万两白银之多；而乾隆年间，清廷一年的财政收入才七千万两。

拥有皇帝的万贯家产，享受皇帝般的礼遇，却不用受皇帝的各项礼节限制，可能是很多凡夫俗子的终生梦想。可以说，和珅帮他们实现了这个愿望，至少，和珅让他们看到了实现的可能性，比皇帝阔气并不是奢望。

但要拥有皇帝都惊羡不已的财富，和珅要花不少苦功才行。和珅敛财的手段无所不用其极。

在他家产与日俱增之际，他也许忘了他背后还有人在，或许这时，嘉庆的心里正发出一声冷笑。“先让你搜刮吧！一俟我亲政后，你的家产还不都是我的?”和珅不会听到的，因为当一个人处于高峰时，他是听不进任何别的声音的。此时的和珅已经以为自己是君临天下了，世界都是自己的世界。

这样以为的和珅不是第一个，也不是最后一个。和珅不过是数千年封建社会中权臣中的一个。他总是不能逃脱自己的宿命，即，只能得宠于一个皇上，虽权倾一时但不能逃脱覆灭的命运。可是他在位高权重时忘记了大自然和先辈用血换来的教训——螳螂捕蝉，黄雀在后。

当然，任何人要做到这一点都不是容易的，忠言逆耳，尤其是处于顺境的和珅怎么能听得进逆耳忠言呢？尽管夫人冯氏与长子丰绅殷德和公主都曾劝过他金盆洗手。其子丰绅殷德为了劝谏和珅，甚至搬出戏班排出一出讽喻戏来劝诫父相，可是和珅怎能听得进去。

能让和珅改变的不是他敬爱的夫人冯氏，不是他疼爱的长子丰绅殷德，更不是他宠爱的几个小妾，唯一能劝和珅的只有自己，只有他自己才能救自己，才能使自己免于重蹈螳螂的覆辙。

7. 即使拥有整个世界，一日也只能吃三餐

即使你拥有整个世界，一天也只能吃三餐，每晚也只能睡一张床。这个不起眼的问题，和珅可能到了人生蓦然回首那一瞬才有所感悟。

民间流传着这样一首诗：

终日奔忙为了饥，
才得饱食又思衣，
冬穿绫罗夏穿纱，
堂前还缺美貌妻，
娶下三妻和四妾，
又嫌无官受人欺，
三品四品嫌官小，
又想面南当皇帝，
一朝登了金銮殿，
又想寻找上天梯，
若非此人大限到，
上到九天还嫌低。

这首诗把那些贪心不足者的恶性发展写得淋漓尽致，物欲太盛造成了灵魂的变态，就是永不知足。没有家产想家产，有了家产想当官，当了大官想成仙，……精神上永无满足之时。永不知足是一种病态，其病因就在于对权力、地位、金钱之类无节制的追求，这种病态发展下去，就会变得贪得无厌，其结局就是自我毁灭。

在乾隆时代，如果有人斗胆向当时的相爷和珅问一句：“相爷你最重要的是什么？”此时的相爷和珅要风得风，要雨得雨，思索一阵他可能会回答道：“权力、财富。”可以说，和珅劳其一生都在追逐这两样东西，这也难怪和珅，试想芸芸众生，熙熙攘攘，多少人终日忙碌，还不是为了名利两个字？只不过和珅善于把握时机。他得到了他所想要追逐的，不管他采取了何种手段。

在嘉庆四年，如果这位大胆的痴汉还惦记着以前权倾一时的相爷，再去监狱探望一下他老人家，再问同样的问题，和珅肯定会不知道如何回答，因为此时的他正在思索：自己以往究竟在追求什么？究竟值不值得？自己究竟走错了哪步棋？……。

狱中的和珅还在想卷土重来，如果他不认罪，嘉庆能奈他何？况且此时乃乾隆大丧期间，嘉庆小儿岂敢轻举妄动？只要自己不倒下，还是有希望东山再起的，正所谓"留得青山在，不怕没柴烧"。思来想去，和珅深感嘉庆无法对自己安插罪名。可是和珅打错了算盘。

嘉庆皇帝下旨即刻抄和珅的家，不出数日，嘉庆从和珅及其重要党羽福长安等人处抄出了巨额的财富。如此巨大的财富，让嘉庆又惊又喜：惊的是和珅能在短短二十年时间敛集如此巨大的财富，更对和珅恨之入骨了；喜的是如此一来国库可以丰满，而且，更重要的是可以以此来治和珅之罪，能让天下臣民俱皆臣服。

和珅数十年所敛集的财宝为他敲响了丧钟。至此，和珅慢慢省悟：一个人所拥有的财富，无论房子、黄金、珠宝、土地一样都不属于自己。那些东西不过暂时由自己代替上苍保管，最后物归何主，尚未可知。所有财富统统都是身外物，生不带来，死不带去。他更深深体悟到人为财死，鸟为食亡的真切道理。可惜世上没有后悔药，要是有的话，和珅肯定会动用自己的万贯家财为自己买上一库房。钱财再多还不是没用，能洗刷自己的罪状吗？非但不能，反而会使嘉庆的谕示中增加一条自己的大罪，不过没关系了，人一倒台，欲加之罪，何患无辞，自己以往对付人时还用找什么借口吗？

"人之将死，其言也善。鸟之将死，其鸣也哀。"在浩翰的历史长卷中，数以千计的人在临终前都对生命的美好充满了回忆，他们在弥留之际没有关心当天的收入是多少，而是担心自己心爱的人：妻子、孩子……更希望自己能再享受人间的温存。只有这时人才能认识到，自己一生所追求的原来都是镜花水月，甚至为了影子而拼得你死我活。和珅回想自己数十年的政治生涯，也深深感觉到悲伤，从早年起受尽先帝赏识宠爱，加上自己运筹帷幄，早已享尽人间繁华富贵。虽然自幼贫寒，吃尽人间苦头，但最后上天还不是给了自己应得的享乐？自己究竟在追寻什么？和珅不能给自己一个满意的答复。因为平时他看似满怀心机，可他从来没考虑到这个问题，是啊？自己在追求什么？财？应该不是，自己的财物供数万人几辈子都不会成任何问题。若自己不敢自认天下首富的话，余人岂敢称富？那是权？也不是，自己出身贫寒，本非帝王之家，可官居极品，且家人多与皇家联姻，既为皇亲，仅居一人之下，权力似乎已经达到巅峰了。那么是为色？依然不是，自己有相濡以沫的夫人冯氏，有艳美绝伦的两个小妾——卿怜、豆蔻，还有数名有过鱼水之欢的露水夫妻，纳兰、黑玫瑰……

虽然幼年吃过苦头，但凡人梦寐以求的三样东西上苍已全赐给了和珅，那么，他还要奢求什么？他还有什么不满足呢？有。

人的贪心是永远不会被满足的，和珅的贪心更难以满足。人不会嫌财多、权高，更不会弃美色于不顾的。人心不足蛇吞象，和珅的所作所为愈发证明古语的真理性。

人的贪欲也是很奇怪的。有时是明明不可能得到，甚至明知不应得到的东西或事物人们越希望得到。如在色方面，和珅已经有知心伴侣了，却甘于冒天下之大不韪，纳遣退宫女为妾，黑玫瑰也成为和珅日后的一大罪状。腰缠万贯的和珅在吃上极度铺张浪费，动辄摆个满汉全席，奇怪的是和珅却对仆人异常吝啬，在以后抄家中，嘉庆发现，和珅的家奴许多都负债累累，他们都有一个共同的债主——和珅。

可不管你拥有多少财富，拥有多大权力，拥有多少绝色女子，你可以藐视人间一切王法，可以践踏任何道德伦理，但你不能违背自然规律，生老病死这条亘古不变的法则在谁面前都有效，都一视同仁。和珅一日只能吃三餐，管家、仆人等一日也能吃三餐。上苍在人们不平等的时候总会让人在某些方面平等。

和珅以前不知这些道理，在狱中的面壁思过令他明白了，他不由想起了丰绅殷德为他编排的折子戏中小伶的唱段：

"……草茫茫阿房陵阙，世代兴亡，却使似月影圆缺。山人家堆案图书，当窗松桂，满地薇蕨，决不羡那朝中华奢，为贪今日荣华无尽，落得明日子孙尽戮没。我只在这白云间，自可怡悦。……"

和珅在初听这首小曲时其实完全可以激流勇退的，正如朱洪武时的徐达，以退为进，使自己免于牢狱之灾。

也许，那时和珅已经没办法全身而退了，人在江湖，身不由己，权力和财富的魔瘴已把和珅的双眼和耳朵挡得严严实实，他怎能听得进这首小曲？

道理是人人皆懂的，行动却未必人人能行。和珅也不行，他与乾隆一样都做了权力的奴隶，乾隆禅位成名正言顺的太上皇，和珅为了争宠与阿桂、福康安、刘墉、董诰、王杰、钱沣等互相争斗，甚至对付起了嘉庆皇帝，这就如同自掘坟墓。

再好的饭只能一口一口地吃，再好的床自己只能睡一张，再多的宠妾自己只能幸一个；和珅躺在狱中的小床上，终于也睡得踏踏实实。虽然嘉庆一锅端掉了他的巨额家产，但他知道这原本不是他的……所以，和珅很平静……

8. 死后原知万事空

一个人所拥有的财富，无论是房子、票子、金子、珠子……无论是有形的还是无形的，没有一样是属于你的。那些东西不过是暂时寄托于你，有的是让你暂时使用，有的是让你暂时保管而已，都了大限到来之时，物归何处，都未可知。真正的智者把一切财富统统视为身外之物。

和珅万万想不到，乾隆尸骨未寒之际，嘉庆帝就会把他送去与乾隆相会，或许是乾隆太宠爱和珅，在阴间也离不开和珅？和珅原以为嘉庆会让他做一个两朝元老，因为嘉庆从一开始就对他唯唯喏喏，甚至多次在公开场合宣称他乃“两朝股肱之臣”。可嘉庆的突然发难让他知道，自己的一切都完了。嘉庆帝总显得对他很尊崇，而且，自太祖入关以来，真正被皇上赐死的前朝老臣除了鳌拜尚无他人，所以和珅在为乾隆守灵时还在盘算将来如何与嘉庆“和平共处”；可是，乾隆驾崩没几天，嘉庆就派人送来一条白练，而且这其中还有固伦和孝公主的情面在内，和珅才得以保有全尸。

和珅也许对这一天的来临有思想准备，所以，虽然家人都惊慌失措，可他显得很平静，并没有被嘉庆的一纸诏书击溃，即使他知道现在已经是在劫难逃，他依然保持着平静的心境。因为人间的荣华富贵、宠辱是非他都经历过了，可以说，自己可以不留遗憾地笑别人世。他似乎看见了乾隆，自己一生深沐帝恩，为了乾隆可以万死不辞。在幽冥，乾隆帝会不会孤独？妻子冯氏也先自己而去，阴间的家也被她收拾得井井有条吧？还有自己的小儿子，一想到幼子，和珅心中不由得惊起一丝伤痛，为父马上来看你！还有与自己同甘共苦，出生入死的亲弟弟和琳，他们都在朝和珅微笑，在向他召唤……。

“死后方知万事空，但悲不见九州同。吾师北定中原日，家祭勿忘告乃翁。”陆游在临终前还记挂着收复失地，平定中原，和珅日思夜想的又是什么呢？和珅也知道幽冥之事究属虚妄，乃大家出于自我安慰而宁信其有而不信其无的，实际不过是临死之人的自我慰藉。

和珅唯一不满的是自己如何会被嘉庆轻而易举地扳倒，是自己鬼迷心窍还是别有原因？自己到底做错了什么？还是不够心狠手辣，存妇人之仁，早就该借太上皇乾隆之手剪除嘉庆的。但是一切都晚了，现在在狱中的是自己，而不是嘉庆。

人之将死，总希望能在世界上留下点什么。有人为了名垂青史，不惜杀身成仁；有人为了百年留芳，不惜斥巨资为自己塑像，树碑立传，捐庙建亭。总而言之，“身后事”实际上是一个名声名誉问题，中国讲究盖棺论定，和珅知道自己做了不少坏事，而且身为钦犯，是绝对不会奢望什么好名声的，他退而求其次，他要做一聪明人。所以，他毫不在乎地招供了自己的数十条罪名，当然，很多不能启齿的无耻罪状则坚决不能承认，自己已经完全被断绝生路了，和家的振兴和自己将来名声的平反全靠和家的后世了。幼子早夭，希望只有寄托在长子丰绅殷德上了。丰绅殷德身为额附，有固伦和孝公主为之撑腰，相信嘉庆不会为难于他的，只有期望丰绅殷德能振作起来，倘若他日后能飞黄腾达，我的声誉自然会扶摇直上，身后事不也就是子孙事了，故和珅坦然认罪，他知道只要和家子嗣不绝，自己尚有翻盘之日。嘉庆由于固伦和孝公主的求情，并未怎么为难他的家人，可惜众多子嗣尤其是丰绅殷德在父亲倒台的打击中一蹶不振，又是和珅始料不及的了。

和珅在狱中静候死期到来。换作常人，早已被等死的心境击溃了，和珅没有，因为他从甫一入仕便做好了应付最坏结果的思想准备。当初初觐乾隆的时候，自己还不是靠置生死于度外才备受乾隆宠爱？官场厮混，已耳熟能详，怪只怪自己太忠心于太上皇乾隆，开罪了嗣皇帝嘉庆。现在自己的靠山倒了，树倒猢狲散，自己很自然地应受处罚，自己还是太轻信奸诈的嘉庆了。无论如何，自己只不过是帝王手中的工具，有用时，百般宠爱，小心呵护，没用的时候，就都嫌自己是累赘了。自己好似樵夫手中的利斧，太钝了，砍不了柴会被主子抛弃；太锋利了，倘若伤了主子，也会被主子无情的抛弃，自己不过是水中无根的芦苇，主子让飘到哪就到哪！

和珅不由得苦笑一声，二十年来，自己看似权倾一时，可是哪一刻不是时时提防，小心翼翼，既要提防皇上龙颜大怒，自己丢官弃爵不说，项上人头说不定还会搬家；又要提防政敌阿桂、福康安、刘墉等人的攻击和嘲笑，关键是到头来还落得个奸诈贪婪名声，结局甚至是被主子赐死，自己为了片刻的风光断送了自己的小命，其中甘苦谁人知啊？

嘉庆怨恨和珅，急欲置和珅于死地，事实上，和珅不过是乾隆的替死鬼罢了，嘉庆应该怀恨的是乾隆而不是和珅。“十全老人”乾隆果然要求极权，既要名份，又要实权，既禅位于嘉庆，又独自处理军国大事，嘉庆郁积满腔怒火，但百善孝为先，他不能向乾隆发作，而且，他也不敢向乾隆发作。太上皇随时可置他于死地，废储另立新君，而且，即使发作成功，也难免世人留下不忠不孝的口实，所以，嘉庆心中的怒火全转移到了乾隆的代言人——和珅身上。和珅无论怎样受乾隆赏识，不过一介大臣而已，“君要臣死，臣不得不死。”所以和珅自己也知道，和珅必死，自己一死，嘉庆可以确立威望可以侵吞自己家产，可以更好地剿灭白莲教……。和珅还是苦笑，他也只能苦笑，自己的命运掌握在别人手里，威风二十余年尚不自知，亏自己自负聪明绝顶，到头来不过是被乾隆当作弄臣，被嘉庆当作泄气筒罢了。

和珅一生自负聪明绝顶。事实上，和珅或许是有点小聪明，但他却是最笨的，他少年时受过儒家礼仪教育，应该没有理由不知道为人君者的忌讳是什么，而且，前朝的例子活生生地摆在那里，鳌拜专权独断，康熙纠集一帮小太监要了鳌拜的老命；年羹尧拥兵自重，以功臣自居，结果被雍正以莫须有的罪名杀死。轮到和珅了，和珅其实和鳌拜、年羹尧没什么两样，都是以为自己控制了整个天下而洋洋自得。事实上，天下还是爱新觉罗家族的，不会落在外姓人的手上，当然这与他们过分相信自己的权力有关，不过，应该说，他们最大的失误在于没有认清形势。俗话说：“识时务者为俊杰”，上述几个人自以为聪明一世，权倾一时，可是他们并没有认清整个形势——无论他们如何专权，他们只不过是皇上大一点的奴才罢了，他们永远不可能成为主子，即使满朝文武都服他们，但肯定是口服心不服，他们不可能获得臣下的支持。

以今人的眼光来说，他们也还是没有认清当时的形势。当然，这有“事后诸葛亮”的嫌疑。在明清时代，中国的封建集权经过了几千年的发展完善，已经形成了独具一格的体系，外人是很难进入这个圈子的，“普天之下，莫非王土。率土之滨，莫非王臣。”所有的东西都是皇上一个人的，其他人决不可能拥有这个世界。

当初，和珅肯定很得意别人叫他“二皇帝”，可是，天无二日，皇帝只有一个，二皇帝的出路只有一条——那就是死，当然，他可以做好奴才，做好臣子。和珅不会做好臣子的，尤其是嘉庆的臣子，所以，他只有坦然接受他前面的唯一一条道路，尽管这条路没有尽头，可是不至于太凄苦，因为路上还有他的太上皇乾隆。

狱中凄苦无聊，尤其是对于享乐已成习惯的和珅来说。和珅抬头望着满月，心想也该是元宵佳节了吧，往日自己一家人其乐融融，而今，全家人生离死别，阴阳相隔，和珅心中凄苦，提笔写下了《上元夜狱中对月两首》诗：

夜色明如许，嗟余困不伸。
百年原是梦，廿载枉劳神。
室暗难挨晓，墙高不见春。
星辰环冷月，缧绁泣孤臣。
对景伤前事，怀才误此身。
余生料无几，空负九重仁。

今夕是何夕，元宵又一春。
可怜此夜月，分外照愁人。
思与更俱永，恩垂节共新，
圣明幽隐烛，缧绁有孤臣。

“对景伤前事，怀才误此身。”和珅终于醒悟了，在封建社会，怀才不遇不是最大的悲哀，恃才傲物才是最大的悲剧。倘若他们没有才华的话，他们会平平安安地度过一生的。

吟完两首伤感的诗，和珅没有哭，他反而笑了，只是不知道他心中是否在滴血？

9. 和珅留下的《绝命诗》，成了千古之谜

五十年来梦幻真，今朝撒手谢红尘。
他日水泛含龙日，认取香烟是后身。

和珅用一条白练了结了自己的性命，留下了上面的一首诗。数百年来，这首诗耗尽了无数史家的心血，也为附会者提供了活生生的素材。和珅自己可能也不会想到，自己死后能用一首诗掀起如此大的波澜，也许，他正在九泉之下偷笑呢？我们认为，如果拘泥于文字，字字牵强附会，那么我们可以得出无数怪异的结论来，解释越多，荒诞愈多，但我们还是列举数种说法供大家参考。

野史的说法无非集中在和珅的前身后身身上，有一种说法是和珅的前身是乾隆宠爱的妃子马佳氏，而后身便是世所不耻的慈禧太后。大意是和珅为了报仇，化为女身来祸乱清朝，而要说祸乱清朝最巨的莫过于慈禧太后了，所以，众口相传，和珅是投胎变成慈禧太后了，自和珅死后，各种解释附会莫不朝此方向发展。我们试挑几种解释如下。

和珅为什么会受乾隆宠爱呢？有野史记载，乾隆未登基时为宝亲王，与父皇雍正的王妃马佳氏暗生情愫，但他们的“故事”被皇后钮祜禄氏撞破了。皇后恼怒万分，赐马佳氏于月华门自尽。宝亲王闻讯，赶往月华门，可此时宝亲王尚幼，父雍正不会容许他救下马佳氏的，只好眼睁睁看着爱人死去。出于留恋，宝亲王咬破手指，滴血在马佳氏额头，两人相约如马佳氏能投胎，来世凭此印记与宝亲王相认。后来，宝亲王当了皇帝，是为乾隆。可他依然想念马佳氏。苦等二十年，且南巡好几次，始终没遇见额头有红记之人。就在乾隆快忘了这事之际，在乾隆四十年（1775 年），乾隆在侍卫中无意看见和珅，当时和珅不过是世袭三等轻车都尉，但乾隆凭和珅额上的红记认定他乃马佳氏投生而成，于是擢升和珅为御前侍卫，值乾清门，并兼任正蓝旗副都统。正因有这一段渊源，在野史中才会传出和珅与乾隆关系不正常，两人是同性之恋，不知是哪位史家率先“编撰”了这一故事，总之，这个故事影响极

广。后世史家，尤其是民间野史都承袭了这种说法，众人皆认同这是和珅绝命诗上段“五十年来梦幻真，今朝撒手谢红尘”的最佳解释，无人再提出异议。

至于后两句的解释，真可谓见仁见智，天空海阔了，仅流传至今的说法就有数十种之多，今选取几种典型说法，以供参考。

第一种说法认为和珅诗中“水泛含龙”用的是夏后龙嫠的典故。大意是说夏朝末年，夏帝从两条龙那求得龙嫠（即龙的唾液），锁在一个椟盒子里，日后代代相传没人敢打开，此椟似西方传说中的潘多拉魔盒。可周厉王偏不信邪，他打开盒子，里面的龙嫠流出化为玄鼋，玄鼋进入一童女体中，此女无夫受孕，产有一女，是为褒姒，也就是后来周幽王为了博其一笑而烽火戏诸侯，并最终导致西周灭亡的那个褒姒，而“香烟”在古文中是传宗接代的意思，于是乎，有人把两者串联起来，说和珅死后也会化身为褒姒似的女子来祸害大清帝国，这个女人当然就是慈禧了！

另一种说法是说夏桀王不但残暴，而且荒淫，他宠爱妹喜和一个半人半蛟龙的女子“蛟妾”，二人不但在一起荒淫无度，而且“蛟妾”每天还要食十人保持人形，夏桀也一并满足。最终，中国第一个封建王朝就此断送在夏桀手中。有人便据此解释道，和珅死后要化身为“蛟妾”式的妃子，来祸乱大清帝国。此说与上一说实乃同出一宗，不过典出不同，一为褒姒，一为蛟妾。可以说，实际是解释方法和途径不同。

还有一种说法是“水泛含龙”中的龙不是真正的龙，而是说发大水，在和珅被赐死的头一年，也就是嘉庆三年，河南的黄河决堤，因此，有人认为“他日水泛含龙日”意思是说和珅等到下一次发大水时要转世为生。不知是史家的附会，还是历史的巧合，道光十二年，黄河再度在河南决堤，同年十月，一个小女孩哇哇落地，这个女孩叫做叶赫那拉。

至于“香烟”，史家的解释是鸦片烟，晚清鸦片的泛滥大家有目共睹，慈禧嗜大烟也是中外皆知，以后慈禧也如和珅一般把满口白牙抽成满口黑牙，所以，尽管解释不同和珅还是化身为慈禧。

当然，传说还有很多种，我们不过选取了影响较大的几种传说。

各种传说最后都是殊途同归，无论怎么解释，如何附会，最终都是为了把和珅变成慈禧，而且，如果我们仔细考察上述几种传说，会发现他们有一个共同点，就是都承认“马佳氏——和珅——慈禧”的“传法世系”。马佳氏有否其人，史书未见记载，因此，我们以为马佳氏不过是一个跳板，只不过是用来说明和珅原为妃身，所以，明眼人可以看出，传说究竟有多少可信度？

列举了这么多传说，我们也想对这首诗说几句话。虽然这千古之谜不是我们几句话就能说清楚的。

我们以为，虽然野史的大小作者分析得头头是道，似乎让人不相信不行，但实际上缺乏科学依据，从传说本身的多样性就可见一斑，转世投胎之说不过尽是痴人说梦罢了。

事实上，和珅这首遗诗正如一位五十岁的今人在临终时说：“我今天要离开这个世间了，我活了五十年，可如梦如幻，不知自己究竟干了什么事（此乃“五十年来梦幻真，今朝撒手谢红尘”的今说）。”而后两句依我的浅见完全可以比附成任意一名江洋大盗在被砍头时大呼“二十年后我还是一条汉子!”只不过江洋大盗喊的比较直接，而和珅较为含蓄，从他用诗来做遗嘱信可见一斑。

千古之谜不过是庸人自扰罢了，所有故事不过是注经者的构思罢了。

10. 和珅的启示

善有善报，恶有恶报。正如明人洪应明在《菜根谭》里所说：“为善不见其益，如草里东瓜，自应暗长；为恶不见其损，如庭前春雪，当必潜消。”一个常常作恶之人，虽然行的每件坏事不一定马上垮台，但量的积累必然引起质的变化，作恶之人就像春天庭院的积雪，只要一有阳光的照射就会融化消失。多行不义必自毙，这真是千古不破的真理。

大江东去，浪淘尽，千古风流人物。我们站在历史的岸边，不是对清官、对伟大的历史人物顶礼膜拜，也不是对贪官、对卑劣的历史人物咬牙切齿，我们要做的是从他们身上吸取经验教训，获得启示。所谓前车之覆，后车之鉴。而要借鉴一个人，我们不得不正确地评价一个人，对和珅也应如此。

有人将和珅称为“贪污之王”，有人称之为“巨贪奸相”，林林总总的头衔和珅戴了一大堆，从和珅用白练结束性命至今，人们津津乐道的是和珅的家产、贪污奢侈生活，专横跋扈，权倾一时，很少发掘和珅的其他意义。没有人重视和珅的智慧、才华，更不会有人从大的时代背景下去考虑和珅的处境，更不会认为和珅事实上仍是一个悲剧人物，而从和珅身上得到启示。

这样说并不是要帮和珅洗脱罪状。在嘉庆帝宣布的二十条大罪状中任选一条都可以致和珅于死地。因此，为他洗脱罪状是无意义的行为。但我们不能就此说和珅一无是处。

首先，和珅不管是好是坏，他具有足够的聪明才智和智慧，他绝对是一个办事干练，有才能的人，就是置和珅于死地的嘉庆也不得不承认和珅“精明敏捷，原有微劳足录，是以皇考高宗纯皇帝加以厚恩”。我们姑且放开马佳氏的传说和野史中关于乾隆与和珅同性之恋的传说，和珅能在官场驾轻就熟，在名士如林的朝廷中横空出世，并非没道理。和珅虽出身贫寒，但受到了良好而系统的正规教育，这使得和珅能够随心所欲地应付各种突发场面。

和珅精通数种语言，他“承训书谕，兼通满汉”，“清文、汉文、蒙古、西番、颇通大意”。意为和珅兼通满汉、蒙古、藏文等多种语言。

在乾隆《平定廓尔喀五功臣图赞》中有乾隆注："去岁（乾隆五十六年，1791年）用兵之际，所有指示机宜，每兼用清、汉文。此分颁给达赖喇嘛，及传谕廓尔喀敕书，唯和珅承旨书谕，俱能办理秩如。"如此说来，乾隆依赖和珅办事并非因他们的"同性之恋"，而是和珅实有其才。

也许是因和珅独通数门语言的缘故，外交上乾隆完全依赖和珅，事实上和珅亦不辱使命，在接待英使马戛尔尼时，和珅以丰俭适中，不卑不亢的原则应付，叮嘱手下"一切款待，固不可踵事增华……亦不可过于简略，致为远人所轻"；"固不可意存玩忽，亦不可张大其事。"与日后清廷动辄丧权辱国相比，和珅是不是应该被捧上天？英国使节马戛尔尼事后也称赞和珅"外貌恭谨异常"，"颇悦客气，"但遇到原则问题"亦不肯应允"。

由此可见，和珅是颇有才华的。

我们不得不说和珅本身也是一个悲剧人物。和珅乃一人之下万人之上的权臣，但毕竟还有一个在他之上，那就是乾隆，如果要追究责任的话，和珅最多只是从犯而乾隆则是首犯。正如清史学家萧一山说："弘历之于和珅，不过使贪使诈，如古之俳优弄臣，初未依为股肱。虽明知其骄横跋扈，亦怜惜优容，不暇切责。殊不知庇奸攘民，自隳国威，清运盛衰，即以此为最大关键也。"和珅不过是乾隆的代言人罢了，他的所作所为全在乾隆阴影的笼罩之下，我们从和珅年谱可以看出，和珅也经常被贬。乾隆四十三年，"以扶同瞻徇降二级留任"；乾隆五十六年，因审询护军海旺等人盗窃库银一案拟罪纵，又加之和珅本人为管库大臣，又被降职使用；乾隆五十九年，因吉林人参阙库额，命军机大臣缮写原因，和珅瞻顾迁延，未及时上报，乾隆责之，降二级留用；乾隆六十年，和珅任殿试读卷官，教习庶吉士，因台吉图巴扎布凶杀案，未置奏，又因廷试或举发策，和珅上奏不实，"护述掩非"，降三级留任。由此可见，和珅不过是乾隆脚底的皮球，乾隆要踢开时便踢开。

况且，正如吴熊光所言，"和珅贪纵罪不容诛，若谓有歹心，臣不敢附和。"上云何以见得？熊光奏："凡怀不轨者，必先收拾人心。和珅则满汉无一归附者。即使伊心中怀不轨，谁肯从之。"由此可见，和珅并未结党营私，换句话说，他并无反意。

即使如此，我们仍然认为和珅其罪当诛，因为他侵犯了稳定的封建统治秩序。和珅虽然被一条白练带走了性命，但留下的启示是深远的，我们最重要的就是从他那里习得我们的经验。

官场乃是非场，团结人（也就是所谓的“结党”）是最重要的，由吴熊光奏章中“满汉几无一归附者”可以看出和珅过于恃宠自傲，满朝文武都与他为敌。这样一来，当他一倒台的时候，墙倒众人推，只要稍有闪失自己就死无葬身之地。而花无百日红，今日得宠，明日如何呢？得宠于当今皇上，下一个皇帝呢？和珅还是没认识到自己是一个奴才，奴才是不能恃功自傲的，通晓多国语言也罢，战功赫赫也罢，天下还是主子的天下。乾隆在时是乾隆的，乾隆驾崩后自有嘉庆在，和珅对嘉庆采取对大臣惯用的两面手法，又为自己掘下了坟墓。

和珅在位极人臣的时候忘了一件事：既然自己能一步步爬在最高位，那么，别人照样能够爬到如此高位；乾隆能纵容提拔和珅，照样能纵容提拔阿猫阿狗。但和珅的眼睛模糊了，他以为自己能只手遮天了。实际上，他只能遮住自己的眼睛——让自己看不见天！

人在江湖，身不由己，人在官场，同样身不由己。和珅的亲人也多次劝说和珅早早收手，可是，当时的情景，和珅能撒手而去吗？不能。正所谓："侯门一去深似海"，进入了最高层的官僚网，任何事都变得复杂了，一举一动都会造成全局的影响，那时的和珅不是自己的和珅，不是冯氏的丈夫和珅，而是乾隆的和珅。

官场险恶，躲避的惟一办法是不当官，可不当官又会受官的欺压，历史总是这样，伸头是一刀缩头也是一刀。

可谓：

官海茫茫应犹谨，
仕途遥遥平常心。
人在官身不由己，
物极必反醒世人。

参考资料：

1.《清史稿》,列传106,《和珅》
2.《清史稿》,列传105,《阿桂》
3.《清史稿》,列传127,《王杰》
4.《清史稿》,列传127,《朱圭》
5. 昭琏:《啸亭杂录》
6. 兴华:《和珅秘传》,北京图书馆出版社,2000年
7. 小横香室主人:《清朝野史大观》,上海文艺出版社,1990年
8. 戴逸:《乾隆帝及其时代》,中国人民大学出版社,1992年
9. 冯佐哲:《和珅评传》,中国青年出版社,1998年